PEDAGOGINGA, AUTONOMIA E MOCAMBAGEM

ALLAN DA ROSA

PEDAGOGINGA, AUTONOMIA E MOCAMBAGEM

Pólen Insurgências

São Paulo | 2019 | 1ª impressão

Copyright © 2019 Allan da Rosa

Todos os direitos reservados a Pólen Livros e protegidos pela Lei nº 9.610, de 19.2.1998. É proibida a reprodução total ou parcial sem a expressa anuência da editora.

Este livro foi revisado segundo o Novo Acordo Ortográfico da Língua Portuguesa de 1990, que entrou em vigor no Brasil em 2009.

Direção editorial
Lizandra Magon de Almeida

Coordenação da Coleção Insurgências
Neide Almeida

Coordenadora editorial
Luana Balthazar

Revisão
Neide Almeida
Cecília Flores

Capa, projeto gráfico e diagramação
Nina Vieira

Dados Internacionais de Catalogação na Publicação (CIP)
Angélica Ilacqua CRB-8/7057

Rosa, Allan da
 Pedagoginga : autonomia e mocambagem / Allan da Rosa. -- São Paulo : Pólen, 2019.
 232 p. : il. (Coleção insurgências)

ISBN 978-65-5094-000-3

1. Educação - Aspectos sociais 2. Cultura popular 3. Cultura afro-brasileira I. Título

19-2498　　　　　　　　　　　　　CDD 305.896081

Índices para catálogo sistemático:
1. Cultura afro-brasileira : Educação

www.polenlivros.com.br
www.facebook.com/polenlivros
@polenlivros
(11) 3675-6077

OFEREÇO ESTA BUSCA,
A ESCRITA E O BANHO DE BALDE
DE ESPERANÇA A DARUÊ ZUHRI
SAMUEL DA ROSA, O MESTRINHO.

AGRADECIMENTOS

Com sincera gratidão a todas as pessoas que ajudaram um tiquinho ou um bocado na realização dos cursos, acreditando na Pedagoginga, matutando, fortalecendo, transformando raiva em amor. Pela paciência, pelos gestos, pela perseverança agradeço. Sabem quem são. Ninhada grande.

UM LIVRO DA COLEÇÃO INSURGÊNCIAS

Esta Coleção nasce com o objetivo de partilhar e fazer girar reflexões e práticas comprometidas com formas diversas de pensar o mundo, as relações, os modos de aprender e de ensinar.

Os livros desta Coleção registram experiências realizadas em diferentes territórios, conduzidas por educadores que têm se dedicado a ocupar, compreender e subverter espaços que durante séculos só reconheceram como legítimos os saberes eurocentrados. Nas periferias das cidades, em áreas rurais, nos lugares onde vivem indígenas, nos sertões mais profundos, aprendizes e mestres sentam-se em roda para filosofar, para reconhecer e desconstruir pré-conceitos, para legitimar modos de agir e pensar "desconsiderados" pela maioria dos currículos escolares, por muitas instituições de ensino que, sob o discurso da inclusão, perpetuam práticas de exclusão e de manutenção de hierarquias forjadas.

Nosso objetivo é contribuir para que esses pensares e práticas insurgentes sejam (re)conhecidos e possam transformar as pedagogias em exercícios de (re)encantamento de educadores e estudantes que se percebam e atuem como sujeitos de sua própria história. História que precisa ser reescrita com a letra e com a voz daqueles que a constroem desde dentro, desde sempre.

NEIDE ALMEIDA
Coordenadora

SUMÁRIO

12 Apresentação, por Deivison Faustino

15 Prefácio do autor à reedição

24 Introdução:
Gesto coletivo, passo pessoal – Educação Popular

29 *Teoria Suada*

30 Roda, trança e chama:
cultura negra e matriz afro-brasileira

    33 Etnocentrismo e racismo

    35 Matriz africana, vivência negra,
cultura afro-brasileira

    46 Intelectualidade, ritmo e corpo

    55 Aparência, duplicidade e luta

    59 Ancestralidade

65 Luta, acolhimento e drama
na cultura afro-brasileira

    69 A luz do herói

    75 Ninho e manto

    79 Encruzilhada, tensão e equilíbrio

90 Segue o novelo

102 Notas da primeira parte

115 Prática Engenhada: Pedagoginga

116 Autonomia e Mocambagem

    136 Educação, sensibilidade e cultura – poros férteis, coloridas pontes na cabeça

141 Pingos do rio: cada curso e encontro

    141 Caminhos africanos/giros afro-brasileiros

    152 Espiral negra: ciência e movimento

    168 Resistência e anunciação: arte e política preta

    180 Presença latino-amefricana: arte e reflexão

    189 Literatura, futebol e negaça: fintas, impedimentos e soladas das relações étnico-raciais brasileiras

    198 Teias da expressão, chamas da reflexão: artes plásticas e gráficas africanas e negro-brasileiras

    208 Literatura de cordel: artimanhas, finuras e espessuras dos romances e folhetos

    214 Pretices em cena: teatralidade, consciência e expressão negra

226 Notas da segunda parte

---

228 Referências bibliográficas

APRESENTAÇÃO

O que dizer a respeito desse Malungo? Allan da Rosa dispensa apresentações, uma vez que sua bela ginga entre a produção teórica e artística, seu estilo literário singular e suas provocações políticas sofisticadas marcaram definitivamente a presente geração. Entre os seus vários escritos, no entanto, *Pedagoginga, Autonomia e Mocambagem*, publicado pela primeira vez em 2013, é sem dúvida um livro digno de nota.

A proposta que anuncia, a partir da sistematização de uma experiência pedagógica realizada em um outro tempo, na encruzilhada entre várias noções de educação, é uma grande contribuição aos debates contemporâneos sobre a produção e difusão de conhecimentos e, sobretudo, à Educação das Relações Étnico-Raciais. Mais do que isso, seduz e nos conduz, tal como se faz em um jogo de capoeira de angola, a caminhos abertos ao diálogo simbiótico entre elementos distintos e, algumas vezes, estranhos uns aos outros.

Se a *pedagogia*, enquanto ciência que trata da educação, tem sido corretamente criticada em sua dificuldade de incorporar a experiência e as concepções cosmológicas das culturas não europeias em seu fazer-se, embora ao mesmo tempo essas "outras" concepções, por ela ignoradas, preservam e ressignificam "outras" pedagogias nem sempre reconhecidas enquanto tal, Allan da Rosa nos oferenda uma *ginga* cravada na encruzilhada entre os saberes oficiais – ainda que contra-hegemônicos – que se validam nas academias, os saberes teóricos adquiridos a partir da experiência vivida e aqueles transmitidos e enriquecidos através das gerações.

Em sua *pedagoginga* a educação é pensada como dança sensual de saberes que nos convida a ouvir o técnico bioquímico e a cozinheira, o geógrafo e o sambista, o mestre de capoeira e o mestre *stricto sensu* em alguma coisa, e, sobretudo, os educadores e os educandos – os principais sujeitos do jogo educativo –, provocando a reflexão e aguçando curiosidades sobre questões estruturais a partir da cozinha ou de um movimento corporal.

O diálogo proposto entre esses saberes, mas também entre as várias formas de transmiti-los, validá-los ou colocá-los à prova, é mantido como um jogo gingado onde um elemento não precisa destruir o outro (o diferente), ao contrário, encontra nele uma forma de ir além de si sem perder a identidade e autonomia. É esse movimento de afirmação e negação, que pode ser tanto dengoso e sensual quanto bélico, que o autor denomida *pedagoginga*. Em suas palavras:

> A miragem vibrante da Pedagoginga é firmar no fortalecimento de um movimento social educativo que conjugue o que é simbólico e o que é pra encher a barriga, o que é estético e político em uma proposta de formação e de autonomia, que se encoraje a pensar vigas e detalhes de nossas memórias, tradições, desejos. (p. 22)

É interessante que se diga aqui que não se trata de um conceito abstrato elaborado a partir da revisão bibliográfica dos clássicos da educação – embora deles não prescinda –, mas da necessidade de nomear uma experiência pedagógica que reuniu mais de 500 pessoas e distintas quebradas paulistanas. A *pedagoginga* aqui não é apenas um jogo de palavras, mas uma proposta curricular sofisticada que realmente pensa a educação como uma roda de capoeira... e, como JOGO, só faz sentido quando executada na RELAÇÃO com a(s) outre(s) pessoa(s) envolvidas.

No entanto, como mostram o relato dos encontros e a memória dos saberes nele mobilizados, para ser *pedagoginga*, a epistemologia adotada não se furta a assumir-se na *encruzilhada*. Essa dimensão espistêmica-espaço-temporal não pode ser tida, como comumente se lhes associam, ao fim da linha ou à enrascada, mas sim, como fica evidente em cada experiência relatada, como abertura para possibilidades potentes, inconclusas, ambíguas, incertas e abertas entre razão e emoção, sensível e inteligível, tecnologia e tradição, oralidade e escrita etc.

Essa oferenda cravada na encruza é um presente prazeroso em um momento de tantas polaridades brochantes e maniqueísmos empobrecedores. É ao mesmo tempo, uma crítica radical ao culto autofágico à academia – hoje isolada e apedrejada por projetos obscurantistas – e a negação do anti-intelectualismo barato que toma emprestado elementos acadêmicos para negar a academia em detrimento de um pretenso apoio *intelectual* (?) aos chamados saberes populares ou práticos. Longe disso, é o reconhecimento da validade de ambos os lados, mas, sobretudo, um convite ao jogo manhoso que ginga entre ambos sem perder-se de si.

Se aceitas uma dica de um Nego Véio, que ainda nem é tão véio assim, mas que também adora gingar entre esses campos todos: *Pedagoginga*... é mais que um relato de experiências pedagógicas, é também um convite à encruzilhada de saberes.

DEIVISON FAUSTINO, TAMBÉM CONHECIDO COMO DEIVISON NKOSI — ANGOLEIRO, PROFESSOR E PESQUISADOR DAS RELAÇÕES RACIAIS

PREFÁCIO DO AUTOR À REEDIÇÃO

DE ENCANTO E DE HORROR, DE ELEGÂNCIA E DE VALA

É 2019 e o chicote continua estralando, voltou até a babar mais escancarado. Se nunca dormiu, por vezes se pendurava vermelho atrás da porta, por astúcia ou por falta de condição, diante dos nossos ninhos e revides. Aqui, em cinco séculos, as estruturas mudaram pouco, mas em uns dez anos repicou o rebuliço. Nossa sociedade parece manter seus pilares, enquanto a casa dança, vira do avesso, vomita e resplandece. Bem, já ouvi de anciãs que o mar cabe numa gota...

Por necessidades diante do horror escravista e colonialista, o povo preto gerou formas de viver que se tornaram até fetiches das classes média e alta em voltas que a história dá, nos choques e tranças entre o desejo e a repulsa, a paranoia e a vampiragem, o medo e o conforto, a raiva e o lucro. Diante da catástrofe, aprumando-se junto à sobrevivência no redemoinho espinhoso, havia o improvável gosto de viver, que pareceria amalucado e descabido diante do holocausto de quatro e cinco séculos que se transforma, mas se mantém, insistindo em medir o país com sua régua.

Ciências, artes e ofícios. Abrigos, brinquedos e terapias. Desde linguagens pulsantes e improváveis em plena luta para se afirmar gente, o mundo girou, tropeçou, gargalhou e surpreendeu. E do século 20 em diante até brotou deslumbre de quem percebeu nisso, além de uma saída pro tédio ou uma vaguinha pro entretenimento, esferas de consideráveis aportes financeiros e simbólicos.

Como tudo parece que sempre pode ficar mais sofisticadamente hipócrita, gente bem-nascida ainda consegue propagar e agregar até valor pseudorrevolucionário ou de "resistência" nos palcos pálidos ou nas rodas de tambores de seus apartamentos onde, das saias e chapéus às caretas afetadas, tudo precisa ganhar um tom de "raiz", enquanto a meninada de canelas e canecas secas nas quebradas é espirrada do circuito, chamada ao cartaz apenas se convém compor um pouco de forjada autenticidade no marketing. Pois negro bom parece que é o negro morto ou devidamente enquadrado no beco, no holofote ou na moldura.

Há quem louve o encantamento, a atmosfera espetacular ou lúdica, o acolhimento festeiro, a boniteza esplendorosa ou os tocantes tons do lamento. Chegam até a positivar a escravidão, afinal, não fosse ela, não haveria o legado majestoso nem a pegada maloqueira da resistência e da boniteza gerada mesmo em uma adversidade acachapante. Seja em terreiros e encruzilhadas, ou em palcos, bailes e videoclipes, tantos derramam reverência e calor à cultura negra... mas não ao povo preto. Nesse naipe, uma leitura meramente culturalista, com um quê de chupim e outro de desprendimento, alçaria este livro a uma mera exaltação que poderia ser feita apenas considerando formas que caracterizam há séculos muitos movimentos estéticos de matriz africana, seja no seu continente originário, seja nas diásporas pelas Américas. Formas flutuantes e tensionadas, criativas e férteis em paródias e reinvenções, marcantes em tratos e materiais melódicos, rítmicos e linguageiros que englobam uma história especial de concepções de mundos, de tempos e de relações entre vivos, mortos e os ainda não nascidos, mas já presentes. Formas que de maneiras diversas pintam receptivas ao cunho de "cultura negra" também porque fundamentadas no lamento e nas lutas de seu povo por dignidade e pelos sonhos de fartura e sossego.

Possamos compreender um bocadinho o que seja cultura de sangrada ironia com todas as suas contradições e experiências. Terna e bruta, libertária e conservadora, generosa e maliciosa, de acolher e de expurgar. De beira de campo e de miolo de barracão, de roça barrenta e de ferro cintilante. Encontrando uns minutos de respiro ou uns metros de horizonte tantas vezes no próprio esquema de quem lhe sanguessuga. Contradição que coça e também instiga o pensamento. Nesta vereda, recordo o enigma Itamar Assumpção, oceânico sonho de nossa arte, kalungueiro imenso de mumunhas umedecidas também por mágoas que, questionado numa entrevista sobre não se encaixar em "tradições da música negra", arrematou que tradicional da gente era ser criativo. Um sutil e vulcânico recado que sua obra deu a todos, de todos os movimentos, casulos, prateleiras e vielas. A cara do Nego Dito ("Se chama a polícia a boca espuma de ódio.") e da Nega Música ("Nem venha querendo você se espantar").

Seja o deslumbrado estéril ou o interesseiro e manipulador, podemos evitar o culturalismo? Onde ele habita nas bordas e vãos deste livro? O que está no miolo do risco da leitura e do olhar que enaltece e brinda uma "cultura" ao mesmo tempo que desdenha, teme, estereotipa ou violenta o povo que histórica e cotidianamente concede (inúmeras vezes à força, mas noutras ocasiões a jogo) a essas manifestações culturais uma complexa e tão desconfiável aura de "autenticidade", apesar de tantas mesclas, negociações e travessuras extraordinárias que lhes perfazem? O culturalismo que pode envelopar a leitura desta obra é daqueles que supostamente elogiam e se deliciam com formas atribuídas, com mais ou menos força, a uma noção de negritude, mas que não se espantam ou se enojam com o genocídio sistemático e as condições de vida ainda tão degradantes do povo preto. Como se diz: "amam a cultura, odeiam apenas as pessoas". E esse é um limite possível tanto a quem leia o livro quanto ao próprio texto que se pretende guarida, mas também estilingue.

Conjuminamos o sonho de uma teia de educação popular organizada nas periferias e em espaços maloqueiros independentes da cidade, pensante, esmiuçando, se arranhando e se agasalhando com os temas que vivem os do nosso chão e cotidiano. Coisa que holofote pouco traduz. Questionando, invocando e burilando na chama as contradições de espelhos que são a periferia e o centro do problema, com a difícil missão, e tantas vezes indesejada condição, de avançar (ou voltar) para além dos slogans e dos arremates fáceis que arrebanham multidões. Pra quê? Pra ser pólen e fruto na escrita, na articulação pedagógica, na prática com decisões que exigem traquejo repentista na lida com desilusões e expectativas, como aquelas que emergem num curso de teatro negro, quando uma metade da turma quer mais contexto histórico e a outra, colada, quer mais estética e jogo teatral. Lapidemos o balancê pro equilíbrio. Qual é o papel do encontro entre ficção e pedagogia? Por que botar fé que coçar o pensamento e até mesmo incomodá-lo é fortalecer a reflexão, se o que mais alivia é a manta cômoda das certezas e seguir o que a guru, o mestre ou o dono do ibope falou? Como abranger o teto gigante do sistema que nos quer achatar e, ao mesmo tempo, evitar, nas histórias e nas didáticas, a autocondescendência e a simples autoexaltação que não dá conta das profundas contradições de cada dia entre nós (como se fosse uma grande obra de Toni Morrison)? Pra que e como buscar percepção e reflexão dos erros, das buscas, dos movimentos a lapidar no beco, no ninho e no poço que somos? Essas não são dúvidas que debocham ou escorraçam, não são de um degrau que se quer superior, o que seria patifaria. São do mesmo quintal, do mesmo porão, da percepção de que juntos somos fortes, mas em multidão chegamos até a ser hipócritas.

Cabe questionar os limites das formas que predominam ao nosso redor e mesmo se entranharam em nossas reformistas tentativas de integração na vitrine e no currículo, na sala anexa, no show, no pedacinho preto do roteiro. Isso já foi feito e bem escrito nas últimas décadas. Se nossas gerações atentarem e buscarem, não vamos deixar a pipa cair rasgada e nos pensarmos como se sempre estivéssemos inventando outra pipa desde o comecinho, inventando o que é papel, vareta, rabiola e estirante de novo, num equívoco recorrente de quem se considera iniciando a roda, perdido do que as gerações dos antepassados, inclusive os mais recentes, das décadas mais próximas, também colocaram no ar com gana e graça. Seria salutar, neste momento em que "representatividade", algo fundamental e também insuficiente, como vem sendo desenhada, torna-se uma palavrinha mágica e passa a ser quase um fim em si mesma. Talvez porque seja a mais fácil de se mascarar e serve de justificativa para qualquer negociata ou fuleragem. Passa, em nome da autoestima de crianças e de gente adulta calejada e sofrida, em nome de histórias de superação e de ausências, a algo intocável e não mais questionável. E assim, até brindando, galgamos o alcance a degraus mais altos sem romper com as lógicas desse corrimão, encaixando-se garbosos ou simpáticos em suas escadas sem romper com suas quinas.

Cientes da desgrama de sermos o borrão, de testemunharmos por dentro a crueldade do apagamento e da invisibilidade, quando decretamos que visibilidade é sinônimo absoluto de poder? Quando confundimos de vez representatividade e representação nesta época de celulares, parabólicas e enchentes avassaladoras de imagens muitas vezes tão semelhantes e previsíveis? E digo do poder que é verbo e não apenas substantivo, no olhar que interroga com prazer e fundamento, na escuta que esmiúça e detalha a potência e a nobreza do silêncio que se tece à música. Pensemos na estratégia mocambola de até se tornar invisível quando conveniente e orquestrar a opacidade em momentos propícios, esquivo de miras e sangrias, bolando nas frestas e na sombra o que levava a alçapões, o que riscava rente derrubando pés de barro de grandões perseguidores atônitos pela rasteira.

Quando banalizamos a palavra "empoderamento" baseados em punhados de fotos na tela, mas distantes das instâncias que assinam ou das canetas, cadernos e lápis que empedram sem uso em nossas comunidades? Quando abraçamos o mais fácil, raspando o tacho da educação popular independente, ancestral, contemporânea, e o adaptamos ao multiculturalismo mais estéril, tacanho e interesseiro? Multiculturalismo de fachada que espreme em campanhas publicitárias rostos de cores e feições diferentes para que os fundamentos e lucros sejam os mesmos de ontem e anteontem, mas que garantam um papel no show e contemplem brevemente a sede de quem sempre se viu alijado do graúdo, sede saciada apenas por uma colherada, a confundir pingo e cachoeira com os contratos efêmeros que abraçam duas ou três patrícias na propaganda. É... a luta no campo "cultural" até pinga contradições, não há maniqueísmo. Por vezes o cultivo em um verão só brota muitos invernos adiante, e como me disse um mais velho: "A melhor forma de lutar são todas". Porém, que o relativismo e o disfarce não nos mutilem nem iludam tanto.

<hr />

Há mais perguntas que parecem insólitas, descabidas, e que o tempo vai tratar de esfarelar ou manter doidinhas e viçosas: o que poderia haver, fermentar e florescer na cultura cotidiana e simbólica da massa do povo negro, hoje cada vez mais evangelizado aqui? Haverá algo de quilombagem, de libertação de corpos e de vibração fértil na História para os milhões que cada vez mais se convertem por tantos motivos, e dão chão a um projeto crescente de poder, que domine o estado e as esquinas, estruturado em seus templos, poupanças e parabólicas? De novo digo do poder que é verbo, o decisório, o majorengo, o orçamentário, o diretor das antenas e cumbucas grandes. É nacional, continental e transcontinental o plano puxado por uma elite pastoril que chupinha fé, desespero e ambição da maciça negra gente de sua base. Arrebanha. Agrupa a multidão preta em louvores por garagenzinhas em quebradas ou em templos que são palácios. Há um gérmen e qual seria o horizonte de luta antirracista que atravesse esse pensamento, o bolso dizimado e as mãos que vão teleguiadas às urnas eleitorais? Não apenas de uma frente pentecostal, que se diz de esquerda e contrária aos deploráveis mercadores do ódio, aos representantes dos partidos que são bueiros, mas haverá uma semente de esperança avessa ao racismo em seu chão e em sua fonte, com seu povo ungido? Tematizando e suando o problema genocida e encarcerador em seus detalhes, e não apenas abraçando uma sonhada prosperidade baseada em teologias justiceiras? Recordo Desmond Tutu, Martin Luther King, Bob Marley, outros contextos... e matuto sobre uma "nova" teologia que se recrudesce, abandonando aquele velho princípio de que quem julga é Deus.

Como sonhar Pedagogingas também na "religião mais negra do Brasil", quando a frente dominante do pedação que se nomeia cristão larga a hipocrisia e, enfim, assume e escancara o seu dedo de tribunal e a sua perversão, segue e ergue líderes a governos que se demonstram regentes de encomendas ao cemitério, decide e comemora quem deve morrer matado, sejam crianças, anciãs ou jovens, pessoas que mesmo no caixão parecem ter que provar que eram dignas diante dos veredito que se infestam tentando justificar convicções assassinas escudadas em discursos que se arrogam como representantes de figuras santas? Hora em que mil pastores, coronéis e programas de tevê diluem frustrações cotidianas, medos, raivas e o prazer da vingança projetada num fulano ou num grupo opositor qualquer. Sustentam o aplauso por cada cadáver que represente o "mal". Capaz que haja prêmios ou perdão se em nome desse Jesus um bonde incendeie e derrube terreiros ou "comunistas, viados, mulheres e índios rebeldes". Talvez. Mas será sumariado aqui na terra pelos declarados juízes que tiraram esse peso de seu Deus e rasgam da Bíblia as páginas constrangedoras à sua sanha de purificação? Essa mudança é chave, é o miolo de uma virada na teologia que já prevalece sem disfarce, crescente, e que além de pretender libertar abençoa o sinhôzinho do pelourinho que habita em cada cabeça.

Despejam fezes e setas em nossos peitos há cinco séculos em nome de santidades, e zumbizamos. Tempo rege e sabe ser moleque, então como tocará sua varinha nas disputas de projetos que mantêm ou questionam a vampiragem em nome de Jesus, que brotam nos gabinetes refrigerados, nos púlpitos de pau rachado, nas celas, entre os mistérios cristalinos e o chão enlameado da fé? Qual cultura e convívios se geram e se desatam na presença e nos sonhos, conquistas, medos, iras e resignações de um povo preto (ou seremos mero populacho?) que recheia igrejas, lida com outras gentes nos salões e vagões da cidade, contrários ou chafurdados no lodaçal de seus grandotes? Dentro de um projeto de purgação e aniquilação do que passam a ser supostas vergonhosas marcas negras vinculadas ao Mal, ao atraso, ao torto e ao demoníaco, haverá ainda no seu cotidiano uma fonte de Mocambagem? Quais reflexões sobre geografia, psicologia, mito, língua, arquitetura, cinema e formas da presença negra podem ser viçosas no atoleiro ou na aridez?

✦✦✦✦✦✦✦

É 2019 e a pergunta é sobre a precisão de nossa autonomia em didática, pra sustança e pilar de planos e gestos que sejam movimentos de mocambagem à nossa gente pelos becos e barracos, e não apenas pretexto histórico pra lucros alheios ou travesseiros afofados pela demagogia. Nos cursos abordados na segunda metade do livro, na "Prática engenhada", a mirada foi a partilha de conhecimento sobre negritude, branquitude e brasilidades num momento de uma gama ainda relativamente escassa de formação/atualização de educadores no problema. E ainda pouca disseminação da internet com seu acachapante e talvez infinito leque de conteúdo. Pensemos Raça, Gênero, Nação, Classe e não abandonemos Espaço. Essa categoria e conceito que, como bem demonstrou Muniz Sodré, após a guerra nazista foi escanteada por tantos de uma "esquerda" que se concentrou em estudar e agir mentalmente teorizando mais a temporalidade, atribuindo ao Espaço talvez o verniz de uma categoria suspeita, pelas formas como se maquinou domínio e conquista pelos exércitos e cúpulas nazis. Mas espaço é cabal pra nós aqui desde o princípio e continua fita quente. Nas formas de ocupar, de conceber alcances, de mesclar territórios, na ciência de ser beirada, de fincar e bailar corpo de força, de abrir e delinear novas fronteiras, de ultrapassar cercas nacionais ao mesmo tempo que sintonizadas a elas e a suas políticas e economias, de fazer o vento ser lugar por onde se alastram vozes, de fazer o chão da vila e do bairro serem potência e escola. E até, também, de pensar os poros do Tempo como lugar onde as coisas ocorrem. Espaço.

É 2019 e o rombo é descarado e virulento. Não há campo, bolso, minuto ou recurso que escape à voracidade de quem voltou a puxar as rédeas e comandar oficialmente as metralhas, cifras, antenas e tribunais. Patéticos mas brutais, esdrúxulos e pitorescos, mas letais e insaciáveis por escombros e por valas recheadas com nosso sangue. Toscos mas organizados metodicamente em seus espíritos de milícias ocupando quebradas e governos, ratificando a sanha de que se tornem habituais as pancadas e os bombardeios em nossas cangas e bairros. Em plena matança, a própria pele ou o CEP são o B.O. dos limados.

Nesse contexto desastroso e tétrico ativamos nossas mentes, poros e rodas na busca de entrelaçar aromas de vida e abrir horizontes porque é hora, atrasada hora, de juntar linhas que ficaram tão soltas na recomposição de forças institucionais diante da ditadura nos anos 1980. Vamos sapientes que, se a mão grande das estruturas e pilares desse tabuleiro nunca se esquecem quem são peças brancas e peças pretas e de determinar quem escolhem para rainhas ou peões, são eles também os que metem outros tantos buracos nas casas do jogo, desde a origem da madeira derrubada pro tablado até a peia pra controlar os movimentos. Vamos reorganizar os caminhos da dignidade e da justiça, reestruturar com cor o que foi considerado detalhe secundário à primazia de partidos, sindicatos e comunidades eclesiásticas nas cidades em época de anistia e abertura, grupos tão significativos, mas quase sempre com sua branquitude hasteada em postos de liderança e seus limites rígidos para compreender muitos elementos que compõem a história deste país.

Diante do projeto que segue dando as cartas na mesa que nós mesmos construímos, o de nos fragmentar até pulverizar, que a educação popular, preta e de prisma periférico fortaleça. Pois será mesmo vero o que tanto já se diz aqui, que "ditadura é quando a classe média sente na canga o que a quebrada respira no cotidiano"?

Combinando a urgência de quem precisa se desvencilhar do próprio afogamento e a compreensão do vasto tempo de cultivo e de convívio que a emergência não alcança, arquitetamos e ajardinamos porque seguimos resistindo e, principalmente, anunciando com fundamento há cinco séculos nesta era da catástrofe, calejados mas não conformados com suas sequelas e por isso teimando sonhar, na ginga necessária e saborosa.

༺༺༺༺༺༺༺༺

Obrigado a cada pessoa que chega pra ler, questionar, espraiar. E especialmente a Lizandra Magon e Neide Almeida, da Pólen Livros, de imensa teimosia e elegância. Tecelãs comigo nesta reedição.

Ngunzu!

São Paulo, 21 de setembro de 2019

INTRODUÇÃO

GESTO COLETIVO, PASSO PESSOAL – EDUCAÇÃO POPULAR

O que vem aí é um livro de relatos e reflexões sobre uma prática em Educação Popular. Eis o mote: a experiência de organizar e concretizar cursos independentes nas nossas periferias de São Paulo, focados na vivência negra de ontem, de hoje e do futuro que fazemos.

Esta obra se entrosa a esferas urgentes da agenda do momento, circuitos que vêm de longe e prometem ainda se espichar mais e mais, com fundamento e saúde: a implementação consistente do ensino de história e de cultura de matriz afro, cultura que o povo negro pôs pra rodar pela necessidade de sobrevivência e pelo gosto de viver, mesmo em cinco séculos de lutas num país racista em todas as suas linhas e entrelinhas. Racista que assassina, abate, invisibiliza ou nega, desde o que há de institucional até o que pulsa de mais subjetivo; racismo dissimulado este, que se propaga com todas as sílabas e acentos pelo mundo afora ou pelos rincões de dentro propagando uma noção de harmonia e igualdade à violência de suas histórias de mestiçagem das suas populações de norte a sul. E nossa missão, nítida e encorpada, é alterar os rumos desta nossa amada terra que, sob o manto da democracia racial, cospe em quem não for branco uma porcalhada de desdém e humilhação, de exploração no trabalho, de aço disparado na nuca e de violência sexual. Nosso amado país que, por todos os cartazes, telas e esquinas ainda mantém, afiando cada vez mais, o que desenvolveu nos porões do escravismo e das ditaduras militares oficiais, que agora, em pleno "governo civil", vigora nas esquinas dos subúrbios e nas calçadas dos cortiços, chuveirando o banho de sangue cotidiano.

Outra praia que é mote e contexto para os próximos capítulos é o sonho de uma sustança de educação popular autônoma na periferia de São Paulo neste começo do século 21, trançado à dinâmica que os movimentos literários, arteiros e sociais das quebradas paulistanas mantêm acesa, mas que parece pedir menos espetáculo e mais trabalho de horta, precisar mais de prosas, estudos coletivos e escambos, de ciências do revide do que da benção dos patrocinadores da festa, do que do desejo vislumbrado de se enroscar nas rédeas de quem nos pisoteia ao angariar capital simbólico e tentar lavar suas imagens e lucros. Ou seja, questionar, com proceder, o que seja se "utilizar do sistema", adentrar ao esquema e ao que borbulha volta e meia comemorando ultrapassar a tal linha da exclusão, se é que isso realmente seja possível, por estar com mais dívidas a crédito ou colorindo prêmios oficiais, vitrines de *shopping* ou programas de televisão que enfocam a periferia como moda, jogatina ou ímã de mercado. A miragem vibrante da Pedagoginga é firmar no fortalecimento de um movimento social educativo que conjugue o que é simbólico e o que é pra encher a barriga, o que é estético e político em uma proposta de formação e de autonomia, que se encoraje a pensar vigas e detalhes de nossas memórias, tradições, desejos. O que temos pra jogar com o que vem de oficial e o que temos a propor para nós mesmos, considerando também o que absorvemos e o que compramos de escamoso e peguento, da necessidade inventada de mais e mais mercadorias pra consumo que nos atola. O que é fresta e entre-lugar fértil pra jogo e o que é tubulação carcomida, apesar de cintilante.

Que a gente arquitete uma educação para encarar e mudar mesmo o que range os dentes em nome da moral, de Deus ou do patrão, a custo de muita propaganda, ou do encontro com o que temos de mais individualista e medroso em nossos próprios círculos.

Depois de um tempo indeciso, escolhi começar a obra pela parte "teórica", a que reflete sobre os elementos fundamentais de nossa cultura, de nosso convívio e criação, mas poderia muito bem ter iniciado pela segunda parte, a da prática matutada. Creio que não seria avassaladora a diferença para quem lê. Porém, optar pela ordem apresentada teve como intenção salientar depois como esses nossos elementos tradicionais fundamentais (epistemologia?) fizeram presença em nossos encontros. E, claro, também há de cá a percepção de que sugerir a linha e a ordem de leitura pode ser desobedecido por quem lê. Fica o caminho, mas os passos vêm da autonomia de quem mira e recria o livro com sua matutação e inventa outro rastro cheiroso para os entendimentos.

Outra questão-chave do livro é a necessidade de se fugir do maniqueísmo. Na oposição ou mesmo na sugestão, é fácil colocar no "outro" a mera pecha de culpado, e ter a manha de nos apresentarmos como salvadores ou portadores da boa nova que vai redimir a humanidade. Ruim demais isso... reprodução do pior dos jesuítas. Mostrou sua força e fertilidade, mas também suas cercas na política e na arte. É... dada a carência sedenta de representações positivas nas rodas da educação, da mídia, do poder e tal, volta e meia nos resta essa armadilha. Temos esse abacaxi espinhoso na mão; descascando a fruta, a degustaremos.

Alejandro Reyes, meu mano nascido no México, fez comigo o que costumo fazer com ele e com outras pessoas da nossa banca: questionou o livro por dentro antes da sua publicação, sem massagem nem elogio, sem covardia nem acomodação; de suas considerações, veio a teia desta introdução.

A delicadeza em perceber que uma coisa é ressaltar como foram negativas as maneiras que o "Ocidente" impôs ao nomear, editar rumos de compreensão do mundo, do tempo e das outras culturas, mesmo com suas contribuições. Outra coisa é sacar que se essas formas "ocidentais", amparadas por seu capital, elegeram a si mesmas como formas universais e superiores, não nos cabe responder com o simplismo do "eles são ruins, nós somos os bons", porque essa dicotomia rastaquera também não faz parte de nossa cultura, mais habituada a lidar com as contradições complexas, o movimento da roda e os horizontes das encruzilhadas.

Se é necessário considerar na nossa cultura, um a um e integrados, os papéis do jogo, do segredo, da ancestralidade, do território, da liberdade, da comunidade, do corpo e da força vital, ainda emergem dúvidas quentes na discussão sobre o poder e a hierarquia em nossas casas, cazuás e terreiros. O que trazem de diferente em relação ao que nos aflige há tempos? Precisamos detalhar como as hierarquias vinculadas ao nosso respeito ao mestre e ao ancestral diferem da hierarquia capitalista. Isso é um voo necessário às nossas asas para, sem autocomplacência, esmiuçando e vivendo essa questão, continuarmos a criar alternativas de continuidade e de transformação.

Também no que tange à aparência, ao que se expõe e não somente ao que dissimula, vale pensar as diferenças e os enroscos com o que há de espetaculoso e de oferta avassaladora das vitrines e das telas na midiática contemporânea. Essa que tanto bebeu de nossas formas pretas e que tanto as poluiu.

Ouvindo e lendo meu mano Alejandro, considerando o que o livro traz e mais o que a vida anuncia, corta, beija e mistura, me pico com as agulhas do quanto nos tatuamos e nos guiamos pela memória de resistência, mas também, em meio já às nossas dinâmicas tradições, do que engolimos e vomitamos dos valores colonialistas, racistas e capitalistas no próprio pé, melando nossos chinelos e ditando o próprio ritmo e rumo da caminhada. Lâmina e dádiva que atravessa a Pedagoginga é, sim, bailar nessas contradições, para que nossa compreensão não se mutile e não nos enforque na hipocrisia, para que não anunciemos liberdade oferecendo cabresto.

O gesto educativo antigo e urgente pediu a sistematização e o que há de especial na escrita e na leitura, no universo enluarado da letra, para que volte umedecido a mergulhar no coletivo da feitura de corpo, de voz, de respiração e de lugar partilhados.

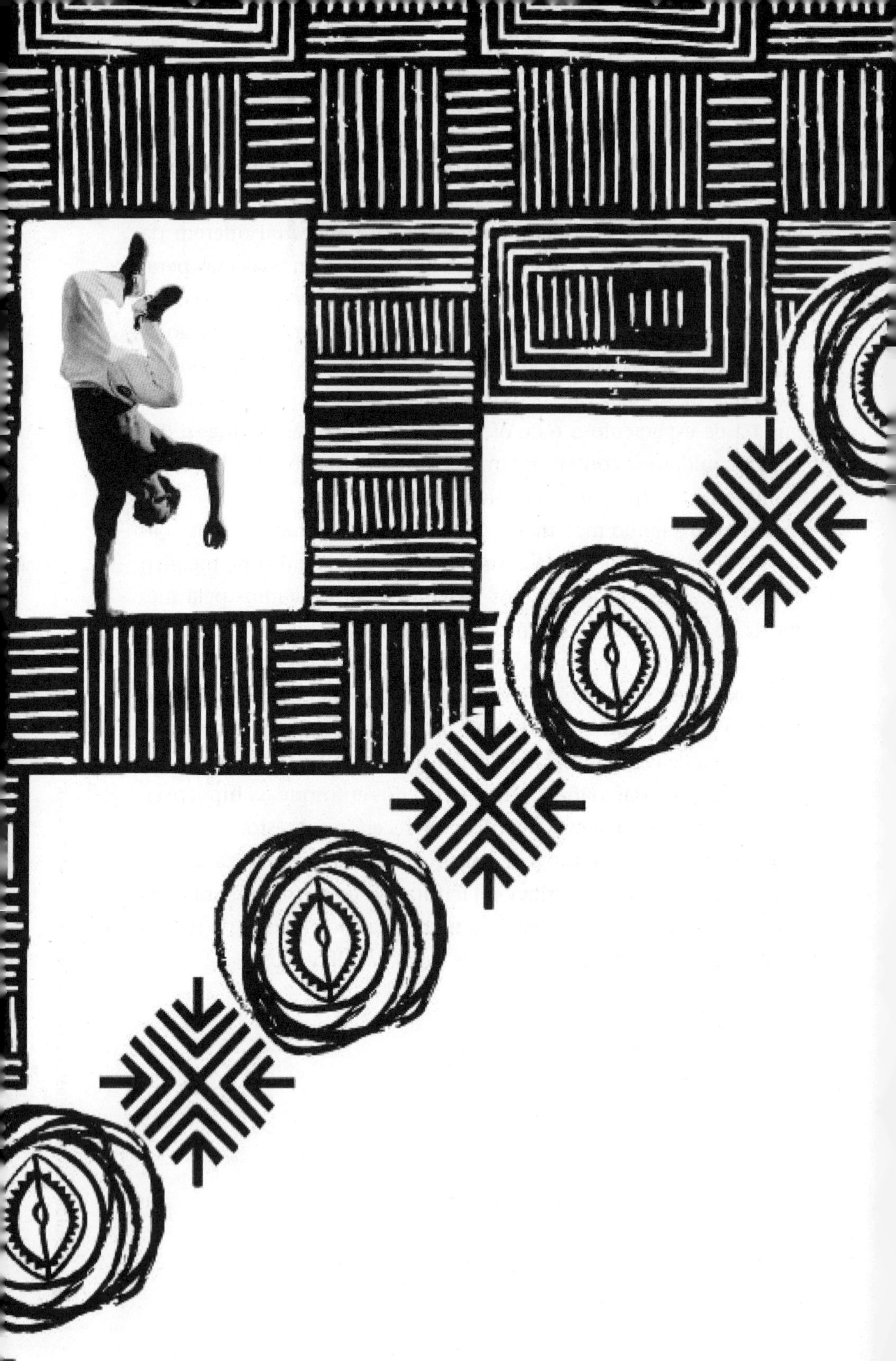

TEORIA SUADA

RODA, TRANÇA E CHAMA: CULTURA NEGRA E MATRIZ AFRO-BRASILEIRA

É preciso deslindar um pouco, para começar a se encaminhar a esta estrada de conversa, as diferenças possíveis do que se possa entender quando se pronuncia a palavra "mito". Como se pode ouvir nos corredores de universidades, mercados, hospitais e ônibus, há a má compreensão desta palavra como algo que garante o "erro", a superstição, a fantasia. Desprezível no que tange ao pensamento científico e a seus paradigmas clássicos, e estorvo ou secundária num suposto processo de conhecimento que busca o pretenso "correto", empírico, linear e progressivo.

Mas vamos sentir o mito como algo que fomente a compreensão de esferas de desenvolvimento individual e coletivo que não estropiam a sensibilidade humana em prol de um conhecimento objetivo e seco.

Estendendo o entendimento de mito, percebe-se que são produções do inconsciente, anunciados e retrabalhados pelo consciente, mantendo suas imagens profundas, as qualidades dos chamados arquétipos, essas fôrmas nas quais os recheios individuais e culturais fermentam e adoçam a peregrinação de cada pessoa.

Eu me amparo na noção de mito como "narrativa dinâmica de imagens e de símbolos que orientam a ação na articulação de um passado – arché – e do presente em direção ao futuro – télos. (...) Assim, mito é a própria descrição de uma determinada estrutura de sensibilidade e de estados da alma da espécie humana" (FERREIRA SANTOS, 2004, p. 188) e apresenta-se como expressão simbólica do espírito coletivo, sujeito a variações mas mantendo o seu cerne, suas expressões de modelagem, lapidação e cintilância das relações vitais, de acordo com as passagens – cultivadas ou imprevistas – originárias do cotidiano e da história, no trajeto de cada pessoa e nas ebulições, abolições e dramas de cada cultura.

Trato desse espírito coletivo, no caso, o espírito coletivo afro-brasileiro, atento às relações que se traçam entre uma dimensão histórica e social e nuances a-históricas humanas constantes. Observo características culturais negras que se descortinaram e se enraizaram por todos os cantos do país e maneiras como o imaginário afro-brasileiro se expressa em formas arquetipais.

A matriz africana se faz presente no rosto, no cabelo e na tez, nos gestos, nos hábitos e saberes de grande parte das pessoas que formaram as turmas de nossos cursos e das que compõem as turmas de escolas públicas em muitos cantos da cidade também, do ensino fundamental ao Ensino de Jovens e Adultos (EJA). Em nosso trabalho, a presença simbólica da ancestralidade africana se espraiou bastante pelo interesse dos estudantes, além da pujança das imagens e fazeres afrodescendentes, que exigem mais aprofundamento na sua exposição.

A desigualdade de oportunidades para a população negra brasileira, consolidada em tantas áreas de nossa composição social, na educação também se mostra pontiaguda e escancarada. Nas universidades públicas, o contingente percentual de estudantes pretos ou pardos ainda está longe de se aproximar da proporção alcançada no todo demográfico dessa população em nosso país.[1]

E, retomando novamente o exemplo do EJA, nota-se que, entre os estudantes de São Paulo, a presença de negros (dos quais muitos são nordestinos) é enorme, maciça. Destaca-se também a grande presença de mulheres, se considerarmos as pessoas que têm mais de 50 anos de idade, reflexo do machismo, que até pouco tempo (ou melhor ainda, até hoje, porém um pouco mais atenuado) impediu que muitas mulheres frequentassem a escola.[2]

Como o imaginário, social e individual, é constituído por elementos corporais, posso entender que projeções depreciativas e negativismos vinculados às representações dominantes, que cercam e cutucam as pessoas negras e a cultura afro-brasileira em sua dimensão de corporeidade, são também o chão para que os pés do racismo deem seus passos no sistema educacional. Essas projeções e suas consequências materiais, práticas, confortam-se no discurso da "democracia racial", que é mote e ideologia, alastrada nacional e internacionalmente, assegurando que as possibilidades e oportunidades aqui são iguais para todos, independentemente do que as pessoas apresentem em sua aparência corporal (fenótipos etc.) e em sua formação cultural como marca. Seguindo essa lógica, também não faria muito sentido estudar a fundo a cultura afro-brasileira, pois esta, como todas as outras matrizes que costuraram e trançaram a nossa cultura nacional, mesmo sem que se leve em conta as sutilezas regionais, já estaria suficientemente diluída no todo cultural de nosso país e já teria garantido todo o respeito e espaço de representação devido.

A concepção da democracia racial garante que a nação brasileira oferece a todos as mesmas chances; que moradia, saúde, transporte, segurança e "ascensão social" são caminhos abertos igualmente para toda a população (MUNANGA, 1996). E que a educação também é um jardim e um espelho dessa equivalência justa.

Esse conceito de democracia racial, amplamente difundido e carimbado nas instituições brasileiras todos os dias, pode ser entendido como uma forma de se desviar da gigantesca desigualdade sociorracial que vigora entre brancos e negros (em alguns casos, rente escalpo. Noutros, sutil e silenciosa, se alastrando como barba na cara). É conhecido, criticamente, como "mito da democracia racial" (mas aqui, novamente, subentende-se a noção de mito como algo enganador, falacioso, ilusório, sem fundamento).

Como a cultura afro-brasileira traz pujante força mítica, na qual se fundamentou, se construiu e se revitaliza, entendo que, ao se depreciar a palavra "mito" e o universo que a envolve, dá-se vazão também a uma ação de rebaixamento e de negatividade a vivências e marcas que privilegiam bases simbólicas e que cultivam a ancestralidade alimentada por preceitos e regras; vivências que ativam processos de jogo, de teatralidade, de âmbito comunitário e que se colocam como alternativas à clássica maneira de considerar o que seja verdade absolutamente "racional" e científica, e que abrem outros horizontes perante as questões referentes à noção de pessoa, de poder, de criação, de pensamento.

ETNOCENTRISMO E RACISMO

Denys Cuche (1999) postula que, se o etnocentrismo é passível de ser compreendido como um fenômeno sociologicamente normal, já o racismo deve ser entendido como uma perversão social. Para refletirmos sobre a diferença entre pessoas e entre grupos sociais, é válido destacar a dificuldade que o comportamento de matriz eurocêntrica apresenta há séculos nas relações com outras culturas, demarcando posturas de negação e hostilidade no plano afetivo, atacando por medo, evitando por desprezo, submetendo, escravizando e escorraçando.

A regência cultural de matrizes judaico-cristã, europeia ou estadunidense em sua postura no contato com outras etnias vem sendo marcada há muito tempo por uma estrutura heroica, empenhada em lutar contra, em conquistar, em dominar e converter o diferente. Utilizando-se do racismo como modo de manutenção de um poder, como esteio para a desqualificação de pessoas e de sociedades inteiras, ocasionando guerras turbulentas e atiladas humilhações individuais.

Kabengele Munanga (1996) mostra que a distinção entre raça e racismo é necessária. O racismo é um fato e uma realidade, enquanto que a "raça" é apenas um conceito, ao qual, aliás, os biólogos modernos nem sequer recorrem para explicar as diversidades biológicas dentro da espécie humana (MUNANGA, 1999, p. 110).

Raça, conforme biólogos do século 20 apresentaram com propriedade, é um conceito superado e não apresenta fundamento científico. Mas racismo é um problema vivido e reforçado cotidianamente, amparado por distorções simbólicas de bases históricas, sendo deveras tentadora a ideia de que, apenas porque em teoria se conseguem demolir os essencialismos, os espinhos dos conceitos de raça e as leis e gestos de segregação sejam totalmente escanteados ou abolidos politicamente.

A palavra "raça" vem do latim *ratio* e significa ordenação, categorização, especificação. No latim medieval passou a designar "descendência". A partir do século 16, serviu para designar as famílias nobres e demonstrar a homogeneidade biológica, a fim de vincular a essas linhagens a ideia de "sangue puro", garantia de nobreza.

Já percebemos aí como se denota uma noção de superioridade em contraposição às "raças impuras", que seriam inferiores e passíveis de subjugação. Tais classificações frequentemente usaram como critério a divisão em raças a partir da cor da pele e de fenótipos. Nessa mirada, dividiu-se a humanidade em três grandes raças: a branca, a amarela e a negra. Também num rebolado para conseguir se encaixar na versão que teólogos e a Bíblia cristã apontavam de cima e que cartógrafos esquadrinhavam de baixo.

Não se deve usar a classificação de raças baseando-se nem em comparações de heranças genéticas, nem fazendo juízo de critérios morfológicos. Isso foi feito por muitos cientistas, principalmente nos séculos 19 e 20, utilizando diferenças de fenótipos a partir de intenções de hierarquização que definiam superioridade e inferioridade, estabelecendo relações deterministas entre dados corporais (como cor, tipo de cabelo, de nariz etc.) e qualificações morais, intelectuais, éticas, filosóficas e psicológicas.

Raça, em seu uso contemporâneo, é um termo que traz à tona relações de poder e de dominação. É entendido ideológica e politicamente. É uma categoria que agrega etnia e formação cultural, tendo significado variável em diversos lugares e sociedades. As noções de diferença, de pertencimento, de reconhecimento histórico e sociológico apresentam-se com variações, e o mesmo ocorre no que diz respeito ao significado de ser branco, negro ou mestiço.

O racismo opera por meio de justificativas que fomentem a agressão e legitimem a destruição corporal ou simbólica do outro por seus atributos, que aparecem como ameaçadores ao racista, projetando a diferença como algo que compromete sua verdade, seus parâmetros e sua normalidade. O racista projeta a agressividade nas vítimas de seu racismo, nomeando-os como agressores em potencial. Projeta-lhes, por exemplo, a contrariedade e a falta de aprumo em lidar com sua sexualidade, atribuindo a elas uma sexualidade "anormal" ou "exacerbada". O ódio pela diferença é diretamente proporcional ao sentimento de fraqueza que o racista vê em sua própria pessoa (MUNANGA, 1999, p. 56-57).

Se o "mal" é o ponto crítico de todo sistema filosófico (RICOUER, 1988), não é diferente quando se trata do pensamento racista, que aponta o dedo, as cartilhas podres, as algemas e as bombas da vez para o culpado e para o "mal". No entanto, Ricoeur também postula que, a partir do momento em que esse mal é compreendido, ele deixa de ser estrondosa ameaça à integridade espiritual e física daquele que o julga. E nessa seara é essencial a compreensão dos símbolos e dos fundamentos socioculturais dos comportamentos que são comumente depreciados.[3]

Abordagens fechadas e interpretações sem ar impossibilitam uma compreensão digna e instigante dos símbolos que mapearam, matutaram e suaram a sensibilidade negra de nosso país e das Américas, no mínimo, e nem se abrem para o tanto que esse universo contribui com suas perspectivas filosóficas sobre a relação entre o ser humano e o tempo, a ecologia, a economia e a arte, as relações de gênero e entre pessoas de diferentes faixas etárias e experiências. Para um melhor convívio com o diferente se faz necessária uma ação compreensiva e uma vontade de se desprender da costumeira visão segregacionista, que dita o homogêneo, extremamente racionalista e padronizante.[4]

MATRIZ AFRICANA, VIVÊNCIA NEGRA, CULTURA AFRO-BRASILEIRA

Analisando o que chamou de Teatro Negro, pesquisado e encenado no Brasil e nos Estados Unidos no século 20, Leda Martins (1995, p. 26) recorda que foram as expressões desse teatro que a levaram a sublinhar que:

> Sua distinção e singularidade não se prendem, necessariamente, à cor, fenótipo ou etnia do dramaturgo, ator, diretor, ou do sujeito que se encena, mas se ancora nessa cor e fenótipo, na experiência, memória e lugar desse sujeito, erigidos esses elementos como signos que o projetam e representam (...), buscando discernir alguns traços e rastros sígnicos que me permitam apreender a nervura da diferença, evitando, assim, o engodo das concepções generalizantes e universalistas, que, muitas vezes, discriminam sem, no entanto, compreender e apontar, criticamente, os traços da diversidade.

Frisando o cunho dramático, representativo, de obras e grupos desse teatro, Martins põe de lado as camisas de força de um congelamento conceitual, realçando a importância de uma visibilidade restaurada do negro pelo próprio negro, que deixa de ser uma noção alienígena e que abandona uma construção escorada e tijolada por um engenho que lhe concebe como um eterno "avesso do branco", fixado por um "retrato deformado".[5]

As expressões de um Teatro Negro (ou, ampliando o âmbito da questão, de uma teatralidade negra) ou dos jogos e manifestações míticas presentes em diversas esferas da vivência africana ressaltam buscas e frestas, perdas e encontros da diáspora e do enraizamento dinâmico dado nas Américas.[6]

Rasgando a parede de papel dos currículos que mantêm novas faces de colonização e coisificação, revidando aos programas que constituem a cultura negra como pretensos lugares ocos (ou não lugares), resistem as vozes e os gestos, as heranças e sementes de entendimentos que assumem e portam uma africanidade diaspórica visceral, realizando caminhos e convívios que apresentam fundamentos e negam os desejos de esquecimentos operados de cima para baixo. Levando novamente ao centro das questões físicas e metafísicas uma alteridade que não aceita a sujeição total que lhes anularia valores corporais, étnicos, culturais, míticos. Enfrentando (com ginga) os pressupostos que, em nome de uma suposta universalidade, dão à luz "noções etnocêntricas de uma universalidade que, muitas vezes, discrimina, sem conseguir discernir" (MARTINS, 1995, p. 66).

As experiências históricas de diáspora africana por todo o Atlântico aqui se somam às passagens e trilhas duradouras que caracterizaram a experiência da população negra e descendente de africanos do país, apresentando muitos passos em pegadas e funduras por demais semelhantes aos pisados pelas populações negras de países como Venezuela, Cuba, Haiti, Estados Unidos e outros, mas que visibilizam viagens singulares próprias.[7]

Candomblés, congados, tambores de crioula e de marabaixo, jongos, caxambus, capoeiragens de Angola, maracatus (e mais tantos conhecimentos medicinais, arquitetônicos, metalúrgicos, geográficos etc.), entre tantas outras manifestações culturais e musicais, são estrelas irmãs desta constelação, estrelas que brilham e guiam comunidades há séculos, sendo mananciais de vida, de suor e de filosofia indo muito mais além do que meros modismos que por vezes lhes acometem e lhes colocam em palcos ou holofotes efêmeros, em nome de uma "cultura popular" rasa, forçosamente exótica e turística, que dá lastro a cursos de percussão e de dança em bairros nobres (nobres?) que cobram bem caro por aulas de poucas horas mensais, vendendo pingos de "autenticidade" maquiada que terminam por não propiciar nada ou muito pouco das rodas e dúvidas, dos esforços e conquistas, das concepções de mundo e de imagens que as comunidades deslindam diariamente, há séculos. Desserviço tanto aos alunos que fazem tais cursos como às comunidades que, supostamente, seriam a raiz desse tipo de trabalho.[8]

A necessidade negra, histórica, de se manter compreendendo-se como gente, de não renunciar ao estatuto de pessoa perante uma ordem escravista que qualificava negros "ladinos ou boçais" como seus meros bens semoventes, entre os bens móveis (charretes e bois, por exemplo) e imóveis (as fazendas e os casarões), foi o minério que se sedimentou em camadas, propiciando a quentura do carvão negro das tradições.

Stuart Hall[9] (2003) qualifica a tradição como algo que tem pouco a ver com mera persistência de velhas formas, relacionando o termo muito mais às formas de associação e de articulação de certos elementos simbólicos, ressaltando o quanto as tradições negras, nas formas de se lidar com a natureza, com o trabalho, com a saúde, com as atividades imaginárias, são bordadas pelo sangue e pela casca ainda mole dos machucados da memória da escravidão, pelos lamentos e pelas traquinagens que adquirem constantemente novos significados e relevâncias, fazendo ressurgir com mais força certas dinâmicas, reconhecimentos e tomadas de espaço.[10] Stuart Hall ainda ressalta que as lutas culturais aparecem com frequência, mais vigorosas, ansiosas e prolíficas nos pontos em que tradições distintas e até mesmo antagônicas se encontram ou se cruzam.

É aí que os símbolos assumem suas esteiras e reacendem seus fachos, nesses centímetros de carne viva da teia de mitologias. Aí é que as "formas essenciais" das culturas (conforme denominação de Hall) apresentam suas aberturas magnéticas. Formas essenciais das culturas, e não essencialismo que acorrente as ações pessoais subjugadas em expectativas rasas de comportamento, em espelhos mutilados.

A cultura negra, como todas as culturas, não é só retorno a um passado e superficial revivescência. Também é plenamente produção criativa. Descobre outras maneiras de se usar os tachos antigos, cria violações e consentimentos disfarçados, que dão seus braços a contingências contemporâneas, confusões repentinas e cortejos imprevistos. Fomentando atuações, movimentos e observações, reengenhando bases e feições de identidade às marcas de uma experiência de estilhaçamento existencial, como a da escravidão.

Assim, meio como um maestro que rege as operações que trama, e meio como um jardineiro que, para tratar de seus canteiros, depende das condições de temperatura e clima que o destino, a sociedade e a história geral dispõem, o ser negro brasileiro vive no rodamoinho do drama, da tensão entre formas conflitantes, do encontro entre silhuetas e traquejos africanos e ocidentais. E faz desse constante rodamoinho (onde gera pontos de segurança) um terceiro lugar, que não é o da corrente de água que escorre e nem o do dentro do ralo, do buraco a lhe sugar.

As gravuras talhadas pela cultura africana na cultura das Américas, e especificamente na brasileira, continuam conseguindo se desenhar mesmo nas madeiras institucionais que já se pretendem as mais alisadas, como placas uniformes sem sulcos.[11] Como se diz em muitos terreiros: "Onde for um neto de africano, vai a África junto". Dos silenciamentos forçados, promulgados no decorrer da experiência da diáspora, sempre emerge o sussurro e o canto afro.

Quando menos se espera, tal voz contamina os papéis a ela destinados oficialmente e segue recheando as lacunas, que estão longe de se fechar, trazidas à tona pela diáspora escravista. Para, aí sim, trazer o seu escolhido silêncio, que é condição de diálogo.

Processos múltiplos de sincretismo nasceram com os jogos e bordados dessas linguagens (negra, lusa e indígena, principal mas não exclusivamente) que sustentaram a maior parte da formação cultural do Brasil em seus primeiros quatro séculos. Esse termo, o sincretismo, vem recorrentemente sendo utilizado sem que se atente a uma diversidade dos próprios processos de sincretismo, quase sempre propostos como uma fusão indiferenciada de princípios, teores, códigos e movimentos que têm histórias e fundamentos peculiares. Sérgio Ferreti (1995, p. 91) apresenta várias possibilidades e utilizações da palavra sincretismo, nas quais se percebem variantes que, de certo modo, enredam-se aos significados mais importantes dados ao processo em questão.[12]

A partir dos estudos de Ferreti sobre a Casa das Minas maranhense, de Martins sobre o Teatro Negro (1995) e os Congados (1997), de Rosângela Araújo sobre a Capoeira Angola (2004) e de Sodré sobre o Candomblé (1988), pode se constatar que nos "territórios do sagrado" e nos tabuleiros numinosos da mítica e da poesia de cada dia, "África e Europa encostam-se, friccionam-se e atravessam-se, mas não, necessariamente, fundem-se ou perdem-se uma na outra", como disse Leda Martins (1997, p. 31), mantendo, apesar de disfarces, transações e rejeições, diferenças vitais entre o que se mostra na avenida e o que se cultua "da porteira pra dentro".

As manifestações citadas acima (sagradas e comunitárias) são alguns dos exemplos nos quais floresce a cosmovisão africana no Brasil, alimentada também por diferenças regionais e perspectivas variáveis de diálogo com a cultura hegemônica.[13] Nutriz de referências negras que ainda estão longe de serem aceitas no mesmo patamar de respeito que modelos e nortes judaico-cristãos ou anglo-saxões. Presença afro-brasileira que, espraiada nas baixas e ladeiras, nos sertões e nas costas litorâneas, tem em si um manto, largo céu na pele dividido. Muitos pontos em comum, pontos cantados, pontos louvados e lavrados em terra espiritual de matriz africana, cultivados em primaveras e outonos, enfrentando tempestades de inverno e longos verões. E pontilhamentos da ancestralidade cotidiana de casa e de bairro, de entender comunicação, tempo e ética, intervenção e acolhida.

Lutando contra um lugar e criando um lugar próprio, jogando dentro desse lugar com que se luta e onde se luta. Jogando com o envolvente. Com o espírito do chão e da flora, dos animais, dos objetos com sua função, forma, matéria e significado mítico. Jogar é territorializar, bolar um recentramento, mas na condição de reconhecer outros centros,[14] outras subjetividades, outras presenças simbólicas com que se conversa, como que se abre a sedução do camará ou do instrumento, do objeto ritual, do símbolo nos gestos e nas energias da natureza e das paisagens dos tempos. Assim, a cultura negra constitui e trata um terceiro lugar, também forjado nas frestas e margens do próprio sistema hegemônico, não considerado nas leis duras que separam absolutamente objetivo-subjetivo e dentro-e-fora.

Muniz Sodré (1983, p. 133) ressalta três pontos, a pensar na forma histórico-social negra brasileira:

1. A originalidade negra consiste em ter vivido uma estrutura dupla, em ter jogado com as ambiguidades do poder e, assim, podido implantar instituições paralelas;
2. No interior da formação social brasileira, o continuum africano gerou uma descontinuidade cultural em face da ideologia do ocidente, uma heterogeneidade atuante;
3. A reposição cultural negra manteve intactas formas essenciais de diferença simbólica – exemplos: a iniciação, o culto dos mortos etc. – capazes de acomodar tanto conteúdos da ordem tradicional africana (orixás, ancestrais ilustres (eguns), narrativas míticas, danças etc.) como aqueles reelaborados ou amalgamados em território brasileiro.

O elo com a semente pulsante e sanguínea da cultura, com a tradição que se defende e que se oferece, por exemplo, faz de uma roda um lugar do entre. Uma vadiação[15] de Angola jogada em um quintal ou uma garagem aqui na favela em Taboão da Serra, capuerage desenrolada num terreiro, num descampado do alto do morro ou mesmo num colégio de padres franciscanos ou em ginásios europeus, adentrando esferas ritmadamente, faz um lugar que não é só o do entorno, mas o do próprio universo da roda, movimentante e completo em si. É um território que é caminho e raiz. Pele vital que tem nos poros o ar e o sangue. Membrana que une e separa (retomando ideia-expressão de SANTOS, 2004).

São lugares do entre as porteiras e encruzilhadas (que também são lugares do "passe"). Entre-lugares e lugares do entre, são campos de semeação e de florescência, mesmo no asfalto, para quem cultiva o conhecimento dos procedimentos que a regra simbólica, desenvolvida tradicionalmente, assegura e pede. Dinâmicas instaurando-se nas fronteiras e rachaduras do sistema. Ativando encontros e celebrações que podem ser trabalho e potencialmente festa.

Muniz Sodré fala de um lugar que "insere-se provavelmente numa tradição e realiza-se, fora de qualquer intenção de sentido, numa pura tensão entre o lugar-espaço e a força de realização". Esse "sentido" citado por Muniz Sodré é como não intencionado e o entendo como o que vem desejado mais por uma explicação mental do que por uma experiência corporal. É o que reduz o símbolo ao signo claro, determinante, o que se aponta numa teoria excludente, que encaminha ao privilégio do conceito em detrimento da imagem vivida e partilhada de corpo e alma, encaminhando à satisfação da produtividade e não da experiência.

Em uma cidade que deseje o negro fechado a cadeado e sem força de movimento/movimento de força, um terreiro é um lugar dentro e à parte. Está no coração de suas ruas e é uma própria beira imaginária. Mas se constitui em um território marcado por um jogo vital, balizado por regras ancestrais e onde se adentra em presença de personalidade.

Como tabuleiro energizado do jogo,[16] é lugar de ligação do ser humano: consigo, com o outro e com os mundos. Lugar de atuação que desenvolve intensidades originárias e que, inclusive, nutre para a realização de um futuro, mesmo que este não seja o motor de busca da ação, mesmo que se atue sem a intenção causal, finalística, que procura consequências restritas.

Aceitar ver a chuva é jogar com a chuva, e tomá-la deliberadamente também, se abertos os canais simbólicos à ocasião. Vontade própria de experiência, de se encontrar com a chuva a que ancestrais assistiram, tomaram, dançaram e cantaram. É querença de jogo com as forças naturais com que se troca, mitologicamente. Trocas que diferem cabalmente da cultura ocidental de capitalismo e lucro porque não são acumulativas, não dependem de uma sobra, de um resto produtivo. Trocas num banhar-se de liberdade indefinida mas fundamentada, que não é finalista mas propiciadora de conhecimentos. E essa chuva pode se fazer presente, simbolicamente, nas águas de uma quartinha ou até nas gotas de suor de um mestre, que pingam ou são aspergidas num discípulo.

Um terreiro, uma casa-matriz de uma comunidade jongueira ou de maracatu, um cazuá de capoeira angola, transmitem bens simbólicos de um patrimônio familiar que regenera a linhagem e que trança e dá sol a relações de descendência que ultrapassam a ascendência biológica. Saberes, técnicas e responsabilidades que se emaranham na seiva das paredes, das portas, dos instrumentos, cumeeiras e pejis, nos lugares, espaços e objetos que recebem o Axé (que é a força vital, de poder de transformação, de desenvolvimento e realização).

A consciência pessoal que espalha esse Axé[17] transmite para a cabeça e para o coração, põe amor e coragem nas solas, nas palavras que são extensão do sangue e do ar dos poros, da matéria parida pela língua salivar. Em muitos momentos vividos, coletivamente ou não, inclusive nas ruas onde as formas, o acontecimento e o performático podem ser muito bem ritualizados, ladeiras que também podem ser lugar sagrado, tanto quanto um terreiro; onde as encruzilhadas, estradas, escadarias, bifurcações e becos podem ser vividos mítica, histórica e arquetipicamente (de natureza distinta, mas da mesma forma que elementos naturais como a bica d'agua, a fogueira, a caverna, o vento), conjugando intensidade, sendo canais de fluxo de duas concepções de tempo, africanas, que são encontrados nos conceitos antigos suahíli[18] nomeados como Sasa e Zamani.

A noção bidimensional de um tempo tradicional africano orienta a sociedade para o seu passado, tão enfatizado quanto o seu futuro. Se tentarmos traduzir para as nossas categorias temporais, no passado se encontra toda a sabedoria ancestral e a identidade, as referências primordiais, dinâmicas e abertas a mudanças, bússolas a orientar o presente. Eduardo de Oliveira (2003, p. 47)[19] explica as noções de Sasa e Zamani: "Sasa é o microtempo, o tempo do indivíduo, presente e/ou lembrado. Zamani é o macrotempo, tempo dos mitos, tempo sagrado que envolve o tempo vivido". Sasa abrange o futuro próximo, o presente dinâmico e o passado já vivido. Após a morte, o Sasa pessoal continua vivo se houver a recordação por parte de familiares e, até que ela seja esquecida, a pessoa não penetra na dimensão do tempo Zamani, o macrotempo que, inclusive, contém Sasa.

São tempos complementares que não se subjugam a uma dimensão de futuro nem a uma noção de tempo linear progressista. O tempo mítico é reatualizado nos rituais, oferecendo referenciais de comportamento, transmutando o tempo "profano" em tempo "sagrado".[20] Nessa teia que a tudo interliga, na qual um toque ali embaixo reverbera aqui em cima, talvez não se encaixe perfeitamente nem mesmo a costumeira noção de "eterno retorno" ou de "tempo cíclico": "Para o africano o tempo é dinâmico e o homem não é prisioneiro de um mecânico retorno cíclico, podendo lutar sempre pelo desenvolvimento de sua energia vital" (RIBEIRO, 1996, p. 63).

Nesse tempo tradicional africano não existe um fim absoluto a ser perseguido nem sequer um final do mundo previsto, mas a geração e o giro de formas a se relacionar com a precariedade e com a permanência do mundo, que é nitidamente ambivalente no seu cotidiano. Modelado desse barro, o lugar afro-brasileiro existe num entre-lugares e também se faz teia, num entre tempos. Pois é trança entre repetição e inédito.

Quando um repicado no berimbau ou uma melodia de ladainha, um gesto corporal de pernas pro ar ou uma folha, ou ainda o uso de determinada técnica cultuada de se construir uma casa (com determinado material que ressoa miticamente), te trazem o primordial e te levam ao antigo, à casa de nascença do toque, a companhia que vem morar em ti e que você exerce refaz o mesmo gesto e cintila a mesma presença de espírito que um ancestral havia iniciado. E que em ti é virgem e é amor renovado, sendo também campo de intensa invenção e de continuidade desejada de um rito, numa linguagem de quem assume responsabilidades e realiza uma compreensão de existência. Consciência de harmonia com as forças grandes, sem intenção apriorística, mas de retorno, de criatividade e de continuidade recíprocas. Espiral que também gira para trás e para fora do tempo social.

Oliveira (2003) detalha elementos característicos de uma cosmovisão africana, que ultrapassam diferenças geográficas e que podem ser generalizados como constantes na filosofia vivida pelas tantas etnias e povos do continente-mãe. Pilares de sociedades tradicionais que mantêm suas formas essenciais culturais, mesmo relacionando-se com inserções culturais potentes (como a islâmica ou a cristã, esta chegada via Europa ou mesmo presente já no cristianismo ortodoxo etíope, bem mais antigo) e com fortes fluxos de migração histórica (como a chinesa ou a indiana, adentradas pela costa oriental africana há mais tempo do que os portugueses).

O autor destaca alguns princípios como:

- A noção de que o Universo é um todo integrado, uma "teia" em que afloram elementos conectados em processo dinâmico de interação;
- Uma concepção de Tempo que privilegia o tempo ancestral que servirá de base ao devir, ao encontro do destino, ao "desconhecido esperado". A ancestralidade assim assegura tanto a estabilidade e a solidariedade do grupo no tempo quanto sua coesão no espaço;
- Uma tradição de ritos iniciáticos em uma Comunidade que apresente abertura à criatividade e que, transformadora, forje coletivamente o indivíduo, a fim de manter o bem-estar social e a harmonia espiritual;
- A Família, que pode ser extensa e transcender laços sanguíneos, como base da organização social;
- A concepção de Pessoa como aquela que é portadora de destino e de energia, a desenvolver, de força vital;
- A consideração de que a Palavra é um atributo do preexistente, promovedora de realizações e transformações no mundo, veículo primordial do conhecimento que a tudo envolve, adentrando e movendo coisas, lugares e seres;
- Uma relação com a Morte que lhe compreende como parte do processo cíclico da existência, de restituição à fonte primordial da vida;
- Uma noção de Poder vivido coletivamente, a fim de promover a comunidade e garantir a ética africana.[21] Dando-se valor não estereotipante ao vigor sexual e à fertilidade feminina, sendo a procriação também uma manifestação palpável do desenvolvimento da vida.

Apreciados esses tópicos, integrados em si, pode-se também pensar nas especificidades dos povos bantos, que ocupam a região austral da África, a partir de Camarões, e que se estendem do sul até a costa sudeste do continente.[22] Etnia nascida de uma comunidade multiclânica que cultuava ancestrais comuns, caracterizada pela extrema mobilidade e pela adaptação a condições variadas, apresentando enorme variedade linguística. Bantos que, em sua migração forçada de milhões, deram talvez a maior parte para a sustança do caldo cultural africano que se formou no Brasil, agregando etnias várias.

Reforçando os elementos trazidos por Oliveira, Nei Lopes (1988) apresenta estruturas dinâmicas da cosmovisão bantu, relevando o entendimento de como tudo participa da harmonia cósmica, havendo permanente troca de poder e apoio também entre os vivos e os mortos de uma mesma linhagem.

Preza-se o vitalismo, a força vital. A cultura bantu orienta-se no sentido do aumento dessa força e da luta contra sua perda ou diminuição. Mais do que "bem" ou "mal", as noções de energia "positiva ou criativa" contrapõem-se às de energia "negativa ou destrutiva", que é tudo que diminui o poder da comunidade, que ameaça a paz de si ou do outro. Há aí um valor supremo da criação e a noção de que todo criador é aquele que detém a vida e a forja em si mesmo, que não a recebe de ninguém, mas que efetua trocas defendendo-a, movimentando e aumentando seu poder, já que a noção de "precisar" é igual à de "querer" e de "dever fazer". A força do movimento é cultuada e louvada, agraciada, porque nada no mundo pode ser estático. Até um objeto inerte é animado por um movimento cósmico que se exerce segundo o ritmo que o artista, o ser humano criativo, busca exprimir.

A beleza suscitada, enamorada do ritmo e do estilo, é algo intrinsecamente ligado à força, à verdade, à vida. Positivo e criativo, auspicioso, o belo traz em si uma tradição de ancestralidade que o dinamiza.

Para os povos bantos em geral, a personalidade de alguém se dá num campo psicológico dinâmico definido por três esferas principais de relacionamentos, num eixo em que se cruzam: o vertical (que liga a pessoa a seu ancestral fundador), o horizontal (de ordem social, comunidade cultural) e o da existência própria da pessoa. É do equilíbrio desse universo psicológico que depende o equilíbrio da personalidade, que não se trava ou recalca por noções de pecado ou de salvação, inexistentes na esfera da vivência original bantu, mas que se articula em torno do engendramento de Muntu (equivalente a Axé).

A partir dessas considerações iniciais sobre a cosmovisão africana, mais especificamente sobre a fonte bantu, matuta-se que o hífen na expressão "afro-brasileiro" abre uma fresta semântica, traz o sopro que desanuvia o estático e o essencialista, mostrando uma distinção necessária entre o latente (afro) e o patente (brasileiro). Não deixando cair o buquê que indica o cheiro dessas tantas flores diferentes que, por si, colorem o jardim negro da história de nosso país. O hífen permite a abordagem de formas diferentes de passear e de galopar a partir dessa cavalaria de elementos simbólicos de nascente afro, de nobre crina e majestosa peia (mas também de cascos experimentados nos charcos mais podres), que é alicerce milenar de hábitos, crenças, linguagens e articulações sociais. Enfim, remete-nos à noção de *unitas multiplex*, lembrada por Edgar Morin, em que o terceiro termo, antes de ser a exclusão ou a síntese forçada de dois elementos, produz novas formas – complexas – de manifestações culturais e de formas sociais de organização.

INTELECTUALIDADE, RITMO E CORPO

Sentindo a força de elementos afrodescendentes, podemos pensar nos seus adventos, por gerarem situações e deixarem, a partir da existência proporcionada por artistas e pensadores, referências potenciais à posteridade. É o que fica, pulsante e segredado. Na arte-trabalho-religare[23] da cultura afro-brasileira, constituída por elementos que se penetram e que não se encastelam em departamentos ou em demais separações estanques. Mesmo que não haja a preocupação principal em se limpar o futuro, em salvá-lo, a composição de energias e ensinamentos equilibra esperanças e abre caminhos.

Como sugere Joel Rufino dos Santos (2004), uma das características da fonte afro-brasileira é a presença de seus pensadores na vivência diária de suas comunidades, em relação direta e orgânica com suas questões prementes, e não alheios a elas.[24] Tal ligação existe no contato corporal, presencial, no partilhar dos mesmos desafios, no dividir do mesmo espaço natural e lugar político, dos mesmos cantos, rodas e colheitas, sem que se diminua a capacidade de abstração e de autonomia dos intelectuais. E aí o corpo, a voz melodiosa, a artesania, o faro, a aspereza e a maciez sentidas, a coluna e as solas com seus pedaços de caminhos e posturas, o texto e suas vibrações, tudo que acompanha a mentalização surge como fator integrante na formulação de conhecimento e de reflexão, com seus desafios e práticas.

As ideias que Maffesoli (1998, p. 58) desenvolve sobre "razão sensível" ajudam a nortear e estabelecem uma parelha com esse querer a vitalidade, que marca a cosmovisão bantu, entranhada no pensamento mítico, desanuviando urgências e privilegiando a comunhão do grupo:

> A razão vital, raciovitalismo, que sabe unir os opostos, operar conhecimento e, ao mesmo tempo, perceber as pulsões vitais, saber compreender a existência (...) para além da dicotomia que marca a modernidade: a do pensado que não vivia e que quando vivia não pensava mais.

Tal reflexão permanece ligada aos afetos e problemas comuns, ligada à sensibilidade e aos mitos e ideias da comunidade, e não apenas a uma estreita noção de racionalismo. Estabelece um saber que se recheia de amor, conjugando-se o rigor do raciocínio e a quentura dos afetos e conflitos.

A cultura negra caracteriza-se pela importância de seus intelectuais, mestres, pensadores orgânicos e assumidamente elos de continuidade e de renovação das culturas que abraçam e por quem são abraçados, das comunidades que integram e compreendem e por quem são integrados e compreendidos. Intelectuais que não apenas são críticos distantes do raio da flor da pele, mas também críticos dos contextos graúdos, envoltórios, e das próprias posturas comunitárias.[25]

Quando essa intelectualidade se faz ausente, gravemente ferida, amordaçada ou encarcerada, são avassaladores o alijamento e a destruição das comunidades afro-brasileiras, por via de genocídios, confiscos e tomadas de terra ou violentos desenraizamentos familiares.[26] O intelectual conjuga especialmente seu trabalho às expressões artísticas, lançando mão de formas expressivas atraentes, de ritmos e vernáculos coloridos por tons e timbres modelados. Pode se considerar aquilo que, por exemplo, Read ou Campbell afirmam dessa figura social: do artista como aquele que é dotado de capacidade de projetar símbolos de seu inconsciente e que são de validade geral, principalmente em sua comunidade, onde se enraíza e surge como representante pensante, emissor de significados e de valores políticos e pedagógicos.[27]

A intelectualidade afro-brasileira, tão adubada e entoada por ingredientes estéticos, useira e vezeira das tantas faces e sintonias da oralidade, sempre esteve ligada ao espírito comunitário, aí garantindo sua força, seus princípios, seus como-fazer e seus muitos por quês. Pensadores não se furtaram ao trabalho braçal, não menosprezaram o trato manual, por vezes glorioso na comunidade de base e rejeitado, considerado asqueroso, pelas elites da sociedade brasileira. Ou entrosando modos de pensar à, por vezes forçada, labuta compulsória e mal paga – quando paga –, na qual se desenvolveu um corpo de pensamento, uma racionalidade que se partilha porque sensível e aliada às pulsões vitais do terreiro, do grupo, da confraria, da comunidade que se reconhece como afro-brasileira.[28]

O tato que recolhe experiências reconhece metáforas corporais na palma e nos calos da mão, nos pelos e fagulhas da pele, frequenta o cérebro, envolvido pela materialidade da economia das pequenas esquinas e pelos devaneios de grandes festejos, que marcam ciclos e passagens simbólicas da vida da comunidade. O tato realiza com intenso conhecimento de dentro, de causa, é um diálogo do peito e da mente com a criatividade mítica, que funciona como liga comunitária, assumindo na reflexão os mapas espirituais antigos que levam ao lado de lá do Atlântico, aos barros e asfaltos pisados de cá e às maneiras de se encontrar caminhos para problemáticas urgentes que colocam em risco a constituição do grupo.[29]

Imagens míticas são linhas constituintes da vivência negra, formuladas nas estórias cantadas, dançadas, esculpidas ou que vestem segredos na cultura afro-brasileira. A imagem, em oposição à razão pura, não pretende a geometria rígida do conceito, mas evoca passagens antigas e fundadoras da comunidade, segreda e sugere por trás do que se manifesta. Imagem que, revoada na aparência, traz sua carga erótica, sensualidade, incentivando o sujeito negro a sair de si e rodear no torvelinho de sua fonte cultural, entrar em si evocando forças antepassadas. Imagem que trama. Pensamentos válidos a toda uma comunidade. Imagem que seduz, que confidencia, que abre hipóteses e fendas nas relações conflituosas com as instituições que operam as variadas maquinarias do racismo. Imagem que, orquestrada pelos intelectuais cantantes, poetas, sacerdotes, mestres e iniciadores que constroem a engenharia prática dos instrumentos necessários para a sobrevivência, gera e revigora relações sociais e aflora religações cósmicas, favorecendo o tom da espiritualidade.

Muniz Sodré (1988) realça o ser africano como um ser territorializante, abrindo vagas e fincando símbolos em espaços até então fechados. Os terreiros e cazuás, ao deterem forças de aglutinação e de solidariedade, enraízam-se na divindade dos princípios cósmicos e na ancestralidade, que conjuga princípios éticos. Território que é base para o movimento das forças, integradas, que carecem de suporte para que se reúnam e se espalhem. Esse suporte pode ser um objeto, símbolo que agrupa as condições funcionais e míticas em si, como pode ser o próprio corpo do pensador, do orador, do escriba, do músico.

O território é revalorizado por seu sentido mais simbólico e, operando vínculos, pode assimilar os da casa e os de fora. O território também é iniciado e, assim, por um complexo processo de entrada no ciclo das trocas simbólicas, constitui-se uma paisagem da alma. Templo e também carne, provedor de matéria e de encontros pessoais, revitaliza intenções genuínas. É no território que se recebe e se fervilha o patrimônio cultural negro-africano, sem que se excluam parceiros do jogo (brancos, vermelhos, amarelos, mestiços), exibindo uma aproximação real e espacial das diferenças, ensejando sim uma reconstrução vitalista, uma continuidade geradora de identidade (SODRÉ, 1988, p. 54). Refazendo constantemente os esquemas ocidentais de percepção de espaço, já que o "jogo" tem, inerentemente, a geração de espaço, simbólico, criando outras realidades de duração, período e de lugar.

> Existe no universo da cultura negra algo que remete a além da economia política, possivelmente uma troca baseada não na determinação quantitativa de valores, e sim no fluxo incessante de forças entre consciências que, através de uma experiência "transicional" (a do jogo), aspiram à liberdade e à continuidade

de seu grupo (...), a vigência de uma ordem simbólica, onde as relações humanas passam pelas regras de iniciação e do segredo e, em vez de signos linguísticos claros, regem-se pela pluralidade polimorfa dos lugares – uma ordem que acolhe a indeterminação (SODRÉ, p. 144).

O ritmo é esqueleto etéreo e constitui um território criado. Permeia e organiza os períodos dos cultos e ritos, vige na elaboração de qualquer ação que conjugue os tempos do corpo, do espaço e do entorno social (o envoltório físico/material e simbólico da cidade) e da abrangência da natureza em seus ciclos. Faz-se presente no encontro, na realização de acontecimentos e adventos que costuram possibilidades (poderes) no transitório do tempo do calendário.

Ritmo é rito (que, por sua vez, é expressão corporal e emocional do mito), comunitário, engendrador ou realimentador da força. E o corpo, imprescindível ao rito, é o próprio território do ritmo, propiciando ao sujeito a percepção do mundo em seus detalhes, numa integração a partir de si mesmo, de um campo que lhe é próprio e que se resume, em última instância, a seu corpo (SODRÉ, p. 135).

O ritmo, que também é alicerce soberano na expressão musical de matriz africana, é a forma até do que não tem consistência orgânica, é o elo entre o estático e o dinâmico. Confere vínculo aos movimentos, guarda e expande o fluxo de eventos, coisas e afeições. Não lhe falta horizonte, compondo pontos de junção e amarrando elementos, dedicando dinâmica e orientação aos espíritos das coisas e dos homens.[30] Ritmo, como pai, irmão e filho do rito, angaria a participação de um grupo no mais total dos atos, que é o ato de viver. Garantidor de rito, cumprimento do mito, elaborando e abrindo passagens ao sentir mitológico.

O tema básico do ritual[31] é a integração do sujeito a uma estrutura formal cósmica, transcendental e não quantificável, bem maior do que seu próprio corpo físico, mas que não o abole na conjuração dos elementos. Expressando o que está de acordo com o rumo da natureza, com os sabores dos saberes e com moinhos girados pelos ancestrais, superando impulsos pessoais, o ritual pode ser definido como a teatralização de um mito, como sua encarnação. Coreografando epifanias e regendo a orquestra onde sopram o meio ambiente, a pessoa e os acertos sociais, mantendo arisca a batuta que orienta estéticas e pensamentos. Artisticamente,[32] mantendo aberta e frutífera a trilha do mito que põe em contato novamente o homem com seus arquétipos.

O ritmo, pelo viés de repetição, descortina o embaço e sustenta uma viga que assegura a reintegração do tempo humano no interior do tempo primordial, conjumina, formando um elo entre o tempo cósmico e os tempos internos das veias e órgãos do corpo, e nada tem de mero retorno do mesmo, mecânico e oco, de falta de criatividade. Nas culturas de matriz africana, assim como se privilegia o desenrolar de diferentes formas verbais para atribuir conhecimentos a fatos e coisas, a circunlocução – que não visa a matar questões pela raiz, enaltecendo a metáfora e os chamamentos que cultivam enigmas –, já em música reverencia a capacidade de se manter o ritmo. Ritmo que concebe o grau para que solistas possam fazer seu improviso harmônico no conjunto, e retornem à base mantida pelo grupo que toca os instrumentos,[33] vez reversível da redenção pelo sublime, coletivo e pessoal, transfundindo o sangue de lamentos em notas e acordes.[34] O "centro" aqui é um que pousa, se esparrama, visita e inaugura cantos.

Diante da exclusão de sistemas escolares e com suas categorias vernáculas qualificadas como "erradas", "incultas" ou mesmo "selvagens", inúmeras vezes perseguidas violentamente pelos aparelhos policiais (e departamentos de higiene e limpeza pública), a expressão de ideias por parte das culturas negras se desenvolveu maciçamente nas Américas em formas encenadas ou palavrais que abraçaram a musicalidade, frutificando matizes, timbres, síncopas e harmônicas refinadíssimas, casadas à transmissão de conhecimentos vários e, em si mesmas, minuciosas ciências e dimensões de encontro com questões das mais complexas.[35]

A música conclama a dança e aqui a cultura negra privilegia o jogo, lugar cósmico onde abunda e festeja o sentido conotativo, a circulação entre significado e significante, o conflito ou o desafio que se gira em harmonia e vice-versa. Cultiva a ciranda e a maleabilidade que desenlaça a criatividade. E aqui a dança alcança esferas imprescindíveis para o entendimento da noção de pessoa em relação com as forças que lhe envolvem e lhe perpassam.

A dança energiza seus tons relacionando-se com os próprios constituintes de movimento, nos quais se incluem o espaço, o peso, o tempo, a fluência. As ações mecânicas do corpo (que se curva, se alonga, se torce) combinam-se à locomoção (andar, correr, pular, cair) e exaltam a vida trazendo gestos, inclinações, extensões, torções, giros. Tecnicamente, desenvolve reflexões e desmistifica conceitos. O dançarino, muito mais do que executar movimentos, espiritualiza sua técnica, atua enamorando a soberania do corpo no reino do espaço.

A dança revigora crenças, suscita o pensamento suado e pode fazer do corpo também um instrumento de expressão figurativa, um lugar-zero do campo perceptivo, como limite a partir do qual se define um outro corpo. Dança mede e recheia o território, esquadrinha em volteios uma geometria móvel, fluida, malemolente ou explosiva, elegante ou disfarçatriz, atenta para não ofender a atmosfera que enreda o corpo que por ela é libertado. O ritmo do corpo que dança é disposição ou configuração assumida por quem se move, assumindo gesticular manifestações pedagógicas ou filosóficas, expondo sensibilidades às gerações de hoje, de amanhã, de ontem.

O corpo afro-brasileiro, que preza a possibilidade do grito na noite e do silêncio no dia, que dança na comunidade e privilegia a ancestralidade no advento que cria centros e reelabora o espaço, não se define apenas em termos individuais, mas sim em nuances coletivas, entre mistérios e cultivos cotidianos e operações ritualísticas. Sedento por apropriação do mundo, abre-se à troca, entende o espaço lacunar como possibilidade de transformação e de expressão. Interessado no diferente, que é desejado e não apenas tolerado,[36] tal corpo passa a ser ele mesmo um território que se adentra e se completa no cosmos.

O movimento ritmado e pendular, enxadrista de brincadeira e ataque, de onde um pé pode sentir a necessidade de projetar-se buscando o encaixe no peito de quem está à sua frente. O movimento de cruzar bastões dançando a dois; de representar empunhando um cajado, arco ou machado; o movimento que se acocora e se recolhe à energia do chão; o movimento que segura a bandeira ou a boneca Kalunga de sua comunidade em volteios graciosos de rainha... Sobre e sob todos esses gestuais dançados, que embebem e banham molduras mitológicas, há a formação social afro-brasileira. Segundo Sodré (1988, p. 137),

> Para a matriz africana, para a Arkhé, dança é impulso e expressão de força realizante. É transmissão de um saber, sim, mas um saber incomunicável em termos absolutos, pois não se reduz aos signos de uma língua, seja esta constituída de palavras, gestos imitativos ou escrita. É um saber colado à experiência de um corpo próprio.

A dança afro-brasileira também se depara com a presença fundamental da *regra*, que garante reversibilidade e troca com a música e com o verso; assegura criatividade, contato e mãos trançadas com o que exista baseado no mistério e na resistência política que garantem a reprodução e a regeneração do grupo, a preservação e multiplicação do seu encanto. A regra (presente na música, na magia, na iniciação etc.) não opera como um decreto de recorrência, fadado a um mito do eterno retorno, mas como o conjunto de elementos que garante o mito em um retorno variável dos significados.

As sociedades que cultuam Arkhé possuem apreço pelas regras vitais, fundamentadas a cada ritual, mantendo firmes e brilhantes os laços comunitários. Onde há preceito, há ensinamento, onde há forte regramento, o poder simbólico ganha contornos grandiosos. A cultura afro-brasileira em seus elementos dinâmicos civilizatórios, para vivenciar a regra, desafia o contato, o encontro. E aí está outro de seus princípios que se elabora junto com o jogo, a dança e a luta, abarcando timbres e enigmas, códigos e segredos na presença que chama a *sedução*, que, na linguagem verbal, mostra-se mais interessada em fascinar (podendo também prestar-se a informar e a ensinar) pela já citada circunlocução do que pela definição que busca a exatidão.

Sedução aqui não visa trazer à tona um arraigado leque de estereótipos que ainda hoje são toneladas a serem demolidas, que se atêm a reduzir o corpo e o ser negro a uma demonização centrada no pecado que estaria sempre em ponto de bala; num perigo que caracterizaria os "bamboleios primitivos" de pessoas que deixam de ser pessoas para serem somente objetos fálicos ou genitálias, nádegas ou decotes. Sedução aqui não se agarra a uma noção vulgar, muito menos a baseada na pornografia e na leviandade, ou no medo ou no estupro (onde não há sedução, e sim, violência); não se ancora no superficial que se estrutura no tremor e em uma das faces da libido reprimida. Tampouco nega a beleza, o vigor e a responsabilidade que permeiam pessoas conscientes do quanto podem lhes proporcionar seus corpos, desde os círculos da rima à consumação do ritmo sexual, dos toques de cuíca à tecelagem ornada em uma cabeça.

Sedução aqui se marca pela apresentação de situações, pela dança dos significados possíveis, pela abertura de possibilidades que preenchem indefinidamente qualquer jogo de corpo e todo jogo de inteligências desabotoadas. Como na capoeira angola, quando o jogador quer seduzir seu parceiro-adversário para lhe dar uma rasteira ou lhe encaixar um golpe (que, segundo as regras do jogo, podem receber aplausos até de quem cai ou toma o pé, reconhecendo a destreza e a inteligência da movimentação "enxadrista", aberta à malandragem positiva e à astúcia casada à beleza). Como no jogo das oferendas e ebós orientados por ialorixás a fim de restituir forças e encaminhar a consumação de energias, desejos e perspectivas; como no jogo do ifá,[37] que na configuração dos búzios suscita enigmas, que abre mistérios mas não assassina o segredo, contatando as energias e consciências que circulam nas esferas numinosas. Como no jogo dos caxambus, cocos e cirandas, quando um presente no meio da roda chama à umbigada e ao volejo, na intenção de seduzir e sorrir; como no jogo que se dá entre os integrantes de uma parelha tamborzeira que toca seus instrumentos e abre bases e solos, comunicações sublimes de momento, em toques e timbres de marcações sagradas e suadas. Como no jogo entre um cozinheiro e as consistências de seus alimentos e as condições materiais de sua cozinha, mirando o prazer do faro e da boca; como no jogo dos partideiros, aboiadores, jongueiros, mestres de catimbós e congados, quando versos pedem desates e decifres, jogando respeitosa e deliciosamente com os riscos e obrigações do destino... Em todas essas faces que saltam ou sussurram na cultura de matriz afro-brasileira, o jogo e sua sedução atiçam e instigam o tempo, na encruzilhada que este perfaz das urgências do agora junto às tradições mais antigas, no encontro com tempos remotos ou míticos que se desabrocham quando são "repetidos" mas reorganizados e reinventados os toques, frases, gestos, cozimentos e costuras que intentam dar guarida ao presente, mantendo a sensação fértil, para que se colham cada vez melhores perguntas e esperança.

APARÊNCIA, DUPLICIDADE E LUTA

A continuidade africana que floresceu na formação social brasileira, em relação de contrariedade ao aparato ideológico dominador ocidental, movimenta-se em uma esfera que é atrativa a jogos e rituais, a ajustamentos de elementos variados que, não se anulando reciprocamente, se relativizam e se neutralizam mutuamente, equilibrando-se. Uma vital unicidade que, para Morin, antes de desintegrar seus elementos, é o que se abre ao que seja recíproco, de troca ou de possibilidade de resposta a uma nova pergunta.

Como detalha Martins (1995, p. 61), em reflexão apurada, tal unicidade cultural tem na duplicidade teatral uma força constante, eficácia tecida pela simbolização coletiva e ressaltada pela ambiguidade de significados orquestrada. Algo específico, cultural, fazendo-se presente no gesto que, por exemplo, para quem vem com a ordem de prisão, pode significar apenas dança farreira e diversão inconsequente, mas para quem está entre familiares pode ser treino e ensaio de luta e de rebelião.[38] Eis a origem, por exemplo, do toque musical denominado "cavalaria", forma de aviso que a repressão vinha chegando a galope, toque efetivado sem que se parasse a função do batuque na capoeira. No cortejo que assume uma máscara ou uma estatuária católica aceita para realizar o culto a entidades rechaçadas pelo sistema hegemônico, há o disfarçado. Elementos que no conjunto singularizam a cultura afro-americana e afro-brasileira e que convergem à teatralidade.

A duplicidade na cultura afro-brasileira, fundindo limites da representação e da dramaticidade com a presentificação comunitária épica, teatraliza,[39] opera uma rede de elementos que usa muito bem as máscaras, permitindo também um contorno em vez de uma contestação escancarada, em momentos nos quais isso se faz necessário contra as formas de opressão total, de absolutização, de imposição do que seja homogêneo e padrão. É o jogo duplo que, inclusive no trabalho forçado, propicia uma recusa e uma quebra dos ritmos da produtividade desejada pelo patrão, pelo "dono", pelo feitor.

Uma duplicidade que, em insurgência cênica, prenhe de astúcia e/ ou mesmo de silêncio, surge como meio de se criar um espaço e um tempo outro, arejando e fortalecendo o cotidiano, aberto a nostalgias e invenções, vivências simbólicas. Duplicidade que se tece na ironia, na carnavalização, na sedução do jogo, meios que por vezes são os mais ácidos e efetivos, ocupando brechas que permitam a presença da contradição e da diversidade no seio dos sistemas mandachuvas. O domínio da teatralidade, aquele que se utiliza inclusive do pastiche e da sátira, remete ao simulacro, à imitação e ao ritual; põe na roda e na cena, sem evitá-las ou não desejá-las, as forças centrífugas da contradição. Põe em flerte e casório estas que se apenas incentivadas e alargadas levariam à fragmentação e à morte (MAFFESOLI, 1995).

A aparência, segundo Sodré (1983), é o terror do pensamento judaico-cristão, que com sua metafísica clássica a opõe ao Ser e à realidade. Na maneira de se relacionar com o vasto real, a cultura negra é uma cultura também de aparências, elevando o estilo[40] à categoria de realidade, recusando uma verdade universal e profunda que se estabeleça avulsa das coisas. A aparência foge a um atrelamento de signos que estipule relações premeditadas de causa e efeito e qualquer progressividade acumulativa. A aparência faz sobressair a forma, a imagem, forçando a ver a relação entre visível e oculto.

Forma não é fórmula. Esta aponta soluções, certezas, respostas. A forma elaborada agrega contradições, "favorece um sentido que se esgota em atos, que não se projeta, que se vive no jogo das aparências, na eflorescência das imagens, na valorização dos corpos" (MAFFESOLI, 1998, p. 86). A forma, que se entrega no traço integralmente, no sotaque, nas sintonias do improviso ou na linguagem preservada do ritual, nos doces labirintos da modelagem, territorializando e restituindo expressões, acentua e se presta tanto ao sublime quanto à caricatura, tanto ao lírico quanto ao grotesco, à tragédia quanto ao solene.

Nas formas da cultura negra se desdobra e perdura uma "forma social", que abarca "toda uma história coletiva que, naturalmente, se torna pessoal. Condutas de comportamento, gestual corporal, maneiras de ser, formas de expressão, persistências linguageiras e estilos de pensamento" (MAFFESOLI, 1998, p. 97). A forma aparente abre vazão e tomada ao que esteja imerso. Como o ritmo, dá osso, carne e circulação sanguínea a dimensões do imaginário, que o paradigma clássico e que a oficialidade escolar têm tanta dificuldade para distinguir.[41]

A falta de uma intenção de se desbravar um grandioso sentido subterrâneo às aparências, sentido eleito como representante mor da verdade, alivia e abole a obsessão em se minimizar o corpo e se exaltar a transparência absoluta, a revelação completa no etéreo. Atenua a voracidade pelo domínio, não intenciona destruir um segredo pela interpretação. Chama à intuição que, em duo com a tradição, organiza a função de um conhecimento orgânico.

A imagem não emerge, porém, como duplicação da realidade, ou ainda reflexo de uma infraestrutura à qual pertenceria toda a realidade (e sua "verdade" principial, num paradigma que sente a necessidade de erguer-se em supremacia). Emancipa-se, pois está embaralhada em saberes que sugerem a intuição como porta de acesso. Intuição que participa de um inconsciente coletivo, oriunda de um tipo de sedimentação da experiência ancestral, uma espécie de adaptação instintiva de qualquer conteúdo, e que exprime um saber tão incorporado quanto metafísico, que não se restringe ao indivíduo, mas, inclusive, à ética das emoções partilhadas com o outro (MAFFESOLI, 1998, p. 161).

O que é "reversível", como dinâmica afro-brasileira, integra-se à natureza e não se impõe a esta como uma inimiga ou escrava a dominar, reconhecendo-a como parceira com quem convém estabelecer relações circulares: "O sacrifício, imprescindível na cultura nagô, implica no extermínio simbólico da acumulação e num movimento de redistribuição (princípio, portanto, visceralmente antitético ao do Capital)" (SODRÉ, 1983, p. 128).

A estrutura mental afro-brasileira é integrativa e não excludente, humanista e não tecnicista, polivalente, visa à unidade dos elementos em sua diversidade e não a sua fragmentação. Abre espaço ao inesperado e ao desconhecido que trazem novos arranjos e formas de entrosamentos, caules novos desenvolvidos de raízes ancestrais. Percebe-se a vontade de assimilação ao outro e, como se pronuncia nos cantos de Angola ou no candomblé de caboclo: "Cada um no seu cada um". Assim se organizam os elos no coletivo energizado e preservado.

Assim como a duplicidade e a troca simbólica, a dinâmica territorial e o segredo, a iniciação e o estilo, o ritmo e a aparência são então bases das ciências e instigação da cultura negra, a luta também aqui é campo privilegiado na feitura da vida e nas gingas nos beirais do tempo, regida por um círculo limitado de regras (que contém a integridade simbólica de um universo) e de obrigações (o que se cumpre para que se encontre o próprio destino), como diz Sodré (1988, p. 143). Emergindo por uma provocação ou um desafio, como nos duelos cantados ou nos estouros de tramelas usurpadas, a luta não é mera briga, é uma obrigação para a vida.

Além da resistência amorosa e astuta que se bola em fundos de quintal e em baixas ocultas, além da inserção nos vãos contaminando a raiva e a letargia com dendê e com sereno, o conflito também é uma constante na história afro-brasileira, alimentando-se inclusive de mitos e de folhas, de armas e de preparação corporal, por mais que se tente amenizar ou rasurar tais passagens da história do país. Orixás travam contendas, capoeiras viram emblemas de valentia, maracatuzeiros empunham suas lanças prontos para fazer valer a força dos caboclos de guerra. Dimensão de revide, de luta e de desbravamento soltando peias e quebrando correntes, enveredando-se por matas inóspitas a fim de fundar sua Barra, erguer seu mocambo, encontrar quilombolas.

A história do Brasil é recheada de deflagrações negras, revoltas escravas, rebeldias individuais ou coletivas. Se o Haiti traz o exemplo da revolta de 1792, que amedrontou por séculos os senhores de engenho e mercadores internacionais; se os palenques e cumbes negros espocaram em inúmeras paragens da América do Sul e Central; se o levante soteropolitano dos malês confere um pedaço da real grandeza da participação de islâmicos nas conjuras e nas ciências da escravaria brasileira, mas pontilhada de influências nagôs, mandinga, fon e fula[42]; se Palmares ainda é espinho na garganta de qualquer apertador de correntes, tendo resistido por mais de um século na Serra da Barriga e por centúrias na memória cultural brasileira, ainda assim cabe salientar que foram muitos os outros casos, infindável conta de levantes e quilombos do norte ao sul do país. Entre negociações e conflitos abertos, sangrias e paliçadas, a tempestade dos quilombos firmou uma grande sanha e um sonho sem par na referência de imagens e fundamentos afro-brasileiros.[43] Apimenta todo momento em que as necessidades e recordações de revide afrontam a opressão, mas adoça pela intuição que, após os cortes na pele do caminho, após as pelejas em que familiares e malungos tombam nas valas vermelhas, o ninho cálido e a paz fraterna serão realidades.

Quilombos brasileiros, aliás, além de acolher indígenas e párias do sistema colonial e imperial, realizaram trocas num vai e vem com as fazendas e senzalas dos campos e cidades. Agindo nas frestas e fronteiras, estratégias guerrilheiras escolheram os momentos mais propícios de desentendimento entre os "grandes" e de eventual relaxamento no policiamento para golpear e sequestrar. Gingando nas fendas, tratavam com barões e megacomerciantes encomendando e escambando cargas, cientes de que, ao se fortalecer, poderiam também estar fazendo a diferença para os lucros de um desafeto que se disfarçava de aliado e que apenas aguardava a hora certa para desferir seus cães de caça aos tornozelos mocambeiros. Não só de flechas e tocaias e de zagaias e estrepes eriçaram-se quilombos. Danças e ritos, beberagens e estudos, concertos e cortejos, ciências avançadas em arquitetura, metalurgia e medicina lastrearam combates e esconderijos em quilombos pantaneiros, sulistas, agrestes, serranos e sertanejos. Sapiências e fundamentos que deram águas às plantas da luta, reforçando táticas e enfatizando o aspecto guerreiro que, revelado ou latente, marca também a africania em terras de cá.

ANCESTRALIDADE

Reconhecer o carinho, o disfarce e a solada como constituintes da formação afro-brasileira, a fim de que se compreenda o ser humano como ele é levando-se em conta mais alternativas, implica reconhecer que não há um sentido estabelecido de uma vez por todas, mas uma pluralidade de situações pontuais, variantes, enfatizando o presente sem que se esqueça da tapeçaria ancestral que também o constitui.

Frisar referências antigas, buscar numa pesquisa fatores arcaicos, alternativas a um pensamento padronizante e redutivo, encontrar pelos vários sentidos outras portas e pontes, sugere que "a ancestralidade aparece como alternativa de releitura da contemporaneidade e sua complexidade, como o traço, de que sou herdeiro, que é constitutivo do meu processo identitário e que permanece para além da minha própria existência" (FERREIRA SANTOS, 2004, p. 19).

Nas situações-limite, a ancestralidade abre passagens e apresenta perspectivas, garante à viga não ruir. Dá aprumo para que cada pessoa possa conhecer seu mundo interior no interior do mundo. Cumprindo em seu proceder o legado do caminho da liberdade, que os fundamentos ancestrais mapeiam e assentam.

Como comunidade que cultiva os princípios, o eterno impulso inaugural da potência de prosseguimento do grupo e os fundamentos do sentido, a comunidade de Arkhé,[44] para Sodré (1983, p. 21), nada tem de mero retorno nostálgico a um passado, pois "também significa Futuro, na medida em que se deixa entender o vazio que se subtrai às tentativas puramente racionais de apreensão e que, por isso mesmo, aciona o esforço das buscas". Instâncias integradas que se produzem valorizando a autenticidade das origens e as dimensões míticas, a arquitetura da memória, a poesia da reflexão.

Ao se respeitar a ancestralidade, aprende-se também a respeitar os mais velhos, os iniciados e os que carregam as palavras e movimentos que abrem tramelas. Os grupos que admitem hierarquias, guiados por pessoas que tecem há mais tempo as forças de resistência e de reelaboração da comunidade, podem também manter relações apuradas, afinadas, conflitivas e dinâmicas. Garantindo expressões pessoais e a elaboração de uma identidade que não seja a estática, mumificada, que mofa em estereótipos ou nas leituras tacanhas, estereotipantes.

O jogo da diferença (muito através do mestre, do educador) se expressa também em uma hierarquia que, ao contrário de estipular correias, ordenando as relações do seu conjunto complexo e heterogêneo pode garantir o seu conjunto.

O mestre afro-brasileiro, pilar territorializante em sua semeação, provê o alforje espiritual fundamentado na reversibilidade do jogo e na complexidade, assim como na experiência e na imagem simbólica. Ensina Leda Martins (1997, p. 101-102) que:

> Nas comunidades congadeiras tradicionais, a formação de um capitão, de Congo ou Moçambique, não é obra do acaso ou fruto da vontade pessoal. É resultado de um longo ciclo de aprendizagem que só se revela pelo saber e conhecimento adquirido por anos de vivência e intimidade com os ritos fundamentais (...). Não basta ao capitão saber cantar e dançar. Ele deve saber rezar, comandar, conhecer os cantares adequados para cada situação, ao conduzir as coroas, puxar uma promessa, guiar uma guarda, entrar na igreja, atravessar porteiras e encruzilhadas, cumprimentar as majestades, receber visitantes e muito mais.

A cultura negra é uma cultura de iniciação[45] e o saber iniciático, ao transmitir-se pelos mais velhos, difere da abstração de um conceito porque é plenamente uma força viva, associada ao Muntu, ao Axé, ao patrimônio comunitário. O conhecimento efetivo, pois, depende da absorção de Axé. O mestre não ensina, ele inicia, cria condições para a aprendizagem que inclui o indeterminado, apresenta repertórios gestuais e materiais às vezes até mesmo limitados, mas que se formam em combinatórias absolutamente abertas, infinitas variáveis.

Sair de si e entrar em si, iniciação aos segredos do mundo. Experiência é iniciação. E a cultura afro-brasileira é uma cultura de experiência, de liberdade de ação, de presença, mobilidade e de proposta de troca, de penetração nas formas e ritmos.[46]

O segredo, no qual há a presença imprescindível do outro, é geratriz de tensão, e sua descarga se implementa com a revelação (não a interpretação), com o seu viés estilístico, com as dimensões ocultas e o conhecimento partilhado por todos os seres e (entre-)lugares. Conhecer a regra, vivenciar a troca, revelar o enigma, não sepulta o segredo, que é uma dinâmica de comunicação mais do que um cofre de significados (SODRÉ, 1983, p. 141-142).

Nas vivências comunitárias afro-brasileiras, tais segredos divididos no jogo da reversibilidade desempenham pujante papel simbólico, pois restauram e restituem uma forma de globalidade que abriga contradições e assimetrias, balizam equilíbrios. Nessas vivências afloram momentos de obstinação ladeados ao banzo, contornando urgentes necessidades, teimando em continuar entendendo-se como gente, portador de cultura e com dignidade, carimbado por séculos de exclusão de um sistema oficial, nos quais milhares de comunidades foram acometidas por chicotes de leis escravistas e escarros com pretensão de coisificar, gerando uma memória cultural marcada pela resistência.[47] E mesmo para tantos que, se deslindando entre lamentos e cicatrizes, diariamente se abrem à existência entre violências institucionais, mutilações psicológicas, humilhações individuais e econômicas... ainda é na troca de maravilhamentos e na ciência do encontro, nos movimentos corporais, na fertilização do sonho suado e do raciocínio ritmado, no manancial da cultura, que vai se imantando o dia a dia de esperança. Equilibrados pelo imaginário.

Ferreira Santos (2005, p. 211), estabelecendo as contraposições à estrutura patente da sociedade brasileira (oligárquica, patriarcal, individualista, contratualista), chama ao seu latente, qualificado pela herança afro-brasileira e também pela ameríndia. Essa estrutura latente é de base comunitária, pois partilha bens e busca antes o bem-estar social e a continuidade da roda. É matriarcal, sensível às figuras simbólicas da grande mãe, da sábia, da amante. Sensível aos atos de juntar e mediar, de religar, partilhar, cuidar e à pertença da reciprocidade. Integra à filosofia o desejo, a libido e as sensações. Estrutura que ainda apresenta o seu caráter coletivo, organizando-se a partir da colheita dividida e de relações harmônicas e fraternais com a natureza e o meio ambiente para garantia da subsistência. Estrutura afetual, pois não se alicerça fundamentalmente em contratos, mas em suas vivências comungadas. Aí morando seus fundamentos educativos, éticos.

Para finalizar esta parte, em que apenas constam alguns dos muitos sopros que a ventania da cultura afro-brasileira faz avoar, bato o assoalho em que pretendo colocar meus móveis dentro deste trabalho. Aqui apresentei apenas um cômodo de chegada, uma pequena varanda ou antessala, que pode ajudar a entrar na grande casa, na grande cabaça, complexa, que é a cultura de matriz afro. Estudos importantes já foram feitos e muitos ainda estão por fazer, esmiuçando e gerando compreensão sobre essa cultura que ocupa as frestas e franjas da aparência e do invisível. Apenas um capítulo, um livro e talvez mesmo apenas uma vida, não dê conta de mergulhar até as profundezas dos fundamentos, lógicas e epistemologias afro-brasileiras.

Deve-se, sim, atentar para as sutis e complexas correspondências que as socialidades de matriz indígena e lusa, ou árabe, germânica, italiana, chinesa, japonesa inscreveram na história de nosso país. Aqui, neste trabalho, destacando e expondo gotas diferentes do suor desta mãe, desta matriz negra, frisando fundamentos esmiuçados em suas estruturas imaginárias e portanto corporais, comunitárias, inconscientes, racionais e adventícias, a intenção foi salientar moldes e tintas da cultura afro-brasileira, forma negra brasileira que ofereceu dinâmica, guarida e ritmo à integração justa e assimilações não violentas que, inclusive, ainda estão por ocorrer em nosso tacho cultural brasileiro.

Penso que cada uma dessas valorosas matrizes e fontes culturais citadas pede atenção e reflexão, para que não se caia num pretenso e negligente universalismo que a todo instante se propõe como democrático e que em nome da igualdade mantém as relações sociais (imaginárias/materiais) igualmente desiguais.

Não se escolhe aqui uma razão que seja mera bifurcação (o branco ou o preto) que decepa mutualidades, mas sim o sublinhar de características ainda demais presentes (e fortemente discriminadas, banhadas de caracterização pejorativa) em instituições de variadas estirpes em São Paulo e em todos os estados do Brasil, nas comunidades litorâneas, sertanejas e suburbanas, nos emaranhados das relações pessoais, como as que pulsam na amada e precária Zona Sul paulistana, onde se encontram escolas e tantos centros culturais independentes, além dos oficiais quase sempre abandonados. Periferia onde se movimentam iniciativas duradouras e também fugazes em educação popular, autônoma, contínua, pensante de didáticas.

Contaminando grades e pátios, corredores e lousas, quintais e beiras de córrego, teatros e quadras esportivas, mas mantendo-se experimental e viçosa, sangue vigoroso há tempos degradado por vampiros e pelourinhos reais e virtuais, em que pode contribuir a matriz africana nos processos educativos e escolares em geral? Quais alternativas oferece essa matriz, em meio às convenções que restringem a grande maioria da educação, oficial e institucional, brasileira? Será forçado compreender o jogo do rito na escola? Falcão dos Santos (2002), por exemplo, diz sobre a presença dos orixás e seus aspectos arquetípicos, que, fora de seu espaço ritual original, ainda propiciam elementos que oferecem fortes significados poéticos à criação e à educação.

Como as formas de entender o Tempo, ou melhor, o eixo da multiplicidade de Tempos, podem desabrochar quando dialogamos com práticas ancestrais, vivas? Como o trabalho torna reverberante novamente o que não está morto, mas sim acolhido nas memórias da cabeça, do tronco e dos membros? Como a ideia que tem sentido e que estava talvez silenciada (ou apenas sussurrando e esperando a hora de alto cantar) retoma suas possibilidades de espraiamento, ao se experimentar e filosofar sobre uma prospecção arqueológica em quilombos, realizando-a a partir de uma beira de córrego, analisada em grupos que acompanham projeções de imagens? Ao assistir a um vídeo, ao se amaciar e costurar um pano ou redigir um texto? Ou confeccionando uma máscara de feições oeste-africanas em cartolina após assistir a um vídeo sobre a estatuária saqueada por museus europeus, enquanto tocamos e cheiramos madeiras de formas, linhas, cores e histórias diferentes em um mesmo painel trazido por um artesão nego véio? Ao se fazer um chá de folhas acompanhado por reflexões e princípios geográficos, biológicos e comunitários e ancestrais?

Assim ressoa dentro de si algo que impele a compreender melhor a própria intimidade?

LUTA, ACOLHIMENTO E DRAMA NA CULTURA AFRO-BRASILEIRA

Considerando os elementos tratados nos cursos, as imagens e os questionamentos vindos durante os encontros como fontes de uma teia afro-brasileira, busco compreendê-las a partir de traços míticos e arquetípicos.[48] Captar seus entalhes narrativos, as imagens que provocam o tição ou o refresco dos sentidos. Articular o rigor da reflexão ao vigor do mundo vivido, o sensorial ao espiritual, à linguagem que é água e ponte: tudo considerando a trajetória do educador. Uma relação pulsante entre conceito e vontade, entre corpo e intelecto. Uma compreensão que pede a busca de conhecença de si mesmo para que se compreenda toda a jornada interpretativa do educador, que instala a si mesmo na paisagem cultural com que (se) trabalha. Gingando na dúvida auspiciosa que questiona o quanto o intérprete retira de significados e de sentidos do texto, da obra, e o tanto dos sentidos e dos significados que compõem o ser do intérprete.

Valorizar uma interpretação e uma projeção na dinâmica do próprio processo e não o esquadrinhamento de textos fora da sua trajetória, o que desconsideraria a riqueza dos seus movimentos. Destacar a compreensão, e o trabalho filosófico de interpretação simbólica, até mesmo antropológica, pretendendo o entendimento das obras da cultura, das artes, a partir de vestígios e ideias que pedem passagem ornando com nuances e forças ancestrais.

Cá neste texto, dentro de suas limitações de espaço e considerando seus principais objetivos, não cabe uma análise ainda mais detida e detalhada, digna da real acepção de cada termo e do aprofundamento, merecimento e grau de exigência que a cultura afro-brasileira contempla em sua grandeza, para que se abra pleno o leque de possibilidades abertas a todos os que nela buscam e semeiam Axé, filosofia e referência de humanidade. É muita a fortaleza de detalhes e as tantas mirações, reflexões e sensações que lhe são próprias. Porém, aqui neste capítulo, através da escolha de alguns elementos simbólicos presentes na memória e no viver afro-brasileiro, dialogando com uma teoria das Estruturas Antropológicas do imaginário[49] formulada por Gilbert Durand, identifico e exponho algumas dimensões simbólicas que façam aflorar imagens arquetípicas e forças que regem a cultura negra no Brasil e suas raízes, por vezes disfarçadas de asas.

A diáspora impõe seus tons nostálgicos, guerreiros, comunitários, festivos... caros a nós, que somos sua continuidade e temos seu espírito de ambivalências e contradições, de harmonias e conflitos. É necessário entrosar nosso mosaico de vivências, tão diferenciadas entre si.

Realço o diálogo criador que se deu em nossas atividades teóricas e oficinais, e o uso criativo dos elementos manuseados e mentalizados. Pareando a inventividade que compõe a história mesma dos objetos e de suas potencialidades levadas aos cursos. Panos africanos, por exemplo, sendo enrolados em torsos por estudantes sem que houvesse direcionamento patente para isso (aliás, isso ocorreu antes mesmo de se começar o módulo que tratou de tecidos). Panos eram dispostos nas costas e ombros por algumas estudantes, compondo um arranjo, ficcionando o papel de levar bebês no cangote, imaginados. O couro, por sua vez, reverenciado por quase todos ao cangaço e a uma nordestinidade valente, como símbolo de força, de resistência, de hombridade e de firmeza. Sua rusticidade era destacada, mesmo quando se tinha em mãos couros tratados. Os caçadores dançarinos e portadores de espingardas, apresentados num vídeo sobre as diversidades do Mali, foram muito comparados aos cangaceiros também, por sua altivez e suas vestes. E comparados a familiares próximos.

Metais, quando chegados às mesas e às palmas das mãos, eram tamborilados, percutidos. Por vezes, traziam memórias didáticas de pessoas que já haviam trabalhado em forja e metalurgia. Fosse uma chave, uma borda de agogô ou platinela de pandeiro, e não apenas uma faca ou um objeto contundente, estudantes chegavam a brincar de correr o objeto pela garganta alheia ou de partir uma fruta invisível. O ferro, o aço, o alumínio, os metais todos, como referência de trato tecnológico, inventivo, remetiam as falas à ciência, à inovação perante o estado natural das coisas. Assim simbolizando a experiência de trazer o novo, de oferecer à coletividade algo que a natureza do ambiente por si ainda não propicia, apesar de assegurar a variedade dos elementos e a disponibilidade destes para que sejam pensados, trabalhados e transformados.

Instrumentos musicais feitos de madeira e couro foram alisados, tocados. O berimbau foi brincado, comparado a um arco guerreiro ou a cetros. A cabaça chegava a receber tom de chacota por alguns, que assoviavam gracejos libidinosos, diziam como era bom "estourar a cabaça" e logo pediam desculpas ao grupo, satíricas e sem gravidade, para recordar também de cabaças cheias de provisões em suas casas humildes, emigrados.

Quando terra foi levada à sala de aula, ou mesmo quando o já citado vídeo *People and Cultures of Mali* trouxe cenas de construção de casas feitas em adobe e a secagem de tijolos ao sol, foi efusiva a participação do pessoal e quase unânime a vontade de contar como se fez, como se viu ou se ouviu sobre fazer casas assim no nordeste brasileiro. A partir daí refletimos sobre espaço urbano, especulação imobiliária, trabalho braçal e intimidade. Quando as imagens de um terreiro e de um quintal foram apresentadas, foi comum a fala sobre a luta por uma casa e as lembranças que nela "a gente tem privacidade, pode guardar seus segredos" e "pode se chamar os amigos". E que "todo mundo precisa ter um cantinho seu".

As folhas verdes e cheirosas foram, todas, rodadas de nariz a nariz, bochecha a bochecha, mesa em mesa, cada uma recebendo de vários estudantes uma receita ou uma atribuição para uso terapêutico ou culinário. Orgulhosamente remetiam a conhecimentos antigos, enganchadas atrás das orelhas. Búzios foram comparados maliciosa e sorrateiramente à genitália feminina por vários e várias estudantes e enfeitaram ombreiras e cabelos.

As estórias sobre a língua e as aulas sobre palavra trouxeram a sanha de muitos estudantes em contar passagens e casos, nos quais se abriam caminhos apenas pelo uso de uma palavra ou frase correta, desde o "dá licença" até o "desce, Zaratustra", chamado para desentalar uma comida presa na goela, estória por mim também ouvida de avô.

Os elementos ressoaram e deram partida a concepções sobre relações sociais, cósmicas e metafísicas. Textos escritos mostraram um pouco disso e as manifestações orais, e gestuais como as retomadas aqui, também. Criativamente, os estudantes davam antigos funcionamentos a objetos novos, por exemplo, fazendo conexões entre o metal de um pequeno gravador de mão e os mitos de criação do ferro e a enxada. Entrelaçando perspectivas e necessidades antigas, mitificadas, à coletividade vivida por todos nós.

Conjurando memória e imaginação, a criatividade vem parindo sonhos antigos, ou celebrações alegres do recôndito da memória humana, esburacando fardos injustos. Essa constância de um ou de outro arquétipo, ponteada pelas imagens simbólicas, pelos materiais, propicia uma organicidade, uma unicidade, à enorme variedade de contornos e modelagens culturais, nos aliando também a um tempo a-histórico, dos começos e de sempre, revivido mas também inédito, como uma mangueira que em todo dezembro dá pomos vermelhos às nossas vistas, pro cheiro e pro lábio, cíclica e repetidamente, mas que a cada vez que desfrutamos – lambuzando nossa face com o doce gotejando de nosso queixo –, é inédita. É primeira. É experiência.

Os arquétipos estão em nossos corpos. Nas antenas e sintonias de nossa audição, nas corredeiras do sangue, no atabaque do coração e no tamborim do pulso, na elasticidade e na retração muscular, no nosso couro, nos caldos de medulas, na queimadura ou no arrepio da pele, nos pulmões e suas marés irrigantes de brisa pelo corpo, no faro deliciado ou enojado, nas vértebras e esquinas dos nossos ossos, na percussão espiritual do fazer-amor, na visão que se alarga pelo céu, na cadência matreira ou nobre do andar. Aí, nesses milagres de todo segundo, de todo ano, se dá a marcenaria das grandes esculturas arquetipais.

Os elementos, as imagens simbólicas presentes no decorrer das oficinas e aulas teóricas (a planta colhida, o pano trançado, a aranha escritora, o vídeo com arquiteturas de templos, os atos sacrificiais ritmados, os encontros musicados, os cantos e fotos de navios, a citação dos filhos e os dramas e sorrisos que eles trazem, a confecção de instrumentos) se juntaram e ferveram entendimentos, fermentaram dúvidas, deixaram cometas de felicidade, de comunhão, fertilizaram racionalidades sensíveis. Bailaram no sistema simbólico através do qual a condição humana, em cada época e lugar, organiza-se e adquire conhecimento de si mesma.

As imagens simbólicas e seus elos com as imagens míticas, regentes da cultura e referências matrizes de gestos, atos pessoais e consciência, talvez entre outras tantas mais que poderiam aparecer tocando a afro-brasilidade que se espraia por este vasto país, valem por ter exprimido, no sentido forte da palavra, um arquétipo no qual cada pessoa e inclusive o conjunto social podem se reconhecer e também se estranhar. A elaboração de si, tateando, ouvindo, esculpindo, encenando, cheirando, raciocinando, engenhando e sonhando o que se apresentou em aula, reapresentando-se à memória e ao corpo, evidenciando o que é sentido como parte integrante de si mesmo, encontrando a unicidade nos tantos bocados que formam a percepção, combinou as pessoas em coletividade e trançou-se às dimensões da cultura afro-brasileira que uma abordagem um pouco mais detida em cada um dos símbolos pretende agora tocar. Assim, daí postular uma regência da cultura afro-brasileira em virtude de suas estruturas místicas (noturna, feminina, de aninhamento) ou dramáticas (de síntese e mediação, rítmica) que equilibram o impulso masculino, heroico e diurno, ascensional.[50]

A LUZ DO HERÓI

A LUTA é entendida aqui, agora, como aquilo que nos remete à disjunção, à separação, ao arquétipo do guerreiro, à simbologia bélica, precursora. Em contraposição às trevas e à queda, liga-se à elevação, à consciência, à atitude de enfrentamento.

Para Campbell (1990, p. 137),

> o espaço onde atua o princípio masculino é a luta em terra árida e desértica, o companheirismo entre iguais, o movimento nômade, a direção, a meta. O que simbolicamente representa o princípio masculino é o movimento da seta, em oposição e complementaridade ao sedentarismo enraizado do princípio feminino.

A iniciativa guerreira, porém, por si só não constitui uma plena aprendizagem, os desafios sempre remetem a uma incompletude da procura. O guerreiro, o líder desbravador, o herói, deve confiar em sua intuição. Tais trajetórias não são uma ofensa à racionalidade, pelo contrário, pois, vencendo as paixões, acenam para o autocontrole e um domínio selvagem que se verte por dentro do ser humano também. Agindo para uma redenção do grupo, da humanidade como um todo, o herói não vive apenas para si, pois marca-se também pela compaixão, corajosamente atuando segundo o rumo dos acontecimentos, superando questões individuais e pessoais, abrindo vagas no âmbito binário dos opostos, do positivo contra o negativo, do "bem" contra o "mal".

Enfrentando julgamentos, iniciando renques de possibilidades abertas às novas interpretações por outros, captando o que poderia ser concretizado e o concretizando, vai além da autopreservação, fundando algo que depois de sua consolidação corre o sério risco, comum, de não ser bem compreendido ou aceito pela coletividade. Após a aventura perigosa de enfrentar o novo, de se deparar com o monstruoso e dominar aquilo que parece ser incontrolável, acompanha a assimilação de sua mensagem e, por vezes, a institucionalização do conseguido, processo traumático que, não raro, acarreta também feridas lancinantes e mornidão do que seja instigante.

As proezas do herói vão do teor espiritual ao físico em sua caminhada que exige destemor e realização, gravando a sua consciência com provações e revelações iluminadas. Sua presença catalisa as propensões individualistas de um grupo, de uma sociedade, através do cardume de imagens que evoca e mexe, unificando intenções. Segundo Campbell, é mérito do herói "evoluir da posição de imaturidade psicológica para a coragem da autorresponsabilidade, e a confiança exige morte e ressurreição, abandonando determinada condição e encontrando a vida, que conduz a uma condição mais rica e madura" (CAMPBELL, p. 132). Diurno por excelência, com sua dominante postural de ascensão marcada da bacia aos ombros, da sola peregrina à cabeça, o herói solar arrebata e separa, desafia e purifica. Faz do agonístico seu sotaque de alma. E cabe aqui lembrar o quanto o agonístico se faz presente na memória afro-brasileira ao se louvar Zumbi, Xangô, João Cândido e outros desse tipo. Ou Tereza de Quariterê, líder quilombola, nascida em África, chefe de exército de mocambo mato-grossense no século 18. E ainda Ogum, iniciador tecnológico, cultuado guerreiro, referência de foices e facões a metralhadoras empunhadas por jovens soldados haitianos nos dias atuais.

Objetos metálicos como faca, peixeira, mais os símbolos da flecha de Oxóssi são típicos do masculino que vai à luta, à caça, que se exterioriza. Assim como é também atribuída à estrutura diurna a valorização do luminoso, do espetacular e do branco imaculado, purificado, que nos remete ao branco de Oxalá e das suas sextas-feiras (dia de roda de capoeira para a grande maioria dos grupos angoleiros). E o berimbau, complexo por ser formado de vários elementos que serão melhor analisados ao fim deste capítulo, neste campo se destaca por sua madeira voltada ao céu, madeira que em sua forma remete ao cetro, ao cajado.[51] A verticalidade do cetro, sua imponência, representa uma virilidade de chefe, impulsão às alturas purificadoras e majestosas, crença na realização, conjugadas a uma extrema facilidade das racionalizações e justificações.[52] Assemelha-se ao mastro, que é incrustado por quem conquista posição e terreno.

Há a FACA, ainda representando os objetos metálicos.[53] Objeto tão decantado e marcado em funções rituais afro-brasileiras. A faca é a do enfrentamento aberto na rua, de peleja em campo de batalha, além de ser também a lâmina caseira, importante e cotidiana. Ainda que nem sempre seja pontiaguda, é a que também se finca. De muita utilidade na cozinha, corta com precisão legumes, frutas, carnes, pães, bolos, cebolas. Descasca, pica, serrilha, abre um talho, fatia. Inicia aprontamentos em casos de conserto. Pode-se ter a lâmina lisa ou dividida em pequenos dentes de metal. Seu cabo, de madeira, fibra, plástico ou mesmo de metal, é o lugar certo de pegá-la. Afiar é necessário, para manter o corte. Tem a serventia doméstica, mas em assuntos de agredir é um recurso sempre à mão. Na rua, nos campos abertos, e nas estradas desfila pelas cintas ou é presa por correias, trazendo às vistas o seu perigo iminente. Serve a acertos de contas, principalmente os que precisam ser resolvidos com urgência. A habilidade e a malícia com a peixeira ou o facão são ainda marcas dos interiores do Brasil. O risca-faca.

Galinhas, bodes e cachorros também são mortos por ela, funções sacrificiais lhe são confiadas. Nos açougues há as grandes facas afiadas a todo momento. Sua função é de abrir, perfurar, dividir, desbastar, separar. O fio da navalha é limite. O tilintar de facas ou o seu passar ritmado pelas pedras ocasiona as fagulhas, clareia.

A faca e seus primos canivete, zagaia, lança e garfo, e até mesmo o machado, são utensílios marcados pelo uso em questões de demarcação de antítese, contrariedade, próprias das representações objetivas de heterogeneidade e diferença, nas quais os princípios de exclusão e de identidade (característicos do regime diurno teorizado por Durand) se ratificam.

Assim como a faca e os demais instrumentos de separação, A COR BRANCA, tão considerada por sua alvura e pureza e que remete também ao ar, ao ascensional e ao voo, expressa uma vontade de aproximação ao estado celeste e etéreo, uma pretensão de perfeição e de virgindade que sinaliza a magnitude e também se faz presente simbolicamente de maneira muito forte nas tradições afro-brasileiras. Mestres, ialorixás, escolas, guardas, linhagens reverenciam a cor branca e a escolhem em momentos-chave de iniciação, limpeza e coroamento, destinando-a a envolver partes do corpo que sejam as mais significativas em rituais fechados ou que tomam as ruas.

O branco mora no rol dinâmico dos elementos que se relacionam à dominante postural, à visualidade, aos arquétipos do claro contraposto ao escuro das trevas e das descidas ao escondido. Quando tematizada, levada aos módulos dos encontros, o branco apresentado em pano ou poesia, sugerido à reflexão e à memória, trouxe um ar de solenidade e respeito, que nos acompanha também em situações de funerais, mesmo que marcados pela festa da passagem. Propostas dos educadores e ponderações dos estudantes traziam como mote próprio ao branco a lucidez, desejada pela consciência, como ponto valioso no processo de aprendizado. Seu caráter de luta era associado recorrentemente à necessidade de paz. Mas não nos esqueçamos que brancura e luz demais ofuscam e que precisamos do que nos oferece a sombra...

Já o DESAFIO, tão firme no cotidiano nosso, foi apresentado e tematizado como mote nos nossos cursos junto com vídeos, objetos, canções e fotos, em biografias e histórias de lugares. Desafio que também é dimensão privilegiada da dominante postural masculina, da estrutura heroica. Universo do combate e da persistência, dado muitas vezes sob o sol causticante da cobrança e da descoberta do novo, é degrau de luta que prossegue.

O desafio, como parte de jogo, exigindo contato e sedução, também entrelaça o heroico ao dramático. Desafios intelectuais, espirituais e físicos tangendo a deflagração de novas bases e veredas necessitam da matutação, além de virilidade. Desafia-se o que parece poderoso demais, desafia-se a ordem ao se traçar uma fuga para o quilombo, ao se levantar contra o chicote do feitor ou contra o coturno que chuta quem está em posição inferior, e tais passagens são referências recorrentes na memória cultural negra. Tal tom agonístico, tão presente nas paragens míticas épicas, por vezes traz o interesse muito mais a pontos e acontecimentos polêmicos de uma estória do que propriamente à sua trama.[54]

Um desafio notório e poderoso nas tradições que pulsam negritude brasileira é o do âmbito verbal, que pede experiência e talento, criatividade e coragem, segurança em meio à trovoada, erudição e versatilidade para desatar nós propostos pelo adversário na rima. O repente traz a luta escancarada, a peleja de sangrias e de aleijamentos simbólicos, de humilhações previstas ou da vitória consagrada publicamente. A audição de torneios verbais foi e sempre é momento inesquecível de desfrute, comoção e comunhão, repleta de memórias dos estudantes e de referências à palavra e seu poder de chacoalhar e de desferir.

E a palavra, simbolizada pela língua ou pela caneta, estas setas, pode também ser um dos símbolos mais fortes da estrutura diurna e masculina. Nomeia, institui, começa. A palavra inocula e prolifera como "o sêmen que produz a prenhez simbólica: gestação de significados que a velha parideira hermenêutica vela, cuida e traz à luz" (FERREIRA SANTOS, 2004, p. 93).

Porém, a PALAVRA, que é em si um símbolo, também pode se enclausurar na secura de um conceito que não flutua, que encouraçado não pulsa os poros, com a intenção de barrar as múltiplas leituras dos vocábulos e significados que desperta. Virar "termo", terminado. Angariada na base de uma ordem de conhecimento que obedeça apenas ao conceito, contrária à força da alusão e da notação simbólica, a palavra que se anima pelo estilo e que acentua ao mesmo tempo a comunicação, o cotidiano (ou o ritual) e a estética sem deixar de se enamorar da reflexão, pode também minguar em ideologias petrificadas.

Nesses últimos cinco séculos de presença afro no Brasil, as contações vocais detalharam passagens ancestrais e histórias comunitárias, passadas dos mais velhos aos mais jovens. A palavra, nas culturas de pujança oral, tem inclusive a conotação de matéria,[55] de consistência: é aí corpo, além de pensamento e alma, sendo um símbolo de abertura de caminhos.

A poesia, arte da palavra, proporciona por virtude da presença do verbo que se anuncie imagens e sensações, estórias e acontecimentos que ora estejam no passado ora apareçam no futuro, que ginguem nos tempos verbais possíveis entre o que se deu, o que se daria e o que se dará.

Verbo que ilumina, língua que conquista, que machuca ou barra passagens, que delimita ações, essa palavra que é substância e sagração em culturas eminentemente orais ou em esferas de oralidade secundária, símbolo de consciência, luz e início, de qualificação, por muitas vezes pode ainda apresentar-se carente de gesto, limitada. Campbell (1990, p. 104) a considera como precursora e frisa seu papel na ordem do mito:

> Toda referência espiritual derradeira é ao silêncio para além do som. A palavra tornada carne é o primeiro som. Para além desse som está o transcendente desconhecido, o incognoscível. Pode ser referido como o grande silêncio, ou o proibido, ou o absoluto transcendente.

O esplendor ou a epifania que oferece a iluminação aos sentidos, que pode alastrar o fogo espiritual que elucida (e que queima), tem na poesia a possibilidade de implicações que ultrapassam, inclusive, as próprias palavras e metáforas.[56] Se a palavra é dona de várias casas, no livro também pode montar habitação privilegiada, pode morar bem.

A palavra é venerada e receptora de deferência (e também de picardia) na cultura afro-brasileira. Essência por vezes tão palpável e auspiciosa quanto uma planta, tão organizadora quanto uma cerca, tão iniciadora de rumos quanto uma chama e desbravadora como uma arma. Pode se considerar como integrante da estrutura heroica de imagens o ato de escrever, de grafar palavras, que em sua busca de fluidez de linguagem e em seu desejo de mexer a água da ideia opera seu nado livre em transformação objetiva, em abre-alas e olas, em apresentação e começo de uma situação, de um mundo.

NINHO E MANTO

A palavra tem como lugar especial também o oráculo. O ifá é instância distinta nesse caso, como já apontamos, por sua importância na confecção histórica da religiosidade negra no Brasil; e quem sabe ler os sinais de seu jogo compreende infortúnios e sucessos do destino humano. Porém, todas as esferas de segredo que tecem a cultura afro-brasileira têm na palavra um elemento singular, por sua sugestividade e multiplicidade, não apenas pela sua capacidade de definição. Além da palavra que desbrava e ilumina, aqui a conotação do oculto é matriz. A sugestão e a referência ao que se guarda entrosa-se aos arquétipos do íntimo, do escondido, próprios das estruturas místicas do imaginário.

O regime noturno, feminino, marca a cultura afro-brasileira. O sentido conotativo explorado pela teatralidade e seu gosto pelo latente, pela feminilidade em seu poder. A importância das mulheres, a matrialidade que remete à guarida e ao conforto (sem que se perca de conta a dimensão guerreira de símbolos femininos cultivados também pela africania de cá), difere da dominante postural masculina, apresentando a alternativa da dominante digestiva e os princípios da nutrição. Aqui, devem ser indicados símbolos de provisão como a cabaça, a cuia e a gamela, os símbolos continentes e sua suscetibilidade aos alimentos e às folhas, a ligação à terra e à água, geradoras de vida trazidas pelas imagens da raiz e do búzio. E também os envoltórios como o tecido, simbolizados pela aranha, também comumente relacionada à genitália feminina.

Começando pela CABAÇA, presença indispensável na mítica afro, que se aborde, então, a melodia, expressa pelo papel de caixa de ressonância musical que a cabaça opera quando usada como parte de instrumentos musicais como o berimbau. A melodia, para Durand (1997, p. 225), traz um simbolismo noturno, pois "[é] o tema de uma regressão às aspirações mais primitivas da psique, mas também o meio de exorcizar e reabilitar por uma espécie de eufemização constante a própria substância do tempo".

Ressonante, a cabaça varia sua presença em instrumentos como o kora e a mbira, a calimba, delicados e elegantes inventos da precisão de expressão que voga pela musicalidade melodiosa africana. Cabacinhas ocultas sob as teclas de madeira do balafon pincelam a audição de plateias, baseiam as histórias dos djelies. E, percutida num arranjo sonoro pelas contas do xequerê, ou ainda casada à aquosidade do tambor de bacia tão comum em Cabo Verde, ela verte sua cadência doce, quase sempre suave.

Grande recipiente, agrega os devaneios ligados à alimentação e à bebida. Traz em seu cesto a ancestralidade, a vida. Cabaça que, conta-se em passagens míticas, foi rompida por desacertos entre os orixás Obatalá e Odudua, dividindo céu e terra que até então viviam apertados um no outro. Cabaça matriz que, semelhante à simbologia da taça, surge como fonte inesgotável, causa primeira. Geradora do ser, traz a ênfase à criação, pois o que vale aqui é o dar-se ao ser, o momento da vida emergindo.

Cabaça: que dá a alegria do sustento alimentar, da abundância, da fartura da gamela cheia, espelhada na felicidade da cuia, do tacho que apresenta o alimento a ser dividido em família, da colher oferecida aos visitantes que aportam à morada. Terrena, irmã das panelas e caldeirões, plena e copiosa, símbolo-mãe de amor infindável.[58]

Os ALIMENTOS e as folhas, também levados à sala de aula, são cobertos de simbolismo na cultura afro-brasileira. Desde os alimentos que tiveram cultivo e provação aqui, trazidos da África, como o inhame, o azeite de dendê e a bananeira (cultivada antes na Índia, e com trajeto na África, apesar de prima da pacova já desfrutada pelos nossos povos indígenas) até o milho, a mandioca e o amendoim, nativos das nossas terras do lado de cá do Atlântico e tão usados nos rituais daqui. E ainda os utilizados e apropriados pelas culturas ainda autóctones do continente africano, do lado de lá do mar (CASCUDO, 2004, p. 166). Enraizados, guardados dentro de sua casca, salientando o atributo arquetípico do "escondido" ou apenas colhidos nos cachos e já levados à boca sem preparo ou descasque, destacam o simbolismo alimentar, místico. São centenas e talvez milhares as receitas sagradas, os atributos e segredos das comidas de santo, as cantigas referentes à alimentação que metaforizam situações de perda, felicidade, sublimidade versadas na capoeira, no congado, no maracatu e nas benzeções marcadas pela africanidade do interior de Minas Gerais, por exemplo, como pesquisaram Gomes e Pereira (2004).

Já as FOLHAS e seu frescor, dádivas divinas, são partes de plantas, provindas do chão e colaboradoras na qualidade do respiro, atrativas também pela sua relação cristalina com o orvalho. Folhas que alimentam, curam, são nutridas pela seiva que vem da energia retirada pelas raízes ocultas da terra, que lhe garantem a água mãe. Quantas vezes se ouviu: "Sem folhas, não há candomblé"? Salientada assim a dimensão ecológica da cosmovisão afro-brasileira, interessada não em um domínio do natural mas em uma relação de proximidade e reciprocidade com o meio ambiente, necessário em sua integridade para a realização dos cultos de engendramento de Axé, para a abençoada e refinada utilização litúrgica e terapêutica das folhas.[59]

Os BÚZIOS, cauris, são elementos privilegiados na esfera dos objetos que remetem à africanidade. Podem possuir um porte espiralar que traz a sensação de vir, ir, ir e vir; de fuga à linearidade, de trânsito múltiplo entre os tempos, assim ganhando sentido único na relação com a ancestralidade que o negro brasileiro cultiva e esmera. E suas parecenças à genitália feminina lhes propiciam o teor de mistério, de fertilidade. Suas fendas incitam imaginações e enigmas. O búzio buzina, trombeteia, mas o faz sem ribombar. Diz-se pelos litorais que o som do mar inteiro mora dentro dele. O jogo do ifá, como já citado, é extremamente complexo e fonte de segredos, suas múltiplas combinações são ponte com forças poderosas e sutis do destino. Apesar de na tradição do candomblé nagô ser responsabilidade de Orunmilá, há a menção de que Iemanjá, a grande mãe, pode na ausência dele consultar o oráculo em situações mais simples.

A beleza do búzio é de sorriso leve, exposto de tornozelos a orelhas, de anéis a penteados. Presente no chão e nas beiras d'agua é colhido com singeleza por quem preenche cestos e se enfeita. Adorna vestes e objetos de muitas entidades da religiosidade afro-brasileira, sempre recebendo a conotação de prosperidade, inclusive tendo sido muitas vezes reconhecido como moeda e ensejando fartura.

A comodidade da CASA própria (quem já morou de favor sabe das penúrias...) e o acolhimento são realçados ao se recordar a característica básica do ser afro-brasileiro como um ser territorializante, abrindo vagas, procurando aconchego e reconhecimento em espaços até então interditos, dinamizando-os. Adaptando elementos, recriando vínculos nos terreiros e cazuás, roças de candomblé e ilês que detêm forças de aglutinação, vivência comunitária e solidariedade, enraíza-se na divindade dos princípios cósmicos e na ancestralidade conjugando princípios éticos. Território é base para o movimento da força integrada, é alicerce do Muntu que carece de suporte para que se reúna e se espalhe. Esse suporte, como já dissemos, pode ser um objeto, símbolo que reúne as condições funcionais e míticas em si, como pode ser o próprio corpo do pensador, orador, escriba, músico ou dançarino, feito território.

O território, assim como o lar, nos agracia com o arquétipo materno e com suas imagens. Assim também é o templo com sua força assentada e distribuída pelos pejis, pelas cumeeiras. Templo que marca a vontade de harmonia com as forças cósmicas, entidades e divindades. E templo também é o corpo nosso, que sua.

A tranquilidade que vem da morada, das profundidades e do ninho, que ameniza as quedas e os embates trágicos, as pelejas onde o triunfo é a meta (tão próprias à estrutura das imagens másculas, heroicas), também é valorizada pelo conforto e pelo envolvimento dos tecidos.

O TECIDO pode ser entendido como moldura do corpo que envolve, achegando-se ao princípio da similitude, proposto por Durand como característica da estrutura das imagens místicas. O tecido dá o chamado caimento, é tátil e muitas vezes é irmão da silhueta, mas noutras, é seu disfarce, como véu, manto, echarpe, poncho, capulana.

Como nos caminhos necessários feitos pela minhoca na terra ajudando a arejá-la e fertilizá-la, o ar circula pelo tecido, balança-o no varal e no corpo, o que às vezes é usado como artifício estético. Sua capacidade de adquirir formas lhe dá um tom de facilidade e bem--querer no trato, maleável, dobrável, amarrável. Apesar de poder possuir certa fragilidade, o tecido é proteção, cobre e aquece, reveste e esconde. Protege desde o frio até o pudor. O tecido propõe-se, então, até mesmo como uma espécie de pele para o ser humano. Não é tão difícil ouvir de integrantes antigos de grupos e comunidades de Arkhé que a camisa ou a casaca com a estampa da confraria é sua "segunda pele" e que desejam ser enterrados com ela.

O tecido é do íntimo. Como a cortina do palco, garante a privacidade do artista que prepara seus atos atrás do pano preto no teatro de mamulengo. Orna para a cena e para a aparência. Seduz, segreda, aquece. Dá tato à saudade dos dedos e talvez por isso também a sua importância é tamanha nas tradições afro-brasileiras. Motivo de encomendas feitas por escravizados daqui, compradas e pagas até mesmo antes do recebimento e pedidas a navios que buscavam suas mercadorias na Costa da Mina africana.[60] Vestes rituais são elementos imprescindíveis nas sagrações comunitárias negras. Como roupa, indica posição e diferencia as pessoas e entidades.

Como material, é possível compor o tecido de diversas maneiras. Bordar, tramar, tingir, compor com retalhos. A partir do trabalho que se faz no uso das cores, ele ganha significados próprios. Em inúmeras ocasiões, mesmo o pano que visa uniformizar os filhos da casa, da terra e do lugar é vestido por cada pessoa de um jeito: dobra-se a manga ou a barra da calça, tira-se a gola, põe-se a blusa para dentro ou para fora, arranja-se um charme. O tecido inclusive recebe bem o uso das mãos para se ajeitar no arrumar da cama ou no estender de uma toalha de mesa, situações caseiras.

O tempo, o ar, o desgastam, dando a ele aquele aspecto amável, tocado pelos anos, até mesmo puído, mas de achego e intimidade inabaláveis. Feito vô ou vó.

ENCRUZILHADA, TENSÃO E EQUILÍBRIO

As folhas, citadas acima como pertencimento à estrutura mística, substanciais e que convidam o tato, por vezes até enganando-o e causando problemas dermatológicos e tóxicos, exigem conhecimento e respeito. São símbolos da natureza que é tão dadivosa de cheiros. Quando exibidas nos encontros dos cursos, as folhas despertaram o prazer, demonstrado pelos alunos que manusearam o viço verde ainda recém-colhido em meu quintal e friccionaram hortelãs, manjericão, arruda e alecrim, mais as outras folhagens que levei, pedindo mudas e caules. Ah, detalhe mor da presença é a fragrância fresca exalada. E os alunos que lidavam com jardins ou eram "do santo" trouxeram vários motes e saberes, orgulhosos mas explicitando que sempre há algo a mais para se contar, ali guardado.

O PERFUME é volúvel, volátil, voador. Faz seu caminho em um filete de ar, percorre curvas próprias e impróprias, tem raio diáfano de ação. A natureza guarda-o em compartimentos especiais, num botão, pétala ou película de flor, nos poros da terra úmida de chuva, no sereno noturno. O perfume é a circulação. Não visível, chega até nós pelo sentido do olfato. Mas o sentimos e o acolhemos não apenas pelo nariz. Tateamos e transpiramos um aroma. É assim que ele começa a ganhar um corpo, a penetrar nas fendas e a deslizar na pele, permanecer nas roupas... É impossível o amor sem o perfume. É a química, a faísca, a fusão. Quando os cheiros afastam dois corpos não há o que os aproxime. O perfume sim, aproxima. E confunde. A gente acorda com o cheiro da pessoa com quem dormiu e amou. E há quem chore abraçado a uma peça de roupa de quem se ama e está ausente. O perfume também é o ambiente, o clima. Ao se entrar em uma casa ou se mudar de estação há a percepção de novos cheiros. O perfume se intromete, se mistura, se incorpora.

O perfume, a fragrância, o defumador são frequentes na cultura afro-brasileira, evocados por sua força de descarrego. Associados a benzeduras, à limpeza de ambientes e a banhos de cheiro. Há mestres que apenas pelo olfato indicam caminhos, medem estados de instrumentos e idades de oferendas. A flor de laranjeira é mote de batuques do Brasil todo, cantando-se que ela será buscada "só pra ver meu benzinho cheirar". Perfumando se dramatiza, se sintetiza.

A roupa de algodão que se recolhe do varal no pôr do sol foi tocada, uma manhã e uma tarde, pelo vento; e o vento traz partículas do cheiro bom que há nos cantos do quintal. Aliás, perfume é delícia e privilégio de quintais que, pelas árvores regentes de seu espaço ou por vasos acarinhados e tratados como filhos (ou como pais e avós, mais velhos, reverenciados), espalham cheiro e são áreas especiais na memória afro-brasileira. O quintal media as intimidades da casa e as surpresas e ousadias da rua, externas. É onde se misturam as regras de fora e as condições de dentro, quase sempre trazendo certo drama e necessidade de arranjo. Assim, pode ser entrosado a uma estrutura dramática que agrega os símbolos que expressam um esforço pela constância, pela resistência e pela manutenção de valores no seio da própria passagem do tempo, buscando sínteses, elos e pontes.

O drama busca harmonizar imagens em um todo coerente, agindo mesmo entre as contradições mais explícitas, assumindo-se campo de vivência das ambiguidades e das situações simultâneas. Aflora por vezes entre os que dançam nas lutas da vida, mas também pode surgir entre os porta-vozes de posturas e de linhagens diferentes que se encontram no mesmo chão batido, às vezes coberto, onde ministram sua celebração mais solene.

A função ritmada no quintal onde se esquenta o couro e se afina o tambor, que já começa a se testar chamando a confraternização musicada e dançada (o "convívio", como se diz em Luanda), gera conflitos, desafios e paz. É atrativa para choros e gargalhadas (e talvez até para a orgia, símbolo também integrante da estrutura dramática). Quintal acolhe os chegados, mas tem garantidos os segredos de dentro da morada. Antes da festa negra um quintal é preparado, rezado. Quintal que em seus fundos dá parição ao samba amigo e à ginga, lugar mais protegido da repressão e dos incômodos, porventura racistas, que acometeram e acometem bravamente as manifestações culturais musicais e religiosas negras. Quintal que desemboca na boca do portão, que às vezes se confunde à calçada, ao passeio. Quintal que é espécie de entre-lugar e que traz a coincidência e os valores que conjugam o fora e o dentro. Quintal que, tão bom anfitrião do ritmo e das rodas, sintetiza passagens, ostenta árvores soberanas e robustas, ou sorrateiras e portadoras de segredos em seus portes esbeltos.

A ÁRVORE é um dos arquétipos que instauram os mitos do progresso. Pela floração, frutificação e caducidade das suas folhas, incita-nos a sonhar dramaticamente um devir. Sua verticalidade nos orienta ao irreversível. A árvore é uma das imagens arquetipais mais complexas. Dramática, constitui-se dos quatro elementos. A água presente em suas folhas e raízes; a terra de onde se ergue e com quem firma comunhão imprescindível; o ar, a que deseja chegar cada vez mais alto. E o fogo, que traz com suas toras e lenhas. Progressiva, mas sem nunca perder sua base, doa suas sementes. Renova-se com a queda suave de suas folhas, mas pode deixar pender e tombar frutos pesados nas cabeças e passagens vacilantes. Conjuga-se ao simbolismo da cruz, autêntico símbolo do mistério da vida, das escolhas, das situações que se atravessam. A barca e a canoa são imaginadas ainda no tronco pelo jangadeiro, quando fica a admirar o galho que é pouso da orquestra passaral ou quando vai buscar a lenha que esquentará o seu banho, a água do preparo de sua refeição.

A árvore muitas e muitas vezes não é o que, mas quem. Entidade venerada. A força das cabaceiras, gameleiras, jaqueiras, pitangueiras, dos bambuzais e taquarais, e de outras várias árvores sagradas, deve sempre ser respeitada. Entre muitas possibilidades de sentimento, aqui se recorda que o berimbau e o tambor são convertidos de sua madeira e devidamente saravados se o instrumentista, além de buscar encontrar o ritmo que existe no tempo, no ar e na vida, também se prestar a agradecer à árvore que dá sombra e madeira a gerações diferentes de uma mesma família.

A árvore é em si um simbolismo vasto, perdem-se as beiras de seus tantos significados na cultura afro-brasileira. Por todas as suas propriedades elementares, serve a fundamentos e práticas muitas. Merece por si um trabalho de interpretação simbólica exclusivo. Aqui, recorde-se apenas o ritmo do tambor, esse grande mestre da cultura negra brasileira e sua qualidade sintética e dramática.

O TAMBOR marca o ritmo do dia, da noite, dos encontros, das expressões e dos anseios, traz o vento para que a asa da dança faça seu voo, traz o sangue da vida propiciando a comunicação, a troca de sensações, a inventividade, a comunhão entre os que abrem vagas no tempo, nos braços do ritmo.⁶¹ Não é à toa ou levianamente que em África (ou nas Áfricas brasileiras) se diz que o "tambor fala" e que seu verbo é especial e traça pontes entre esferas diferentes de tempo e de lugar. O tambor enlaça o silêncio e lhe dá vez, nutre a necessidade de feitura de espaço, que vem soberana quando o corpo faz lugar. Desencobre gestos e instiga o corpo a criar formas, contrariando posturas que o cotidiano produtivista, ansioso por dessacralizar e acumular bens, busca ratificar. O tambor dá água para a boca que profere a poesia, monta a casa que o verbo vai pintar, nomeando e mantendo vivos, ardidos ou serenos os conhecimentos e referências antigas. Arquiteta a alegria e o gozo.

O reflexo rítmico, que é o da transa, do fazer-amor, é o dominante na estrutura sintética, dramática. Do ritmo nasce a ginga, que ocupa seus entre-lugares. Que é balanço e equilíbrio, aprumada no solo em floreio, preparada para o sorriso e para o contragolpe. Nos ritmos bélicos, se organizam exércitos, grupos quilombolas, tomadas de assalto. Barraventos e aguerrês são encruzilhadas de mundos daqui e de lá, do homem e dos seus ancestrais, suportes e chamamentos entre o Aiê⁶² e o Orum⁶³. Maculelês incitam as brincadeiras de guerra, toques de maracatus montam fileiras de guerrilha crendo que, se não houver motivos para morrer pela liberdade, não vale a pena viver, seguindo o ritmo da colheita que não se come só pela boca. Ritmos sustentam lutadores que podem voltar à calma, ainda altiva, de um ijexá, de um cordão de afoxé, de um moçambique mineiro, reverentes... e até de um ritmo de amor... se orientados pela cadência vagarosa que retome os corações e que encontra correspondência no compasso do peito. Suscetível a galopar de novo se esse amor for do passo dançado ao enlace de corpos, ritmado; se causar o renascimento do sol conjurado pelo afago e ofego de um casal.

O ritmo parece que chama a RODA. Em bater de palmas ou em mãos dadas, comandada pela bateria ou girando, pisando forte e marcando o compasso por chocalhos presos ao tornozelo (bem ao modo bantu), a roda é uma forma por excelência da manifestação africana. Se universal, encontra-se plena na troca de vitalidade pelo círculo. Não deixando de expressar hierarquias e guias, a roda permite às vistas se comunicarem com todos os outros olhos e põe num mesmo nível, sem degraus ou patamares, os participantes de um ritual. É comunitária por excelência e encontra o recôndito do ser humano. Ninguém forma roda sozinho, e nela, com o coração e a face voltados para o centro, encontros se dão. Presencia-se e acontece carnal e espiritualmente o círculo, que é imagem primordial da humanidade e integra o esquema da volta, na estrutura dramática do imaginário. Do xirê ao jogo de pernada, do coco de zambê sergipano à reunião partideira, do jongo madrugueiro à ciranda, a roda é elementar no jogo e na reversibilidade em muito pelo que traz de aparência. Como todas as imagens circulares, ela reflete a psique humana relacionando a geometria da totalidade à estruturação espiritual do ser, à percepção da harmonia e completude cósmicas. Circundando e limitando, é entre-lugar. É espaço pleno, sem gota de carência, mas isso é controlado com rigor e devoção pelos mestres. Quer ver o pito estralar é deixar vão no meio da roda durante o encontro da comunidade, no momento da integração musicada, cantada em coro. Deixar fresta por onde a energia buscada e encontrada se escapa. Assim, preserva-se dinamicamente o lugar que movimenta e que não determina começo nem fim, mas sim os dois em coligação.

Rodas apresentadas em vídeos, que nos traziam culturas e povos do Mali, hipnotizaram participantes dos cursos. Os pátios circulares das mesquitas de Bamako eram comentados e comparados com as condições de cá. Os braceletes e colares redondos ressoaram profundamente por semanas, tornaram-se códigos e mímicas trocadas em segredos risonhos nas turmas, para se referir à vontade de assistir ao vídeo novamente, de retornar à ideia. Os mesmos braceletes que protagonizaram várias criações nas oficinas protagonizam cotidianamente pulsos e braços, como patuás e protetores, traçando elo com energias que não se quer abandonar.

A roda e o ritmo são também lugares aprazíveis à responsabilidade do MESTRE. Oferece chance de aprendizado coletivo. É simples e, como muitas dessas fieiras, é contraditoriamente a que apresenta situações das mais complexas. Manter a harmonia e o giro da cultura é da atuação do mestre, que na matriz afro-brasileira é imprescindível, seja homem ou mulher. "Menino, quem foi teu mestre?"

é chancela a se abrir com honra e ponta de orgulho. Saber quem foi o mestre do mestre e assim seguir, consolidando a memória da linhagem, com a responsabilidade e a sensação de se ter ganho um presente. Aliás, é isto: ter um mestre é ter um presente, é saber-se elo, brilho em teia milenar. Vivo.

Já atuei em comunidades remanescentes de quilombo no Maranhão, onde adolescentes que batiam seu tambor de crioula recordavam várias gerações de mestres, os que primeiro adubaram o lugar que agora os rapazes assentavam. O mestre: aquele que sente que sua vida lhe exige tal obra, aquele que se sente enviado e que astuciosa e amorosamente sacrifica-se, como um herói. Mas um herói noturno, lunar, que mantém a ciência, a tecnologia, o fundamento iniciado outrora, reiniciado e recriado a cada gesto arquetípico. O mestre: aquele que tenta juntar as dimensões humanas da sensibilidade e da racionalidade, para que o iniciado, o educando, encontre o mestre que tem dentro de si. O herói lunar afro, bolador de estratégia, conjugando astúcia e recolhimento, revitalizando uma tradição. Interpretando-a e tornando-a mensagem válida atual, experiência viva. Valoriza a fuga e a batalha quilombola, mas pela paz que o mocambo dá. Paz cultivada, engenhada, colhida a cada dia.

Em uma dimensão que seja sinônima da vida, do universo, pelas experiências possíveis, cultivadas e abertas ao imprevisto, o mestre cria seus filhos. Porém, se acolhido na comunidade que professa seus fundamentos, o filho não encontra exatamente a mesma recepção dada pela mãe-terra. Como pai, mais associado à ordem e ao caráter social do que ao natural, o pai-mestre é mais disciplinador. Observa as pegadas e compreende que alguns tombos não destruirão seu filho, mas podem deixá-lo mais ligeiro, atento, experimentado, ensiná-lo a levantar. O mestre não se esforça em prover ao discípulo a sua própria natureza, mas dedica-se a soprar sinais e condições que demonstram a ele que pode e deve encontrar a sua própria feição. Alegra-se com as estripulias e conhece o gosto da vitória ao reconhecer as responsabilidades assumidas pelo discípulo.

O negro brasileiro, em movimento de nostalgia abismal ou de lucidez impulsionante, constantemente se apresenta como FILHO: de Mãe-África, de um santo, de um lugar que leve no nome (Aniceto do Império, Martinho da Vila, Valdemar de Pero Vaz, Jaime de Mar Grande etc. Partideiros e capoeiras aqui citados, entre centenas de exemplos que podem ir de cordelistas a professores).

Nas tradições bantu a procriação é dos maiores sinais de poder. E filho é uma benção. Porém, como é dádiva, é também responsabilidade para todos os dias. Quando se é mãe ou pai, não se fica um dia sem se pensar no filho. Que traz, que vem e que volta. O movimento, o sentimento que se conserva, é de chegada, mas a partida do filho associa-se a uma sensação de incerteza. A natureza diz que acontecerá. Diz-se que o filho vem para ensinar. E que ajuda o pai e a mãe a intuírem o que é bom e o que é ruim. É a cria, a prole. Protege-se o filho, briga-se por ele. É preciso ensinar-lhe, formá-lo, acompanhá-lo passo a passo no aprendizado de viver. Daí os pais considerarem que os filhos nunca estão prontos, uma tendência que permanece. Eles se orgulham dos filhos e ocultam seus defeitos. Babam. E existe uma timidez em ser filho, pois os pais sabem muito sobre a gente. Filho tem uma relação de amor e pirraça com pai e mãe. Como é para sempre, não é difícil o laço se romper, machucando, e é doloroso reatar. As brigas são feias. Há o mais velho, o caçula, o de criação, o filho único. Os filhos são brotos, são galhos. Os filhos são folhas, são frutos. Dizem que os bons filhos se tornam bons pais, bons mestres. Eles são a gênese e, ao atravessar um ciclo, continuam com ela. Mediadores, sintetizantes, mas autônomos. Podem significar a memória viva do namoro, também se entrosam na ideia de regime noturno do imaginário. Nas aulas, atividades e conversas sobre linhagens, apareciam como fator de preocupação para as mães. Outras vezes, eram a própria caneta nas avaliações finais, dramática, saudosa de pais distantes ou falecidos, ditos muito relembrados em passagens dos nossos cursos.

Outro símbolo de mediação, dramático por excelência nas memórias das diásporas africanas, é o NAVIO, que recebe quem não quis entrar, que atravessa, presenteia e surpreende com o laço da malungagem, do irmão que se conhece e que se faz na travessia. Navio que balança, locomove, enfrenta e às vezes ganha do tempo, outras vezes naufraga. O passageiro, no meio do mar, não vê mais margens. O dono negocia, troca, ordena o leva e traz de mercadorias, por vezes vivas, dispensadas aos milhões no cemitério Atlântico se algo surgisse na viagem como possibilidade de prejuízo aos capitães do mar.

A luta, o segredo, o ritmo, a aparência e seu caráter de reversibilidade, a regra-obrigação, o jogo, a territorialização e a troca simbólica. Todas essas dimensões marcantes, que conjugadas perfazem as bases de uma cosmovisão afro-brasileira, a TEIA, tomam lugar e se desenvolvem em cruzamentos de modos de viver, cruzamentos dinamizados pelas vias de uma cultura de matriz ocidental e uma cultura de matriz africana. Como frisado, a ENCRUZILHADA é ponto privilegiado de energia para o povo bantu, e assim seguiu representada na prática e na memória cultural negra de nosso país, sendo, como afirma Martins (2000), símbolo deveras apropriado para a vivência afro-brasileira em seu contexto.

A arte e a simbologia aqui trazidas e sempre presentes na Pedagoginga permitem ver, por meio dos fragmentos e mosaicos do tempo, o poder do ser original afro-brasileiro. Que dança os passos contemporâneos e espreita o futuro, não se congela. Mas se fundamenta. Procriador nas frestas.

Finalizando este capítulo e esta iniciação a uma consideração que atente a símbolos marcantes da cultura negra, trabalho árduo e longevo que pede tempo grande e profundidade singular, cabe ainda uma dedicação um pouco mais pormenorizada ao BERIMBAU, complexo instrumento que se oferece como metáfora de instigação e serenos da cultura afro-brasileira.

O berimbau é, por um lado, a espada do samurai capoeira. Instrumento, ferramenta, companhia e arma. É arqueado, esticado, encontrando o seu afino. Aponta masculino para cima. É um eixo, espinha dorsal. Está colado ao corpo, é sua extensão, seja pela cabaça pegada à barriga, seja pela marcação do ritmo. A cabaça lhe dá seu caráter feminino. O ventre, provedor. O berimbau é o maestro na função da capoeiragem. Ritmando a batida do coração, o pulso, orquestrando o tom do jogo, o sotaque da dança, chamando as intenções. Sua toada repercute no ouvido, nas palmas, no coro e na ginga. O berimbau gunga rege a bateria de angola, traz um alívio do lamento e uma seriedade da brincadeira, conduz a solenidade e a gargalhada; o berimbau médio mantém o berra-boi, apresenta-se invertido perante o toque do gunga, marca e é coluna o seu som. E o berimbau viola repica, é gota fina de choro, é agudo, é moleque traquinas ou ancião alegre em estados de erê. Sua cabaça geralmente menor (mas não necessariamente porque isso depende do casório combinado da cabaça com a verga, com a madeira, sempre), suas agulhadas relampejando no ar, ponteirinhas do ritual. Sempre em número de três, como nas parelhas sagradas de tambores. O toque do berimbau ecoa na memória. Sustenta a pegada tanto na saudação quanto no golpe. Sente-se sua familiaridade à função, bonito de olhar. O porte do capoeira, ao se formar a roda e chamar na percussão, é também o porte do berimbau. Põe respeito. Na ciranda das posições na roda, tocar o berimbau é proporcionar que os outros joguem, ginguem, lutem, vadeiem.

Do berimbau, compreender a presença integral da cultura afrobrasileira é atentar para sua presença ascendida, a aparência primeira da verga. Sim. Recordando que é a cabaça, voltada para dentro, pegada à região umbilical, nem tão visual quanto a madeira, que garante sua ressonância, melodiosa e mística. Dá-se aí a experiência amorosa, que realiza a união complementar do princípio feminino com o masculino – o encontro, que abre as portas à vida e ao conhecimento.

O fio do berimbau, seu arame, que faz a ponte entre os polos da biriba, salientado como elemento dramático, que mantém a madeira curva. Teso, o arame hoje em dia tão retirado dos pneus (redondos) baseia a corda que mantém a cabaça aprumada na altura certa, recebendo e atilando as batidas da baqueta e os toques do dobrão, a moeda que retine o som.

Pelo equilíbrio de seus elementos, o berimbau é uma imagem simbólica por excelência da cultura afro-brasileira. Herdeiro legítimo do urucungo bantu, mas construído com os materiais da terra, não renega nem abandona o seu elemento ascensional, lutador, precisa dele, mas vive por sua matéria feminina, curva, provedora de sopro. A boca que engole também é a que guarda a língua e a que beija. Já presenciei mestre que, ao estourar-se o fio de arame, dada a energia que agarrou-se à sua tensão (e à da roda), esperando a chegada de outro gunga afinado, pôs-se a orquestrar a roda com respeito e picardia, percutindo a baqueta na cabaça com generosidade e tirando som, harmonizando o canto corrido, rimando e sustentando o rito sem a verga e sem o arame. Sorrindo seu olhar mandingueiro, angariando naturalmente respeito. Fazendo, no improvável e na falta, dentro da regra do jogo, a presença autêntica e convidativa aflorar. A reviver Aruanda. Junto com seus filhos.

SEGUE O NOVELO

Esta roda, este ciclo, quase fim de capítulo, está terminando para que outro jogo prossiga. Desarmado será o berimbau, para que na capoeira dos dias, outras chamadas, esquivas, negaças, quedas e surpresas possam se realizar, conjuminadas. Aqui, neste canto, vão considerações finais sobre essa função. E todas as pessoas que aqui estiveram vão embora levando e deixando Axé. Vamos para o próximo cazuá, páginas à frente, o que detalha a Pedagoginga praticada.

O paradigma da ciência clássica manipula a lógica a fim de simplificar a realidade, que é complexa em si. Privilegia a manipulação técnica "real e racionalista", deixa as frestas mínimas ou entupidas às festas dos símbolos e mitos. Considera como fontes de equívoco a imaginação, a corporeidade, o escambo entre o sensorial e o ideal e o que mais pareça não se encaixar perfeitamente a uma geometria mecanicista. Na educação, isso leva a privilegiar uma adaptação cabisbaixa às normas, a referendar os modelos sociais premeditados (não raro, hegemônicos) e ao seguimento, em suas bases, dos ideais do produtivismo e do progresso, numa sujeição cavalar a uma ideologia contratual, que visa dissipar qualquer consenso calcado no mito, nas origens (SANCHEZ TEIXEIRA, 1990).

Modelos produtivistas que atomizam o indivíduo frequentemente esquecem o "ser-junto-com", o comunitário. Modelos nos quais o indivíduo, e não mais a pessoa ou o grupo, tende a ser concebido como o "real".

As teorias redutivamente intelectualistas, por minimizarem a imaginação como mera lembrança da memória, como ideia de uma percepção efêmera ou modo específico de consciência, separam a imaginação do pensamento lógico, estabelecendo uma cisão profunda entre a matéria e o espírito.

Temos visto isso refletido nas escolas: uma burocratização, uma tecnicidade, que prima por sujeitar os estudantes a uma função despersonalizada, que relega a último e indesejado plano um cultivo às suas matrizes ancestrais e também às suas práticas cotidianas e memoriais, transbordantes de simbolismo. Não se trata aqui de uma apologia de abandono à lógica clássica, mas de fomentá-la no sentido de uma interação permanente com a lógica complexa. De uma prática educativa que não abandone o experimental, o pessoal, o dialógico e a narrativa imaginativa em prol de um desencantamento do mundo e do ser (FERREIRA SANTOS, 2004).

Para nos aceitarmos e para que o "outro" seja fonte de conhecimento e de vida, não um alvo de desprezo e de medo, válvula de escape para culpas e desequilíbrios históricos, carecemos de nos soltar de modelos etnocêntricos que inundam nossa formação escolar, nossa exposição midiática, nosso dia a dia nas ruas e instituições. Podemos mudar esse patamar de desentendimento e intolerância buscando compreender as diferenças, sem que elas passem por princípios pejorativos e depreciativos, procurando nos elementos simbólicos que envolvem a diferença, o reconhecimento da imensa variedade, da multiplicidade, que habita cada ser, cultura, filosofia comunitária ou modo de vida. Encontrar as dimensões de semelhança que gingam entre o igual e o diferente. Essa solidariedade na convivência, essa encruzilhada, essa trança, pode ser trabalhada por uma educação que busque na poesia e na ciência dos símbolos uma contribuição para o fim de grades de discriminações poderosas, vigorosamente assentadas.

A experiência simbólica na escola e em qualquer campo pedagógico coloca-se contra a rigidez no entendimento, contra um tétrico absolutismo de um entendimento mecanicista da vida e dos sistemas de conhecimento. Volta-se a uma realidade porosa, constituída também pela fantasia, pela ficção, pelo que não é tangível, pelo não racional (que não é o irracional) e até pelo não lógico. Onde o silêncio ou o sussurro fazem mais diferença, às vezes, do que o explícito manifestado. Ou tecem o cachecol que aquece a garganta do grito.

As imagens, especialmente nos últimos cem anos, vêm em geral sendo destituídas de toda a sua potência pedagógica por uma mentalidade cientificista que valoriza o lucro material em detrimento do espiritual (DURAND, 1997, p. 176). O bombardeio de imagens e sua superficialidade, acelerada ou inexistente apreciação, lhes impõe também uma secura e uma leviandade: uma redução positivista que leva as imagens a serem reduzidas ao signo; uma redução metafísica que leva da imagem ao conceito; uma redução teológica que impõe a imagem aos jugos temporais e deterministas da história e às justificações didáticas.

Campbell (1990, p. 160), após estudar carinhosa e rigorosamente imagens míticas e culturas de todo o planeta, milenares e seculares, encontra uma grande contribuição que afirma ter o Ocidente desenvolvido e espalhado, mas que, como na relação entre o remédio e o veneno, carece de equilíbrio na dosagem:

> Acredito que esta seja a grande verdade do Ocidente: cada um de nós é uma criatura completa, única, e, se for o caso de oferecermos alguma dádiva ao mundo, ela deverá ser extraída da nossa própria experiência e da realização das nossas próprias potencialidades, e não de quem quer que seja.

Destacando a importância de se reconhecer e de se viver a vida em termos de experiência, e não em busca de interpretação finalística de sentido, não exclui a importância da filosofia e da metafísica de suas veredas e frutos. Assegura que a gama valorosa e amorosa da tradição ocidental, em sua arte, mitologias e correntes de pensamento que não visaram torrar e dispensar a imagem, expressou reconhecimento e respeito pelo indivíduo, inclusive colocando como função da sociedade a promoção e a proteção aos sentimentos deste e de suas experiências.

Porém, pode-se constatar também como degringolou em individualismo tal princípio de radiância, de iluminação pelo amor. O quanto isso foi lastro e arsenal para faróis que ofuscaram o "outro" (do homem branco), as culturas "diferentes", fundamentadas em segredo e coletividade. O quanto essa experiência passou a ser decodificada em leis de progressismo e de salvação, abandonando inclusive o frescor, a harmonia e o esplendor de um amor à pessoa, que se enreda na fiação de seus impulsos próprios e nas contingências sociais e cósmicas que balança entre o individual e o coletivo.

A história desse próprio ser ocidental, captada no desenrolar da ciência da antropologia, também propicia uma reflexão sobre a força, a dádiva e as delicadezas que a existência de várias culturas põe no tabuleiro das relações humanas. O reconhecimento da multiplicidade de horizontes e de bordados espirituais a que as culturas abrem vazante traz a necessidade de se saber trabalhar e brindar a alteridade, adubar e tratar os frutos que aí cultivados brotam e alimentam. Tratar como se cuida de um tomateiro, que pede estaqueamento para que seus caules não desmoronem. Assim, o multiculturalismo, considerado pedra fundamental e pedra de toque dos nossos dias, com suas lacunas, alçapões e anestesias, traz questões que pedem atitudes, e não negligências.

A sociedade multicultural e pluriétnica brasileira é ensejo para inúmeras abordagens e bandeiras. Gonçalves e Silva (1998, p. 11) traz uma questão básica sobre o multiculturalismo:

> Falar de multiculturalismo é falar do jogo das diferenças, cujas regras são definidas nas lutas sociais de atores que, por uma razão e outra, experimentam o gosto amargo da discriminação e do preconceito no interior das sociedades em que vivem.

A propalada harmonia de que se pressupõe constituir o multiculturalismo brasileiro não oferece, ainda, comumente, espaços qualitativos nem compreensão para cosmovisões várias que cultivem seus símbolos e suas imagens memoriais e arquetípicas, imagens que adentram a história, o cotidiano e a memória cultural de comunidades como as que, por exemplo, se alinham a africanidades; como as que se afirmam como herdeiras e transmissoras de ensinamentos nagô, de vivências e práticas de fonte bantu, de corporeidades e filosofias de nascente jeje, que em suas veias e suores, trabalhos e concepções de vida, se diferenciam da cosmovisão padronizante, homogeneizadora e dominante que rege inclusive as diretrizes educacionais de nosso país. Comunidades, linhagens e bases de expressão cultural que ainda não se fazem respeitadas, que ainda não são ouvidas, gestualizadas, cheiradas, tocadas, cantadas, vistas e intelectualizadas de forma que possam mostrar suas alternativas para um maior e melhor conhecimento do ser humano e sobre as forças que lhe envolvem.

Gomes (1997), ao analisar a questão da maturação e organização do pensamento do Movimento Negro, mostra o quanto este, desde fins dos anos 1970, avança da denúncia para a anunciação, contribuindo com ações efetivas no contexto escolar. O amadurecimento da militância propôs ir além do apontamento de situações graves e partir para apresentação de propostas, encaminhamento de pesquisas e formação de professores na luta contra o racismo na escola. Tanto em suas marcas e características corporais quanto em suas matrizes culturais e variadas noções identitárias.

Penso nas vias que o povo negro no Brasil criou, recriou, encontrou e lapidou para transmitir seus conhecimentos e suas cosmovisões após e durante a experiência da diáspora. Formas de resistência profundas, que não deixam de privilegiar as aparências e o que é manifesto, numa pegada dialógica entre o explícito e o segregado, que saltam e que cavucam espaço em pedagogias sinestésicas, em profundas educações de sensibilidades. Formas que estimam as alternativas apresentadas por um respeito à ancestralidade, reforçando intenções que se posicionam frente a propostas desumanizadoras e hegemônicas, ratificadas e carimbadas em tantas escolas, centros de formação, museus etc. Lugares que, se estão mofados em suas arquiteturas mentais, ao mesmo tempo parecem poder ainda abrir morada ao potencial de uma educação que não despreza a função intelectual, o pensamento crítico, mas que abrange o encanto e a mítica das sensibilidades do corpo, desconfiando do deslumbramento ingênuo e do entusiasmo populista.

Munanga (s. d.) destaca a importância de mudanças paradigmáticas, mudanças que adentrem os eixos teóricos, intentando novos métodos e atentos à importância dos engenhos maleáveis do plano simbólico:

> Considerando que esse imaginário e essas representações, em parte situados no inconsciente coletivo, possuem uma dimensão afetiva e emocional, dimensão onde brotam e são cultivadas as crenças, os estereótipos, os valores que codificam as atitudes, é preciso descobrir e inventar técnicas e linguagens capazes de superar os limites da pura razão e de tocar no imaginário e nas representações. Enfim, capazes de deixar aflorar os preconceitos escondidos na estrutura profunda do nosso psiquismo.

Assim, captando a importância dos arquétipos (entendidos como imagens primordiais, originais, entranhadas no corpo humano) e compreendendo seus esquemas, penso no quanto é possível uma elucidação qualitativa da organização dos grupos humanos, de suas práticas míticas, culturais e educativas. Para que o medonho ou o estereotipado minguem perante a saborosa e comovente ciranda que chama as culturas para dialogar.

Ana Mae Barbosa (2003, p. 21) expõe o quanto o doce e o amargo ainda hoje calcificam ou trincam ossos do nosso espelho:

> Uma criança negra que visite um museu que exiba arte ou "artefato" africano poderá de lá sair com seu ego cultural reforçado pelo conhecimento, apreciação e identificação com os valores vivenciais e estéticos da arte africana ou completamente despossuído culturalmente e desidentificado com a gênese de sua cultura.

E, baseado em várias visitas a museus e institutos culturais com turmas de EJA, afirmo que isso pode ocorrer também com adultos.

Luta-se não apenas por uma representação, mas por uma apresentação genuína dos elementos, sempre que convidados a participar dos nossos sentidos ou ladear nossos passos. Que não sejam decorativos, mas fendas de autêntica e original existência no muro da mesmice padronizante. Consideração genuína aos símbolos, já que por seus sistemas, a condição humana, em cada época, organiza-se e adquire conhecimento de si mesma.

Talvez a relação entre a cultura negra brasileira e as instituições culturais, a escola, seja também pertinente ao que Morin qualifica como complexo: existindo paralela às estruturas oficiais, a matriz afro oferece alternativas que surgem como antagônicas em relação à cosmovisão dominante que ainda impera nas instituições escolares: masculina, heroica, dominadora, dividida em departamentos e disciplinas que pouco ou nada conseguem se integrar. Porém, também segue concorrente, caminhando paralela e adaptando-se à história dos fatos, fazendo-a, lidando com características humanas que nos envolvem no âmbito mítico, características que ultrapassam a dimensão histórica e que são base de atuações e ponderações. E também pode-se entender a cultura negra e a escola numa relação complementar, mutuamente nutritiva, colaborando entre si com referências do que seja educação, mestria, formação, saber, comunidade, conhecimento.

As esferas da luta e do desafio conjugam-se às da duplicidade e do ritmo, da troca e do jogo, da territorialização, do aninhamento e do segredo, presentes na cultura afro-brasileira, na qual as estruturas noturna e crepuscular, mística e dramática, parecem ser alternativas fortes a um predomínio masculino do qual nossa sociedade já parece estar saturada.

Não se trata de estipular um "negro contra branco", ou vice-versa, que, desumano e desastroso, ainda cairia na poça asquerosa do binário, esse modo bem limitado e mortífero de se compreender o mundo, de guiar atitudes. Porém, trata-se de buscar caminhos para que seja enfrentada a sórdida realidade racista brasileira, que se espraia nos campos do aviltamento, da degradação pessoal, do genocídio militarizado até as cegas e mutilantes posturas que animalizam ou estereotipam a fonte de conhecimento e a matriz afro. Fonte de filosofia e de convite à transformação, que contempla o respeito e a responsabilidade ao legado ancestral que é chão para os passos que caminham fazendo presente e futuro.

O que vive tende a se juntar, se conjugar, se envolver para se desenvolver, contrário à força que beija o pescoço do que se isola e se fragmenta. Consideremos o quanto a cultura de matriz africana abre-se ao diferente, convida-o à constante recriação e ao contato em seus jogos, cujos princípios abrem possibilidades de desejo ao que seja diferente, e não apenas de tolerância a este. Fator a se ressaltar já que se vive em um tempo em que a tão renomada "educação inclusiva" parece ser figura de linguagem que não pretende alterar suas férreas estruturas espinhosas, descascando e alinhando sem sal o "outro" perante suas escoras e seu sistema. A "educação inclusiva", conforme o que se acostumou a ouvir nos últimos tempos, carrega em si a demagogia, em sua apologia falsa à alteridade, etnocêntrica, já que tenta tanto converter o "outro" por uma postura exorcista quanto objetiva aparar suas arestas indesejáveis, "exóticas". O "outro", "incluído" aqui, se não participa da constituição de sua cosmovisão, é encaixado no mecanismo que segue ancorado a um padrão predeterminado, que não conta em sua construção com a contribuição daquele que se "inclui".

Se uma comunidade só existe quando partilha imagens, estilos e formas que lhe são próprias, fala-se também da educação popular, dos coletivos independentes periféricos e até dos grupos escolares que comungam encontros, mexem símbolos manuseados e dispostos pelas carteiras, corredores, livros, banheiros e pátios, ruas e entornos dos espaços formativos, educativos. E pensa-se também na comunidade ancestral afro-brasileira que acesa no contemporâneo, com suas várias diferenças, se fez presente na escola em nossa oficina e em outras pesquisas e práticas no campo da educação, realizadas país adentro a fim de se compreender horizontes e contribuições que tal matriz tenha a oferecer à educação brasileira.

As culturas se definem e se enxergam a si mesmas pelas regras e aberturas que fundamentam e norteiam a vivência de seus elementos. O ser humano segue enovelado em seu universo simbólico, perfazendo pelos trilhos do imaginário o seu cotidiano, segurando seu lampião defronte o espelho da cultura, ora a si mesmo ofuscando, ora regulando a luz e reconhecendo sua própria beleza, suas navalhas e suas cicatrizes. A grande semelhança entre os seres humanos é que todos têm seus espelhos, diferentes, mas espelhos. Cada cultura tem seus tabus quanto aos reflexos, ao manuseio do vidro, aos momentos do dia em que se pode procurar a própria face no vidro misterioso... Mas todos têm, nas próprias células e no próprio suor, nas brincadeiras e nas solenidades, os seus espelhos. E nas diferenças entre molduras, finuras, distorções e riscos de cada espelho, variáveis a cada cômodo da casa-planeta, percebe-se a cultura, esse grande novelo, teia e calha de significados.

Temos referências para lidar com cultura afro-brasileira na escola, mas não modelos. Linguagens que não são mera cópia de pensamentos petrificados. Formas que, no trabalho de pontear veredas, são esperança de vida anunciada. Temos hoje trabalhos de pesquisa que visam trançar teoria e prática. E todo trabalho que se queira científico pode e deve questionar até mesmo as certezas mais arraigadas, mais alicerçadas, do que se coloca como o normal, o sério e o correto.[64]

É momento de chegada, municiado e ajardinado por inúmeras formas de resistência e de anunciação. A instituição educacional, desde suas instâncias superiores até as salas de aula, teve dilatada a sua recepção, mesmo que obrigada. E aí, na imposição, um problema: se robótico o "cumprimento de ordens", a abordagem tende a ser estereotipante, superficial ou tutelante, o enfoque descai ao míope ou ao absolutamente leigo, que por vezes chega inserido como convidado alienígena e malquisto, mesmo que advindo por leis como a 10.639/03,[65] que assumem a existência de desigualdades na representação (e apresentação) da cultura afro-brasileira na escola. Tais abordagens seguem o padrão em suas formas e meios, atrofiando a sensibilidade e o aporte na escola de uma rica cultura de alternativas ao pensar e ao proceder.

A cultura afro-brasileira tem como chão para seus passos uma vontade de assimilar-se ao outro em um auspicioso movimento de mudança, em troca e reciprocidade, que não abandona o que de textura mais íntima se carregue há tempos imemoriais, mas que se abre também ao sotaque mais recente ou mais distante. A regra e as hierarquias preservadas aparecem como dinamizadoras de inserção e de liberdade, trazem o mote da singularidade no exercício da liberdade que se dá nos jogos numinosos da cultura. Ultrapassando uma identidade singular que se modifica, encontrando no outro a possibilidade de seu renascimento, convoca a uma duplicidade que permeia a existência, uma diacronia, um universo onde arquiteturas místicas e dramáticas são fortes e amenizam o excesso das posturas heroicas, distinguindo e operando um equilíbrio gingante.

A saúde desse universo cultural se faz e se fez pela presença de tais elementos, constituintes da estrutura do imaginário, como formas de garantir, no mínimo, aos seres que o integram o estatuto de pessoas. Inclusive de pessoas que, após a morte corporal, tornam-se referências míticas. Ou de seres anônimos que teceram em conjunto a tapeçaria da cultura, deixando um patrimônio ao seu futuro de então (o nosso hoje).

Vansina (1982) destaca a opção das culturas de matriz africana pela oralidade, não tida como ponto evolutivo que pede progresso e ultrapassagem, mas como fator adequado às necessidades e vontades de uma expressão e vivência comunitária.

Devemos pensar no quanto, equivocadamente, se julga uma apresentação oral como variante da escrita. Como se costuma descrever a composição oral como subjugada a uma estruturação que nem sempre lhe cabe, que não lhe é sempre harmônica, sequer simétrica, não se levando em conta fatores necessários à sua justa reflexão.

Hoje, o que significa em termos de poderio político, na periferia de São Paulo, organizarmos nossos cursos e gerirmos nossas antigas e novas formas de transmissão de saber, de reflexão e escolhas políticas e pedagógicas, nossos temas e formas, nossos lugares de raiz e nossos horizontes? E o que significa também voar nos códigos letrados e se saber dono das asas possíveis da escrita? E questionar o que há de alheamento e de manutenção de barreiras, da permanência desejada ou da quase compulsória e pesada nos limites (amplos) da oralidade? Tanto no que se considere estritamente político quanto no desenvelopar da alma, no contato e adentramento nas qualidades milenares e urgentes da humanidade, no encontro com os adubos que afloram no espírito de cada estudante, de cada pessoa, que ressoa nos textos. Muitos textos, escritos, nos mostram que a literatura não vinga ou brilha nas gentes apenas por seu caráter intelectual, mas porque abre artérias, tocando os corações. Tão política quanto a reivindicação que a cultura afro-brasileira chegue viçosa, para além das clausuras possíveis de um livro, é a chamada aos abismos e asas da literatura, aos caldos e coceiras instigantes da leitura, pelo "abre-te sésamo" que propicia, dando-nos cinemas para a cabeça, nos ajeitando abraços em pessoas de outros tempos com suas questões milenares. Algo presente inclusive na escrita por autores negros, ainda negligenciados dentro do circuito editorial maior.

As letras suscitadas nos escritos dos estudantes, durante as oficinas, chamam a atenção muitas vezes por sua dificuldade em lidar com o considerado gramaticalmente correto, mas também por suas marcas de oralidade, por suas construções não tão convencionais em se tratar de língua escrita, pela liberdade dada à imaginação e por seu uso na expressão de elementos relevantes do presente e da memória. Na busca de entender o mundo e também de aprimorar sua expressão para fins dos mais variados, seja aprender a preencher uma ficha para candidatar-se a um emprego e compreender as engrenagens desse emprego no universo da economia e das práticas simbólicas; seja elaborar redações e poesias para expressar a si mesmo e aos contextos sociais em que se sente envolvido; seja compreender melhor sua própria história coletiva ou seu temperamento, mas, sobretudo, sua presença e a configuração de um modo de ser e de experienciar que vem de longe e está tão dentro de si... Em qualquer dessas dimensões o verbo escrito veio ser base e reforço, batuque em couro quente, na linguagem que vive nos labirintos de cada um que escreve. E que cria também novos cercados de cultivo.

A comunicação aqui, oral ou escrita, surge como elemento ímpar na formação da pessoa, que se planta e se expande em sua vontade de afirmação como ser humano, enfrentando as conjunturas e contingências do mundo concreto, social. E os seus rebuliços de dentro também.

A angústia marcada pelo rapto original ainda em terras africanas, pela travessia mórbida e terrível, pelo genocídio e pela gigantesca opressão encravada na história da escravidão negra que seguiu pela América e pelo Brasil, recebeu, no desenvolvimento da cultura (da vida!) de matriz afro em nosso país, o aporte de fatores simbólicos que realçaram a ambiguidade, a complexidade e a contradição, propiciando um reequilíbrio psíquico de seus componentes e de si enquanto cultura, portadora de valores civilizatórios. As fugas, revoltas e levantes, as secretas iniciações e o aninhamento nas matas e terreiros, mais o caráter de jogo e de sedução, perfazem a teia que a afro-brasilidade balança com firmeza e graça nos ventos do presente, tecida ancestralmente. E que, para o futuro, que começa no próximo respiro, pode oferecer alternativas em prol de uma educação mais aberta, arejada pela brisa das culturas de expressão popular e pela riqueza de cada pessoa; uma educação que não simplesmente force os estudantes a uma adaptação ao que é "correto" e "oficial", mas que se apresente como um céu possível para o caminho de cada estrela. Uma educação humana em suas profundas propriedades corporais, psíquicas e espirituais. Que reaja, questione e sugira o reencontro do maravilhoso com o pensamento científico, do simples com o complexo, que não negue a simpatia cósmica que se experimenta através do mergulho na realidade vital, pensada, suada, projetada, e eixo da historicidade e da a-historicidade que contraditoriamente fazem de cada pessoa um mapa colorido e pisado, sangrado e gargalhado, numinoso de resistir, insistir e existir. Em todos os sentidos.

O novelo vem de longe e vai adiante. Às vezes parece que vai romper, se enrosca, mas seus sinais são fortes, sutilmente encontramos sua ponta. Assim segue o desenrolo.

O que vem aí são relatos e reflexões sobre uma prática de três anos em Educação Popular, de 2009 a 2012. Eis o mote: a experiência de organizar e concretizar cursos independentes nas nossas periferias de São Paulo, focados na vivência negra de ontem, de hoje e a do futuro que fazemos.

NOTAS DA PRIMEIRA PARTE

1. Entre muitas referências possíveis, uma que pode servir para apreciação e constatação dessa triste e real disparidade, é a Pesquisa Nacional por Amostra de Domicílios (PNAd), realizada pelo Instituto de Pesquisa Econômica Aplicada (IPEA) em 2006/2007. A pesquisa aponta que, entre gritantes desigualdades que abrangem os campos de saúde, acesso à habitação e saneamento básico, a disparidade de oportunidades entre negros e brancos no Brasil no campo da educação vai bem além dos abismos presentes na proporção de estudantes em universidades, apresentando uma purulenta ferida ainda a se tratar e cicatrizar mesmo no âmbito do ensino médio. No que tange apenas a este grau de instrução, nacionalmente, demonstrou-se que 24,1% dos adultos que se declararam pretos ou pardos concluíram o ensino médio, perante uma taxa de 47,1% relativa aos que se declararam brancos. No que tange a distribuição de renda, o estudo conclui que brancos ainda vivem com quase o dobro da renda mensal per capita dos negros – pouco mais de um salário mínimo a mais.

2. Ver mais detalhes a respeito das relações entre Gênero e Educação de Jovens e Adultos em Rosemberg e Piza (1996).

3. Durand afirma que "os estereótipos que constituem a base dos preconceitos estão profundamente enraizados nos arquétipos imemoriais, sempre latentes, mas que readquirem força em certos momentos, tornando-se visíveis e representando seu papel de primeiro plano na consolidação de conjuntos sociais de talhe reduzido" (*apud* MAFFESOLI, 1995, p. 102).

4. Para mais detalhes sobre as questões de alteridade e sobre o problema do etnocentrismo, ver Rocha, Everardo. *O que é etnocentrismo*. São Paulo: Brasiliense, 1993.

5. Ainda segundo Martins (p. 35), "a cor de um indivíduo nunca é simplesmente uma cor, mas um enunciado repleto de conotações e interpretações articuladas socialmente, com um valor de verdade que estabelece relações de poder, definindo lugares, funções e falas".

6. "(...) firmam-se na memória cultural e no lugar desse sujeito [negro], erigidos esses lamentos como signos que se projetam e se articulam no discurso que os representa e os faz representarem-se simbólicas e figurativamente." (MARTINS, p. 84).

7. Ver TAVARES, Julio Cesar de. *Diásporas africanas na América do Sul*: uma ponte sobre o Atlântico. Brasília: MinC, 2007. E também GILROY, Paul. *O Atlântico Negro*. São Paulo: Editora 34, 2001.

8. Stuart Hall (2003) nos lembra que estratégias culturais vêm sendo capazes de fazer a diferença, mas os espaços conquistados por vezes são bem limitados, diminutos e dispersos, regularmente policiados. Quando são financiados e orquestrados, assiste-se a uma cooptação e a uma espetacularização anestesiada, à cimentação de estereótipos, homogeneização e fórmulas prontas, receitas de tíquete picotado em casa de show. Assim, entre tais jaulas invisíveis, a cultura negra, superficial ou apenas espetaculosamente considerada, segue criando outras barcas e arquitetando outros portos, por exemplo, para uma possível chegada de sua porosidade e de suas alternativas em espaços de formação que se qualifiquem por uma consistência em métodos e propostas, como a escola.

9. Stuart Hall (2003) chama de "cultura popular" esse balaio no qual as tradições e as práticas populares (principalmente em suas formas) se dão em tensão permanente com a cultura hegemônica, o terreno no qual as transformações imaginárias e materiais são operadas. Assim, não se resume a tradição a uma poça estagnada e empesteada, ou a um folclore de cartão postal, mas trata-se de uma fonte que tem sua importância justamente por ser um terreno de luta pelo poder (poder aqui pensado como verbo e não como substantivo). Abarcando, sim, em seus consentimentos e resistências, elementos da cultura de massa, da cultura tradicional e das práticas contemporâneas de produção e de consumo.

10. Muniz Sodré (1988, p. 91-92) frisa que as "culturas tradicionais africanas inscrevem o espaço-lugar na essência do poder, mas como um polo de irradiação de forças e não como a extensão física correspondente a um território nacional (...), pois a tradição é mesmo um conjunto de 'regras', de princípios simbólicos sem projeto universal implícito, conhecidas e vivenciadas pelos membros da comunidade com o objetivo de coordenar grupos negros da diáspora escravizada".

11. "O entrecruzamento das diferenças, a aproximação dos rios, não produziram uma síntese histórica de dissolução das diferenças, mas um jogo de contatos" (SODRÉ, 1988, p. 57).

12. Tão complexa, a questão dos sincretismos, essencial para que se compreenda melhor os níveis, aprofundamentos e limites da chamada "mestiçagem cultural" (termo que por vezes apaga diferenças e singularidades, principalmente de matriz afro e indígena, em nome de uma harmonia postulada ou de um equilíbrio ainda não existente), deve ser estudada minuciosamente e em espaços cabíveis. Recomenda-se pesquisar a presteza e o acuramento realizado por Ferreti (1995) em sua obra sobre a cultura negra maranhense, na qual aponta, que, por exemplo, quando se reflete sobre o sincretismo, partindo de um "lugar zero", hipotético, de separação e de não sincretismo, pode-se chegar a processos de relação entre elementos diferenciados como: 1) mistura, junção, fusão; 2) paralelismo ou justaposição; 3) convergência ou adaptação.

13. Os próprios antagonismos, destruindo a unidade de uma estratégia macro-política negra, para Hall (2003, p. 328), "não são novidade, dadas as complexidades das estruturas de subordinação históricas alavancadas pela diáspora".

14. Leda Martins (2000, p. 65) ainda suscita um pensamento aguçado ao apresentar, no que tange aos níveis de sincretismos, o termo encruzilhada como operador conceitual, chave para o entendimento da cultura negra e brasileira. "(...) Para se pensar o trânsito sistêmico e epistêmico que emerge dos processos inter e transculturais, considerando que, para bantus e nagôs, é este o lugar que é traduzido por um cosmograma que aponta para o movimento circular do cosmos e do espírito humano, que gravitam na circunferência das linhas de intersecção. (...) da (na) Encruzilhada se processam e se derivam vias diversas de elaborações expressivas (...) Na Encruzilhada, a própria noção de centro se dissemina, pois se desloca e é deslocada pelo improviso".

15. Vadiação, ou vadiagem, significa brincadeira, oportunidade para se fazer ou fortalecer amizade, mas, como em todo jogo de capoeira, pode trazer elementos surpreendentes, fora do script.

16. "O jogo é capaz de combinar limites, liberdade e invenção." (SODRÉ, 1988, p. 23). A noção de liberdade buscada por Sodré encontra analogia na formulada por Spinoza e não se adapta à do moderno liberalismo burguês, que a entende como a ilimitada possibilidade, para a consciência individual, de escolher. Para Spinoza, livre é o sujeito que, embora determinado, age com potência por si mesmo. Falta de liberdade não é a impossibilidade de optar entre o sim e o não, mas a passividade e a impotência (op. cit., 149).

17. Sodré (1988, p. 95), recordando ensinamentos ancestrais, destaca que "Áxé é o próprio princípio da constituição da cultura, é o sentido da Arkhé, 'é algo que se planta, cresce e se expande'".

18. A cultura suahíli é originária do contato entre povos nativos da região do Quênia e Tanzânia com populações árabes atraídas pelas atividades comerciais. Na dinâmica da região, a língua suahíli foi difundida pela África oriental, tornando-se presente no Quênia, Tanzânia e Uganda, com menos intensidade na parte leste do Zaire, sul da Somália, Ruanda, Burundi, Moçambique, Malauí e Zâmbia. Ao menos 20 milhões de pessoas a têm como segunda língua. De sua origem no século 9, até o século 19, permaneceu uma língua costeira, atravessando Somália, Quênia, Tanzânia e Moçambique. Com a chegada dos portugueses no século 16 e o subsequente crescimento do poder político e econômico árabe Omani, o suahíli tomou força e espalhou-se em comunidades do interior do continente como língua de comércio, tornando-se língua franca dos comerciantes de escravos. O tráfico de escravos e a expansão econômica europeia trouxeram missionários que desencadearam a transcrição do suahíli para a escrita romana, pois

até então o idioma era escrito apenas em árabe, para a elaboração dos primeiros textos e a preparação de dicionários (MIRZA e STROBEL, 1989, p. 117).

19. Baseado em pesquisa de Ronilda Ribeiro (1996).

20. "Se o tempo do mito é um tempo em que futuro e passado não se tutelam um ao outro, apresentando eventos e lições reversíveis, que podem ser relidos mesmo em seu cunho redundante, deve se compreender que o imaginário abre acesso e dispõe a um tempo peculiar, um tempo que também não carece de um antes para que exista um depois. E desdobra um espaço, uma extensão figurativa que é também um não onde, que pode ser similar mas que não é idêntico ao espaço das localizações geométricas" (DURAND, 1997, p. 69).

21. Eduardo Oliveira (2003) apresenta a ética africana não como normativa, nem como prescritiva. E, sim, educativa. Erótica, estética, é uma ética que visa a manter a forma cultural e não normatizar a liberdade. A singularidade é efetivada, desejada. É a ética que se desenvolve em uma atitude perante o outro, frente à comunidade. Entende-se mais a existência de princípios do que de normas (que variam por comunidade) em uma regulação da vida social que busca garantir a inclusão, a diversidade, a complementaridade e o bem-estar do grupo. Porém, considerando principalmente os desmandos contemporâneos (mas também os pretéritos), autoritarismos estatais e/ou comunitários, esse ponto é bastante complexo e mereceria uma análise mais profunda sobre Ética e Poder.

22. Segundo Costa e Silva (1996), os povos bantos, que têm seu núcleo original linguista situado próximo à fronteira Nigéria e Camarões, ao sul e ao norte da grande selva do Zaire, em 1862, falavam de 300 a 600 línguas aparentadas. Povos que há centenas de anos já realizam atividades agrícolas, tecelãs, cesteiras e ceramistas, organizados em famílias extensas. Seu domínio da metalurgia é mais recente do que o dos nagôs, porém, mesmo assim, Costa e Silva aponta indícios que desde o século 3 a.C., os bantos já trabalhavam uma indústria do ferro pequena e rara.

23. "Uma obra de arte afortunadamente bem realizada, de algum modo, comunica-se à ordem que subjaz à própria vida e conduz à compreensão daquelas coisas de que a religião se ocupa" (CAMPBELL, 1990, p. 114).

24. Maffesoli (1998, p. 45) aponta no academicismo científico ocidental "um fosso aberto entre a *intelligentsia*, sob seus diversos aspectos (universitários, políticos, administrativos, decidadores de todas as tendências) e a base social que não mais se reconhece nelas" (p. 45). A cultura científica ocidental tende a fechar-se em si mesma, sua linguagem torna-se por demais estranha, alienígena, tanto para um cidadão comum que não frequenta os círculos "ratificados do saber" quanto para um especialista que pesquise e trabalhe em outra disciplina.

25. Em relação ao que Gramsci enfatizava, assim como outros intelectuais marxistas, sobre pensadores ativistas orgânicos que primassem pela práxis, aliando teoria crítica à direta participação nas lutas e movimentos sociais, Stuart Hall, também enfocado nessa perspectiva, releva essa necessidade na história e na memória cultural africana diaspórica ao analisar peculiaridades do pensamento negro nas Américas, desde os formulados por artistas revolucionários presentes na grande mídia aos artistas mais contidos no raio de suas comunidades regionais, desde os tempos ainda oficialmente escravistas até hoje, considerando também lideranças políticas pan-africanistas (HALL, 2003, cap. 3). Gilroy (2001) desenvolve também, entre alguns outros assuntos, teoria que questiona fixos conceitos da modernidade relativos a nação, raça, cultura. Explica como os negros criaram um corpo coeso de reflexão, distribuído pelas Américas, marcado por sua história intelectual e cognitiva, pelas expressões musicais, caracterizado por um refinamento tal nos mecanismos complexos de comunicação que ultrapassa os cerceamentos de alfabeto e língua.

26. Por exemplo, nas dificuldades de resistência às operações de roubo de terra ou de grilagem aos processos criminais contra as práticas religiosas afro e na dispersão de bairros urbanos e de comunidades que, no século 20, receberam enorme contingente de ex-escravos e familiares. Para aprofundamento maior dessas pesquisas, ver as obras de Moura (1981) e Freitas (1978).

27. Contraditoriamente a essa ratificação de valores, a essa função de porta-voz e de diplomata, apimentando a questão, é Read (1991, p. 107) que também ressalta a arte em sua função de remexer e de transtornar planos, arrancando as matérias e palavras de sua eventual flutuação suave, extraindo as coisas da segurança de sua existência normal e colocando-as onde nunca antes pousaram, a não ser em sonhos. Sonhos que são da mesma família dos mitos dos indivíduos.

28. Para mais detalhes sobre as relações de trabalho, veja como exemplo a história brasileira e o papel do negro no desenvolvimento do artesanato, da pecuária, da metalurgia e de vários trabalhos manuais. Para detalhes sobre as implicações nas relações étnicas do país, ver Nascimento (2008) ou Alencastro (2000).

29. É vasta a bibliografia que observa como a cultura africana no Brasil, e em todos os lugares para cá do Atlântico, onde aportou e se refez, vem lidando com as forças da repressão, primeiro pelos senhores e feitores, depois, quando mais urbanizada, pela instituição policial. Sobre esse último caso, conferir a confusão que se instala entre os senhores de escravos e a polícia no que tange ao "direito de castigar", quando no século 19 os negros de ganho começam a ocupar as passagens e paisagens comerciais e residenciais das cidades brasileiras. E também o papel preponderante das mulheres vendedoras de doces nas ruas citadinas e dos carregadores dos portos, na formulação de planos de resistência, de negociação política e de revoltas, em Wissenbach (1998).

30. Maffesoli (1998, p. 105) ressalta que é justamente este o sentido profundo de "esquema" entre os gregos: aquilo a partir do qual uma estrutura, seja ela qual for, vai se desenvolver.

31. O termo "ritual" é frequentemente utilizado como sinônimo de "rito". Assim, é bom esclarecer que ambos – rito e ritual – são práticas simbólicas que envolvem tanto gestos como posturas apropriadas à mensagem (simbólica) que garantem a construção da identidade grupal como uma de suas funções. Portanto, são similares. Particularmente, o termo "ritual" é empregado como uma forma de ação simbólica que se manifesta na vida cotidiana de maneira repetitiva, rotineira ou habitual, podendo se referir tanto a atividades religiosas como seculares. Mas, em geral, "ritual" e "rito" se recobrem, em decorrência da própria literatura utilizada sobre o tema.

32. Duas considerações de Campbell mostram-se salutares a essa discussão: "A arte e a religião são dois caminhos conhecidos de chegada à iluminação. Não creio que você o consiga através da pura filosofia acadêmica, que amarra tudo em conceitos. Artista é aquele que aprendeu a reconhecer e a expressar a radiância de todas as coisas, como epifania ou revelação da verdade. Mas viver, apenas, com o coração aberto aos outros, em regime de compaixão, é um caminho franqueado a qualquer um" (1990, p. 172-173). "O mito deve ser mantido vivo. As pessoas capazes de o fazer são os artistas, de um tipo ou de outro. A função do artista é a mitologização do meio ambiente e do mundo (...). O artista é aquele que transmite os mitos, hoje. Mas ele precisa ser um artista que compreenda a mitologia e a humanidade, e não simplesmente um sociólogo com um programa." (CAMPBELL, p. 89 e p.105).

33. "Reafirmam-se os dois traços básicos da musicalidade africana: a repetição e a improvisação. É inelutável a repetição: nos fenômenos naturais, no ciclo das estações e dos dias, na linguagem, no amor na própria dinâmica do psiquismo (...). Acentuar o caráter repetitivo da existência é também entrar no jogo da encantação ou do mito que resistem ao efêmero, ao passageiro. O mito implica a eterna reiteração de uma mesma forma, de um destino, mas dando margem a variações. A improvisação é precisamente a ativação da margem mítica – que permite o confronto de um instante real, imediato, particular (provindo de uma base matricial) – com a temporalidade instituída pela vida social e produtiva." (SODRÉ, 1988, p. 131).

34. Inclusive destaca Gilroy (2001) o sublime como um dos princípios de formação cultural do Atlântico negro, qualificando o termo como a capacidade redentora da dor ou a forma como as populações que passam por diáspora transformam ou traduzem o sofrimento em alegria e humanidade.

35. A musicóloga Glaura Lucas (*apud* MARTINS, 1997, p. 127) tece valoroso estudo no qual explica que as limitações do sistema de notação da música erudita ocidental não dão conta das sutilezas do fenômeno sonoro, especificamente, por exemplo, do cultivado pelos congados mineiros, que para ser transcrito pede inclusão de símbolos especiais nas partituras e a consideração com singularidades de sua fraseologia musical. Isso ocorre também com as *"blue notes"* do jazz e com notas alcançadas no canto por mestres, nas ladainhas de capoeira angola. Ver Mukuna (2000).

36. Suscitando o que Maffesoli (1998, p. 137) chamou de "harmonia conflitual", própria da comunidade que não elimina a diferença, mas que a integra.

37. Ifá é o oráculo iorubá, a que se interroga sobre a identidade e o destino, partindo da própria singularidade corporal, ao lado de suportes externos ou objetos como cauris, nozes de cola, frutos de dendezeiro, paus, metais (LUZ, 2003, p. 86-87). Ifá significa tanto sombra, no sentido de lado obscuro das coisas, como quietude ou silêncio do corpo.

38. Como é notório nas memórias da capoeira, na história do coco de zambê sergipano e no tambor de crioula maranhense, originalmente chamado de "tambor de pernada", dançado por homens e não por mulheres, como ensinou, em entrevista realizada em janeiro de 2009, Henrique Menezes, ogã da Casa Fanti Ashanti e significativo músico e transmissor da cultura negra maranhense em São Paulo.

39. Martins (1995, p. 65) detalhando expressões teatralizadas da cultura negra, elementos da singularidade afro-americana, destaca "a duplicidade cênico-semântica gerada por uma rede de significantes que articula a ilusão do jogo e da aparência; a concepção metafórica e mágica da linguagem, por meio da qual a palavra desliza por variados significados, recusando ancorar-se em qualquer valor absoluto e emblemático; o caráter de motivação coletiva, que se propõe celebrar o sentido de uma complementaridade comunitária; a função burlesca da ironia, que, no jogo das máscaras, carnavaliza o valor universal das noções raciais tipológicas; a harmonização dos signos cênicos num cenário espontâneo e dialógico, que prima pela desrealização do sentido; a função ritualística dos eventos ou celebrações, em que se estreitam os limites das cerimônias social e dramática".

40. Segundo Read (1991), o estilo torna sensível o que permanecia oculto, visível a imagem que se guardava. Sua presença orgânica se faz linguagem e pensamento, inseparavelmente. Exulta a realidade humana, essa constelação que também se faz nas esferas da ficção, nos campos do que não é tangível, assim como o ar que o ser humano não vê, mas que lhe é essencial e condição de sobrevivência.

41. Read (1991, p. 98) sugere três possibilidades de abordagem para o termo forma. Primeiro, o sentido perceptual, que surge como requisito prévio indispensável para a caracterização do conteúdo. Em segundo lugar, aponta o sentido estrutural, que se casa à concepção clássica da forma: certa relação harmônica ou proporcional das partes com o todo e de umas com as outras que pode ser analisada e finalmente reduzida a número. E ele destaca ainda um terceiro sentido, que poderia por ele ser chamado de platônico, no qual a forma é considerada como uma representação da ideia. A forma, nesse sentido, é a simbólica e pode empregar quer imagens naturalísticas, quer, alternadamente, imagens de uma espécie não naturalística ou não figurativa.

42. Ver Reis (2003) e Nascimento (1981).

43. A bibliografia sobre as lutas quilombolas é extensa, mas ainda não alcança as dimensões necessárias para profunda compreensão da amplitude social, política e cultural despertada por esses mocambos, que nascem da instituição Ki-Lombu, de matriz banto, que propiciava iniciação guerreira cortando prepúcio de jovens em grupos nômades que circulavam pelas áreas hoje correspondentes a Angola, Congo, Tanzânia, África do Sul, Zimbábue e Moçambique. (MUNANGA, 1996a). Uma mostra aprofundada da luta de diversos quilombos em variadas regiões do Brasil está no apurado trabalho de Gomes e Reis (1996). Mais detidamente sobre Palmares, ver Freitas (1978). E destacamos, com muito gosto, as obras *Cumbe* e *Angola Janga*, histórias em quadrinhos magistrais de Marcelo D'Salete.

44. Morin (1996, p. 190) estabelece vínculos entre a noção de paradigma e a ideia de Arkhé: "O paradigma é inconsciente, mas irriga o pensamento consciente, controla-o, e, neste sentido, é também sobreconsciente. É aqui que podemos utilizar o termo Arché que significa ao mesmo tempo o Anterior e o Fundador, o Subterrâneo e o Soberano, o Subconsciente e o Sobreconsciente".

45. Santos (1976) qualifica a experiência iniciática composta em três níveis: primeiro, o factual, da realidade empírica que decorre do ritual, detalhado e o mais exato possível. Por via de repetições, percebe-se e revela-se uma realidade particular. Segundo, o da revisão crítica, que desmistifica ideologias exógenas. É nível complexo, pois a experiência vivenciada organiza-se junto ao respeito e à compreensão pelo outro, abrindo espaço para a experiência ainda não consumada mas inteira no possível, articulando os conhecimentos assumidos. Terceiro, o da interpretação dos símbolos, dando funções significativas e dinâmica aos componentes do sistema, estabelecendo eixos, pensamentos coerentes, deduzindo caminhos, adquirindo potenciais expressivos, recriando ou transformando o universo.

46. Experiência, como afirmou Merleau-Ponty (*apud in* CHAUÍ, 1994, p. 474) "é o ponto máximo de proximidade e de distância, de inerência e diferenciação, de unidade e pluralidade em que o Mesmo se faz Outro dentro de si Mesmo".

47. Sobre os trajetos tortuosos da questão psíquica que envolve o racismo, histórica e culturalmente em nosso país, ver BENTO, Maria Aparecida e CARONE, Iray. *Psicologia social do racismo* – estudos sobre branquitude e branqueamento no Brasil. Petrópolis/Rio de Janeiro: Editora Vozes, 2002.

48. A mitohermenêutica proposta por Ferreira Santos (2004), ainda em sua leve, mas considerável diferença e complementaridade em relação à mitodologia durandiana, traz, segundo o autor, na operação da análise reflexiva, um privilégio às noções de "etimologia" (por seu arranjo semântico), "intuição" (pelo arranjo pré-compreensivo das imagens), "razão sensível" (pelo arranjo lógico interno da narrativa) e "estesia" (pelo arranjo estético-narrativo).

49. Ver o capítulo 1 da dissertação de mestrado *Imaginário, Corpo e Caneta: Matriz afro-brasileira em Educação de Jovens e Adultos*. Nesse capítulo, além de focar os conceitos de mito, símbolo, arquétipo e imagem, discorro sobre os fundamentos teóricos durandianos referentes às estruturas, categorias, dominâncias e esquemas do imaginário. Conferir também o anexo 8 da dissertação em http://www.teses.usp.br/teses/disponiveis/48/48134/tde-23032010- 144503/pt-br.php.

50. Novamente o chamado à leitura da dissertação já citada, em http://www.teses.usp.br/teses/disponiveis/48/48134/tde-23032010- 144503/pt-br.php.

51. Durand (1997, p. 282) destaca o cajado como "promessa dramática do cetro (...), ímpeto ascendente do progresso temporal (...), redução simbólica da árvore com rebentos".

52. Ver DURAND, 1997, p. 130.

53. Sem esquecer da faca de madeira de Ticum, que é usada por filhos de Nanã, esta mais voltada à manutenção, à lama primordial, avessa às invenções tecnológicas. A faca de ticum que, canta-se pelo Brasil inteiro, matou o notório capoeira Besouro de Mangangá, que teria o corpo fechado por Ogum, corpo que metal nenhum atravessaria. Ou, ainda, o anzol de ticum usado em pescaria de meninos, que o teria espetado mortalmente enquanto nadava no rio Maracangalha. Canta-se assim: "Mataram Besouro em Maracangalha/Faca de ticum mandinga falha".

54. Os trabalhos teatrais da Companhia do Latão e da pesquisadora Iná Camargo Costa, debruçados, estudados, encenados e propostos sobre o teatro épico e dialético de Bertolt Brecht, frisam inclusive esse detalhe. Ver Costa (1996).

55. Considerando a palavra como matéria, encaminha-se uma consideração à diferenciação entre forma e matéria. A imaginação formal, como proposta na crítica bachelardiana, é aquela que se limita a atentar as superfícies e suas silhuetas. Já a imaginação material não desconsidera a importância da modelagem e a transformação das formas, mas é aquela que carece dos elementos internos, profundos, que vão além da epiderme a que se limita um observador superficial; a importância dada à imaginação material sugere o quanto o movimento dos objetos materiais são encarnadamente ligados à realidade corpórea do homem. Sua apreciação prima pela vontade de manuseio que respeite (e afronte, desafie) o volume, o dentro das matérias e dos elementos naturais, suscitando uma real experiência filosófica e sensitiva, dinâmica. Segundo Bachelard, a sintaxe, a forma, se esclerosam, passam. A matéria permanece.

56. "Uma metáfora é por natureza imagem e significado, sentidos e razão, poesia e pensamento, imagem e significado. Para compreender uma metáfora é preciso perceber e articular, é necessário significar." (CAMPBELL, 1990).

57. "A imaginação material e sua lei: para a imaginação material, a substância valorizada pode agir, mesmo em quantidade ínfima, sobre uma grande massa de outras substâncias. É a própria lei do devaneio de poder: ter sob um pequeno volume, na cavidade da mão, o meio para uma dominação universal. É, de forma concreta, o mesmo ideal que o conhecimento da palavra-chave, da palavrinha que permite descobrir o mais recôndito dos segredos." (BACHELARD, 1999, p. 149).

58. Campbell (1990, p. 121) também ressalta a importância da mulher nas sociedades agrárias: "Como sua magia consiste em propiciar o nascimento e em nutrir, como faz a terra, sua magia sustenta a magia da terra. (...) Ela é quem primeiro planta. Só mais tarde, quando é inventado o arado, nos sistemas de alta cultura, é que o homem reassume a liderança da agricultura. Então, a simulação do coito, com o arado penetrando a terra, se torna uma figuração mítica dominante (...) eis porque a mãe se torna o símbolo da mãe-terra. Ela é quem deu o nascimento, é na dependência dela que vivemos, e em seu corpo encontramos alimento." E, de seu arquétipo terreno, destaca: "(...)a qualidade do acolhimento, da sensibilidade, da fertilidade: a experiência da receptividade. Todas essas qualidades caracterizam a ação do princípio feminino, que fertiliza simbolicamente o solo da aprendizagem humana. Para conhecer, a gente precisa ser capaz de escutar, de distender-se, de acolher a curiosidade, arando a terra das potencialidades internas, percebendo sensivelmente o ambiente ao seu redor, apoiando-se nas raízes, na qualidade húmus, na ação de semear, na disposição de receber."

59. Ver Camargo (1998); Barros e Napoleão (1999).

60. Silva (2008, (p. 78-82) traça um panorama minucioso sobre a antropologia dos panos africanos, enfatizando a costa índica do continente, mas detalhando passagens do comércio de tecidos e, inclusive, no que tange ao assunto aqui levantado, dos embates da produção da Costa do Ouro e de gana contra a inserção do interesses das indústrias inglesas de Manchester, que eclode ainda no século 18.

61. O ritmo, para Campbell (1990, p. 231), é o fator estético essencial, o ritmo harmonioso das relações. Um ritmo "feliz" leva ao esplendor o fruidor, ocorre um rapto estético. É a epifania.

62. O mundo terreno e o mundo espiritual habitado pelos orixás.

63. Ver MAFFESOLI (1998, p. 35).

64. É a notória lei que determina a obrigatoriedade do ensino sobre História e Cultura Afro-Brasileira e inclui no calendário escolar o dia Nacional da Consciência Negra. Lei ainda bem distante de se valer efetiva e qualitativamente.

65. "A linguagem é mistério porque presentifica significações, transgride a materialidade sonora e gráfica, invade a imaterialidade e, corpo glorioso e impalpável, acasala-se com o invisível (...) não é instrumento para traduzir significações silenciosas. É habitada por elas. Não é meio para chegar a alguma coisa, mas modo de ser." (Merleau-Ponty, *apud* CHAUÍ, 1994, p. 487).

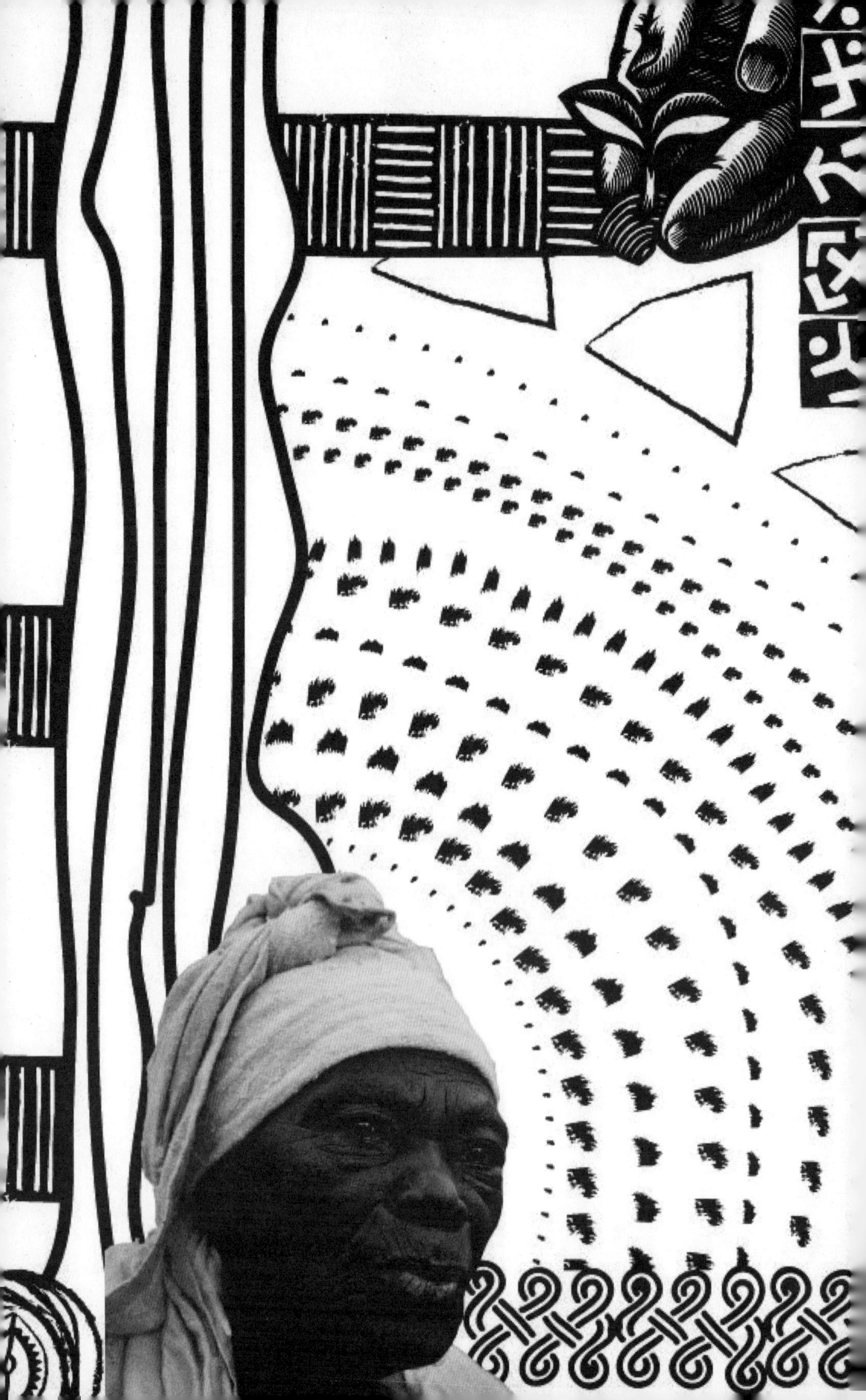

PRÁTICA ENGENHADA: PEDAGOGINGA

AUTONOMIA E MOCAMBAGEM

Diante dos tantos espinhos e da estrutura monstruosa do racismo brasileiro, sabemos que a luta tem maneiras distintas: ora é de afrontamento declarado, ora é de peleja em negaça e ginga, em balanço. Sendo menos forte em musculatura e em proteção judicial, armada, institucional etc., nossa rasteira é instrumento do que parece ser mais fraco e é mais ladino, do que precisa encontrar as frestas, do que se equilibra em movimento constante. Porém, questão nossa é também o quanto de concessões dadas e de marionetagem não nos engoliu quando abraçamos essa noção de gingar e de adentrar malandramente em espaços desejados. O quanto de anestesia e de mentira vem na assimilação do movimento quando absorvido. O quanto de verminose bebemos quando miramos mais a estrutura graúda do que a arquitetura miúda, de base, de chão.

Autonomia não significa isolamento nem a ilusão de que nos bastamos por nós mesmos. Pelo contrário, nos recorda sempre a luta de mocambos e quilombos por territórios e regras afirmadas por si mesmo, sem dependência de politiqueiros, barões, banqueiros, onguistas, personalidades midiáticas. Sabemos que gingou entre negociação e conflito a história de quilombos e refúgios no Brasil e nas Américas e que, atentos às contendas e desacertos entre os vampiros graúdos, aproveitando momentos especiais, cresceram as raízes e os frutos mocambolas. A liberdade e a responsabilidade de encontrar formas que contemplam nossas mais ardidas, doces e suculentas questões contemporâneas, e que bebam das fontes ancestrais, guiam e legitimam perguntas e partilhas perante o plano de extermínio que rege a história "lícita" de nosso país diante de suas comunidades revoltosas ou "pacificadas". A autonomia ainda é um sonho, envolve tópicos que vão desde a alimentação e vestuário até as maneiras de regular nossas relações de gênero, relações entre faixas etárias. No caso pedagógico que frisa a negraça, a autonomia se irmana com a mocambagem porque se entende cheinha de antigos pilares que dançam pra batalha ou pro chamego e de ancestrais referências, que são orientes de resistência e de anunciação renovadas por novas técnicas e pela efervescência dos dramas e conquistas populares das periferias e subúrbios brasileiros.

A autonomia na forma de conceber nossos cursos tem como lua cheia a imagem do que seja quilombagem, e, como jardim, o estudo vivido em Mocambagem, em luta diante do racismo brasileiro e suas inúmeras maneiras de ser, escancaradas na violência cotidiana ou dissimuladas e sempre aptas a camaleonar e se diluir na maré morna da hipocrisia. E a mocambagem que se refere principalmente às comunidades refugiadas do Brasil colonial e imperial também se espelha na continuidade cultural que coletividades de gente preta mantêm por laços estéticos, familiares, religiosos etc., com elementos de cunho africano, redesenhados em solo e águas brasileiras numa ciranda que pôs todo tipo de etnias pra rodar.

A proposta de organizar cursos intentou contrastar com a já muito frequente demanda de oficinas efêmeras, soltos encontros de um só dia, às vezes também saborosos e bem úteis, mas com um limite que percebemos que podíamos atravessar. No desejo de se espraiar e de juntar mais gente, mantendo o protagonismo periférico ao mesmo tempo que preocupados em não ficar sempre a falar apenas com nossos pares, com o círculo dos "já revoltados" e dos "já conscientes", os cursos tiveram na sua organização a necessária confiança na seriedade de quem se matricula. Se a turma abandona esse tipo de barco, ele naufraga.

Então, a partir de uma reverberação e do reconhecimento social das nossas atividades na movimentação nos saraus, na publicação de livros que ajudamos a organizar entre 2001 e 2009, e nos programas de rádio e de vídeo que bolamos e mandamos para os quatro ventos por FM ou por internet, quando iniciamos a Pedagoginga já encontramos um público crescente de pessoas interessadas no tema e na forma, que confiavam no que propúnhamos.

As chamadas foram sempre feitas pela web e às vezes reforçadas por cartazes em pontos estratégicos dos bairros ou em centros culturais periféricos independentes. Nos cartazes estilosos avisávamos aos interessados que em nosso site havia uma ficha de inscrição a ser enviada ao e-mail das Edições Toró com nome, contato, data e local de nascimento, além das seguintes perguntas preenchidas:

- *Em que bairro e cidade mora e em que lugares atua?*
- *Participa de algum coletivo ou entidade? Se sim, qual ou quais?*
- *O que vivencia nesse coletivo? Como atua?*
- *Afora isso, trabalha em algo mais?*
- *Qual é a sua intenção e qual é a sua intuição ao querer chegar pra alimentar com a gente esse percurso?*

A partir do aprendizado na organização dos dois primeiros cursos, somamos a essas questões as que colocamos abaixo, o que fez uma boa diferença:

> *Por favor, inscreva-se apenas se realmente for verdadeira a resposta afirmativa às duas questões abaixo. Caso não possa frequentar integralmente o curso, por favor, não envie a inscrição porque isso tomaria a vaga de outra pessoa que se compromete e cumpre a ideia de participar de todos os encontros. Em Educação Popular independente, este é um curso que propomos e não uma série de oficinas avulsas.*

- *Tem disponibilidade, vontade e compromisso de participar de todos os encontros no lugar tal e tal, pelo período tal e tal?* (ESTE ITEM É ESSENCIAL PARA A INSCRIÇÃO SER ACEITA.)

- *De novo a pergunta para firmar: tem disponibilidade, vontade e compromisso de participar de todos os encontros?* (ESTE ITEM É ESSENCIAL PARA A INSCRIÇÃO SER ACEITA.)

Ou seja, a intenção era expressar com nitidez a responsabilidade pela integridade do curso, caracterizá-lo pela diferença em relação a oficinas efêmeras e eventuais.

Sobre as avaliações realizadas ao final de cada curso, de todas as ocasiões em que as aplicamos, apenas uma vez, por uma integrante do curso *Presença latino-amefricana*, houve a negativa em se entregar escrita a folha com as questões sobre erros e crescenças do curso, sobre ganhos, dúvidas e sugestões de mudança. A parceira afirmava ser "contra todo tipo de avaliação" e estava ciente de que o que pedíamos não dava nota nem excluía ou graduava ninguém (imaginemos as contrariedades que ela acumulou durante suas avaliações escolares ou profissionais para chegar a essa postura...). Assim, respeitada sua opinião, ela participou intensamente do debate oral que coroou o curso com trocas e impressões variadas.

Em geral, as avaliações escritas podem ser até mesmo bem ilusórias ou enganosas. Ali transborda todo tipo de elogio entusiasmado, entre respostas curtinhas ou amplos parágrafos efusivos. Por isso, a partir dos primeiros cursos passamos a pedir explicitamente que se enfatizassem as críticas construtivas e que se apresentassem sugestões para melhorarmos o método educativo e a profundidade da temática abordada. Ainda assim, o que não considero tão positivo, as avaliações pululavam de elogios exclamativos, que a mim às vezes pareciam girar entre a idealização e a bajulação. Mas compreensíveis, dada a nossa sede de representatividade e de iniciativas dessa espécie.

As perguntas da folha de avaliação entregue e pedida para devolução em 20 ou 30 minutos, com a variação apenas do tema central, eram:

- *Quais compreensões sobre África e afro-brasilidade você aprofundou neste percurso? E como?*
- *Quais principais dúvidas e questões ainda se mantêm fortes contigo a respeito dos temas já apresentados?*
- *Quais novas (ou antigas) percepções sobre arte, estética e política você desenvolveu neste percurso?*
- *O que você sente que pode ou que deve mudar? (Aqui citando erros, acertos e lacunas da organização do curso e/ou de toda coletividade que o compõe).*
- *O que você sente que deve continuar, referente à forma, às didáticas e à metodologia do percurso?*

De compreensão aberta e não fechadas a cadeado, várias metáforas garranchadas ou caligrafadas com capricho em considerações escritas pelos participantes ao final dos cursos sugeriram, criticaram, parabenizaram, nomearam, verbalizaram com a caneta ou com o lápis, mas não trancaram a chancela de um único entendimento:

> Ao nomear com excessiva precisão aquilo que se apreende, mata-se aquilo que é nomeado. Os poetas nos tornaram atentos a tal

processo (...). Mais do que uma razão a priori, convém pôr em ação uma compreensão a posteriori, que se apoie sobre uma descrição rigorosa feita de consciência e empatia (MAFFESOLI, 1995, p. 47).

É bom frisar que, se ainda não é a caneta viajando no papel o canal por onde algumas pessoas mais dominam a própria expressão, a escrita também foi ponte de entendimento da vida, de penetração no mundo e de acolhimento de ideias. Então, pareado a isso, é que crescia a importância dos debates que avaliavam a experiência do grupo e dos educadores. Debates das aulas finais de cada curso ainda com o já destacado tempo curto para que tanto fosse apreciado, avaliado e conversado em conjunto, com as pessoas apresentando o que era expectativa contemplada e o que era a percepção dos buracos e das ligas possíveis de cada curso.

Alguns pareciam ansiar por esse momento da aula, quando poderiam metaforizar seus saberes, suas impressões, tranquilos por não serem avaliados com nota. E, em uma seleção parcial, subjetiva e mesmo arbitrária, poderíamos até destacar textos em que a força do devaneio, da metáfora, do estilo próprio, arrepiou. Escreveram e, mesmo por um meio que alguns não dominam com maestria, apresentaram horizontes plumosos e farpados na expressão pela caneta.

Respostas das mais interessantes então influenciavam planejamentos dos cursos seguintes. Pedidos de gravação em vídeo, de aulas introdutórias sobre temas amplos, de transversalidade e de eleição de novos temas foram mesmo colocados em prática posteriormente. Em geral, as aulas com oficinas despertavam mais agrado, comoção, compreensão e esperança, mas também havia sempre um leque de fundamentados pedidos por mais tempo à parte teórica. Já a avaliação coletiva, o debate após os cursos, mesmo com o tempo tão curto para que fosse realizado, trazia também a diferença no desejo e na perspectiva de integrantes dos grupos. Era recorrente o debate entre os que pediam uma abordagem mais histórica e política do tema e os que clamavam por mais exercícios e apreciações estéticas, por mais que as duas abordagens fossem percebidas como entrelaçadas. Um equilíbrio dessas duas esferas passou a ser muito considerado a partir do terceiro curso, sempre que possível. E o curso *Pretices em cena* foi gravado em vídeo, pedido antigo de participantes de outros cursos, ressaltando e valorizando a coleta da riqueza oral do acontecido.

O uso da internet e seu potencial em divulgar conteúdos e angariar apreciações coletivas foi bastante mencionado como alternativa para uma aula introdutória e mais geral de cada curso, já que as apostilas, por questões operacionais e também pelo tempo disposto à escrita pelos educadores, só poderiam mesmo chegar à coletividade no fim do curso. Em geral, materiais em formato PDF ou mesmo listas de links circularam entre os educandos e educadores em algumas ocasiões, mas já durante a realização de cada ciclo de encontros.

Percebemos então uma grande questão sempre presente na educação popular menos espontaneísta, a da organização e dos limites do tempo social. Em nosso caso, a percepção de que faltaria fôlego para realizarmos cursos mais extensos suprimia uma talvez ainda maior profundidade na vivência dos temas. Vale lembrar, novamente, que por vezes as mesmas pessoas que clamavam por cursos mais longos, e com mais duração de horas a cada encontro, eram as que haviam faltado em uma das cinco ou seis aulas que compunham o percurso.

Outro tipo de procedimento, irmão da avaliação final, mas bastante distinto, era a apresentação de "memoriais" durante o próprio curso. Ao final de cada aula era pedido a duas ou três pessoas que se oferecessem para registrar e retomar no início ou no meio do encontro seguinte como viveram a aula que passou. Assim, por relatos mais convencionais ou por textos feitos em rimas sextilhas, com registros mais burocráticos ou com obras artísticas projetadas em vídeo, vários encontros começavam apresentando ao educador convidado e aos parceiros todos do grupo o que havia marcado a consciência de algumas pessoas. Essa prática, comum em vários âmbitos educativos e chamada também de "diário de bordo", pode ser entusiasmante e trazer risos ou lágrimas, mantendo o novelo bem firme e agilizado. Nesses relatos também podem surgir críticas construtivas ao desenrolar da aula, ao método do educador e ao comportamento da organização e do coletivo de educandos, seja por suas lacunas, pela inovação e ousadia ou pela qualidade apresentada na aula. Compondo os memoriais, opiniões firmes, ácidas, satíricas e mesmo às vezes agoniadas entremeavam citações de contextos específicos do momento das aulas e das relações sociais que construíam o mote de cada encontro.

Outro momento de mais soltura e bem fértil é o dos lanches comunitários. Mesmo sendo breve o intervalo, que leva de 15 a 20 minutos, é hora de considerações sobre o que foi impactante na primeira metade do encontro, do que se espera para a segunda parte e do que se anseia que seja trabalhado no curso, que pode se envolver e se reverter na vida particular e social de cada pessoa na semana que se iniciará. Esse intervalo é momento de desfrute, solidariedade, capricho, fortaleza dos alicerces de um grupo que faz sorrir pela sua variedade, mas também por uma coesão que pode ser detectada nas intenções e na expectativa de cada um que se matriculou e que compõe o percurso. Um cacho de bananas ou uma garrafa de chá, um bolo recheado feito em casa ou biscoitinhos comprados na banca do camelô, a preferência por suco ou refrigerante e as sugestões políticas e nutricionais que compõem as cabeças e barrigas do coletivo também dão a cara da patota e volta e meia surgem como metáforas perfeitas durante o ministrar das aulas e oficinas.

Apesar de não ser esse nosso principal objetivo, uma das possibilidades dos cursos é justamente a contaminação lateral, pela margem, do que chamamos sistema escolar. Mas não apenas em "tema", como há anos muita gente vem pleiteando e conseguindo no que tange ao respeito à história e cultura africana e afro-brasileira nos currículos. Para além de "conteúdo" e de presença temática, tão importantes na correnteza dos rios escolares que fluem (ou se travam e transbordam) do ensino fundamental ao universitário, o que ressaltamos na Pedagoginga é a forma, a didática, a maneira de gerar e de transmitir saber que permita à abstração se enamorar da sensibilidade e do sensorial, do corpo, do que somos, que é água, ponte e barco para qualquer concepção e desfrute de conhecimento.

A Pedagoginga, em seus oito cursos já realizados, abrangendo temas inter-relacionados e destacando a riqueza da história, da estética, da política de resistência e de anunciação do povo negro nas diásporas africanas pelo menos há mais de 500 anos, buscou equiparar o pensamento abstrato à materialidade das experiências, passadas e presentes, simbólicas e manancial de conhecimento. Cultura.

A organização dos cursos, quase sempre dividida com coletivos que atuam também nas periferias paulistanas, teve sempre que tratar das condições técnicas e estruturais de lugar e de artefatos. Aparatos como computador, caixa amplificadora de som, fotocópias, equipamento de projeção visual quase sempre eram imprescindíveis. A eles se somava o que cada encontro podia pedir de especial: folhas de hortelã ou de boldo, tintas para tecido, capulanas, peças de cerâmica etc. Também como parte do material pedagógico e estrutural, fez-se necessário pensar na acomodação e nas condições de higiene, o que foi bastante diferente em cada um dos lugares onde os cursos aconteceram. Na Senzalinha – nossa matriz de Capoeira Angola em Taboão da Serra, encabeçada por nosso Mestre Marron –, por exemplo, as 30 a 40 pessoas participantes se acomodavam em colchonetes ou em esteiras, podendo trazer suas próprias cadeirinhas se sentissem necessidade. Já em espaços como o Teatro Clariô – fonte autônoma de artes, ninhos e revides também de Taboão da Serra –, o público pôde se sentar na ampla arquibancada montável do espaço. Em geral, tivemos cadeiras de madeira com encosto. E em alguns locais havia até mesmo sofás. Banheiros também sempre houve.

O sonho na realização desses cursos é contemplar nossa questão negra-brasileira de forma alternativa à rigidez e burrice em voga no racismo escolar, mesmo quando parece bem-intencionado. Ser educação popular, na grande dimensão do termo, sintonizada com a sociedade em geral e com seus espaços educativos, propondo, porém, uma atenção especial a questões que são imprescindíveis em nossa política. Ir além do escolacentrismo. E o sonho é, ainda, que a partir da gama conquistada pelos saraus periféricos da cidade, o que acompanho desde o início, se fomente e se organize uma rede de educação popular que vá além do eventismo, da autoidealização e do espetáculo, teia que englobe arte-educação e que apresente com liberdade, autonomia e reflexão outras perspectivas sobre as tantas questões que constituem o racismo e também as formas de resistência comunitária.

Por que sempre e sempre esperar editais? E, pior, confundir isso com sinônimo absoluto de política pública para "cultura"? Ou dizer amém sorrindo para carimbos que vêm de cima? Como diz um amigo meu, cubano, o que ganharíamos se a gente nessa jangada pensasse e agisse "cubanamente", fazendo de um limão uma limonada nutritiva, refrescante, sem esperar pela parca verba merrecada que, ainda sendo nossa, se é pública, tanto incita a nos digladiarmos em concorrências hostis entre nós e que às vezes até mesmo se imiscui na organização e no norte das nossas atividades. Aqui não há nenhuma apologia ao miserê ou ao abandono e nenhuma ruguinha de linha contra o que se conquistou em lutas por leis como as do fomento à dança e ao teatro, e por programas municipais, estaduais e federais que anualmente abrem concursos na área da "cultura" e que, em geral, contemplam mínima parcela dos postulantes e proponentes. Que esses editais sejam mais e melhores, claro, porém a fragilidade e os equívocos de planos que privilegiam espetáculos ou que não agregam as próprias comunidades (ou as que vencem distâncias, atravessando a cidade por atividades de formação mesmo, como presenciamos e recebemos em nossos cursos) somam-se a um vício já adquirido e consolidado de bolar projetos e esperar o sim de um edital, deixando de ativar ideias grandiosas, de pé no chão e mente nas estrelas, que nem se iniciam ou que não se realizam mais depois que acaba o apoio efêmero.

Quanto mais variadas as formas trazidas por essa educação popular, melhor. Se aprofundada, se não for mero eventismo preocupado com a atenção e a fama deslumbrada proporcionada quase sempre pela classe média e alta em seus círculos de difusão e eleição de referências, melhor. Se outros temas forem abordados, melhor. Se o tema preto for ainda praticado e com outras dinâmicas, melhor. O que se sonha, possível, é que se contemple com erros e vitórias a nossa mina cristalina, já tão suja e poluída pela estereotipia e pela mesmice. Imagine que num mesmo sábado na área gigante deste país que é a grande São Paulo estejam acontecendo cursos distintos, organizados pelo povo para o povo. Cursos que não se resumam a apenas um evento, mas que desenhem uma sequência contínua de encontros com o mesmo público, pensando em didática, aprendizado, geração e transmissão de saberes, ancestralidade. Imagine que em Itaquera o povo organize um curso sobre instrumentação ou arquitetura de raízes africanas, para ser frequentado por toda gente. E que no Capão

Redondo ou no Jabaquara role um curso sobre teatro latino-americano, com suas perspectivas históricas e estéticas, políticas. E que na Brasilândia um curso sobre cultura japonesa, diáspora nipônica, esteja acontecendo, organizado pelos coletivos de lá para em dois ou três meses se aprofundarem as questões geográficas e artísticas. E que em Osasco ou na COHAB Educandário aconteça um curso sobre moradia e arte, numa perspectiva de gênero e organizado pela quilombagem contemporânea dali. Todos os cursos com dinâmicas pedagógicas que mereçam a grandeza do saber milenar, popular, refinado e sofisticado, urgente como é.

Imagine então que, para além de palcos e de metas em se inserir no sistema, nossos "movimentos culturais" cresçam com a experiência de organizar nosso próprio saber em nossas vidas, contemplando o que é ancestral e tão presente, e se desenvolvendo com debates e construções que não apenas nos apontem como meras vítimas ou meros guerreiros, mas que tragam nossas contradições, nossos medos, nossas glórias e nossas buscas.

Rodando e oficinando em escolas públicas e também por várias particulares, conversando com tantas professoras amigas, acompanhando debates e dilemas de políticas públicas grotescas que tentam reger a educação escolar por parâmetros do mercado (produtividade como referência na "aprovação" de alunos e na remuneração de professores), atentando para a própria história da escola no Brasil e no mundo, marcada por autoritarismo e padronização mas também por lutas populares que a elegem como campo privilegiado de empoderamento, marco minha percepção de ampla desesperança nesse modelo escolar que nos rege. A maioria das escolas que conheço e conheci são masmorras dos corpos e do pensamento, de nossa história que ali grassa invisível ou entre correias que, apavoradas, tentam dilapidar até mesmo nossas memórias corporais mais elementares, nos obrigando a sentar e a ouvir, sentar e ouvir, sentar e ouvir... acompanhando com vergonha uma forjada e propositalmente esquecida história de nossos povos. Ou então a idealizando e instrumentalizando, endeusando, desenhando também auras inalcançáveis. Iniciativas interessadas e libertárias quase sempre são puxadas individualmente por professores, isolados entre os seus pares, estereotipados entre o pátio e a sala de aula, ou mesmo saindo para atividades pelo bairro com a turma de alunos, mas não desenvolvendo com outras cabeças educadoras um plano coletivo de interdisciplinaridade. E no que tange à luta antirracista então, a situação se escasseia ou se afunila mais ainda.

Assim, a intenção dos cursos, a educação de sensibilidades, casada com seu sonho de esparramação e de consolidação em uma teia flutuante mas firme de educação popular, preta e periférica, está logicamente atenta aos esquemas de educação que dominam (ainda) nossa sociedade hoje, que bambeiam e tombam com as novas pancadas que tomam, por exemplo, na relação entre um confinamento de corpos por horas e um saber marginal que chega por fones, celulares, quebrando a concentração exclusiva exigida pelo docente.

Friso que são cursos, percursos, o que propomos. Compostos por aulas teóricas, oficinas e reflexão coletiva, os cursos trazem três ou quatro horas por encontro, duração de cinco ou seis sábados por tema, por ciclo que tenha suas variações internas... Então, perguntamos se sempre será limitado nosso roteiro e se haverá mesmo em algum espaço educativo qualquer formação plena. Seja na graduação universitária ou em estudos de capoeira e de teologia, seja em curso "técnico" de especialização em máquinas de refrigeração ou em especialização em culinária oriental ou andina... Haverá formação plena? Cremos que não, mas também compreendemos que, além de encontros rápidos, fortuitos, sem sequência, há muita vida. E os mergulhos vão melhorando na arte de conhecer o corpo que salta e também a água que o recebe.

Portanto, não negamos a possibilidade de aromatizar escolas e mais instituições oficiais e regulares de ensino, seja influenciando educadores que integraram nossos cursos, seja pelo acesso digital que proporcionamos ou mesmo pelo diálogo com coordenações pedagógicas, escolas diferenciadas ou movimentos sociais que estão mais propensos e interessados em se institucionalizar. Até mesmo a criação dos cursos reflete sobre o contexto do ensino de história da cultura e do conhecimento de matriz negra, com nossas práticas e "nosso" tema, vivendo um momento próprio na história do Brasil e de toda a diáspora africana.

No começo do século 21, vemos o fanatismo do preconceito religioso barrando o saber, impondo muralhas, obstruindo temas e conhecimento desenvolvidos no seio de determinadas religiosidades tidas como rivais ou vilanizadas. Em escolas primárias ou mesmo em universidades, registramos casos crescentes de professores ou alunos neopentecostais que se negam a estudar qualquer coisa que faça referência à África e à negritude, escorraçadas como "macumba", mesmo quando suas supostas ligações com religião nem existam. Isso só reforça o que mesmo os mais bem-intencionados continuam estereotipando, dadas as suas (de)formações educacionais.

Imaginemos apenas um exemplo, gota num oceano de vastas possibilidades: as grandes mesquitas de Djenné, no Mali, monumentais, primor de arquitetura e matemática. Ou as moradias dos dogon, também no Mali, ocupando criativamente seu espaço e refletindo sobre material, expressão, ambiente, atuando com sua cosmovisão e atrelados à economia antiga e contemporânea. Ou as construções com barro que a migração mineira, nordestina, quilombola ou caipira tem na memória da pele, agregando saberes de matrizes distintas. Ou ainda as técnicas arquitetônicas dos negros brasileiros no começo do século 20, tempo de crescimento urbano fervoroso e de troca desigual de saberes na necessidade de construir e pensar em forças e confortos da madeira, contrariando a importação de materiais tão adequados para França e Europa em geral, a gamação das elites de cá que tanto queriam parecer europeias. Resumindo, tudo isso precisa de contexto para ser compreendido, contexto de suas feituras e de nossa atualidade para que se realize uma aula em que se pense em nossas lutas por moradia, nossos afetos em casa e no espírito de nossas migrações que desejaram e desejam habitar, lutando por um teto sonhado. Sensibilidades e temporalidades nossas de técnicas reconhecidas na construção de casas, na necessidade de estilo e saúde nos beirais de janelas de sala e de cozinha, em vasinhos de cheiro. É... e como abordar essa riqueza, essa poesia de presença humana por sua ciência, essa sapiência de pensar e de construir, lidando com o preconceito gritante de quem é orientado por igrejas a não observar, não tocar e não ouvir falar de nada que apareça com a mínima menção à matriz africana, por seus rituais e formas, por vestimentas e gestos, por ritmos e instrumentos?

Essa fresta, mesmo que ocupe cenários que vão além de quaisquer espaços educativos, é possível. Requer agilidade e habilidade no bailado das ideias, no tato e no faro da história. Os cursos, apesar de frequentados por gente afeita à questão negra, apresentaram possibilidades de trabalho em que o sabor do saber, antes de aprofundar questões de contexto inclusive religioso e macropolítico, oferecia a grandeza dos detalhes, o encanto do que é ciência, a teatralidade do que é resistência, a anunciação do que é matriz em confrontação e namoro com a vida. Seja na África do Oeste, na África Índica, no nordeste brasileiro, nas periferias paulistanas, nas escolas de roda ou de carteira enfileirada, nas ladeiras e vielas e nos laboratórios dos oratórios.

Círculos se desenvolvem baseados tanto numa outra noção, bem mais positiva, do que são e do que podem ser nossos espaços (sub)urbanos como também na grande possibilidade de disseminação de ideias e debates pela internet e pelas formas que vão aparecendo no universo audiovisual e eletrônico... Ainda nada substitui o encontro dos corpos, a conjuminação que tece pensamento e gesto, sensorial e presença além do que chamamos hoje de virtual, que possivelmente vai se espraiar e nos colocar para questionar o que seja presença ou participação, profundidade ou mesmice das ideias. Senso comum ou "comum sem senso".

A proposta de realizar cursos que girem e mergulhem num tema, numa ideia, e que abram variados leques do seu horizonte, vem, do desejo, justamente, de superar o efêmero, o eventismo e o holofote que guiam muito da nossa noção de cultura e de resistência hoje nas periferias de São Paulo e também em outras cidades grandes.

Outro detalhe é a juntação de gente variada entre nós, de formação e atuação diferentes. Apesar de girarem nos universos de educadores, artistas e ativistas, os cursos receberam pessoas de trilhos variados. Pedreiros, médicos, atrizes, sociólogas, geógrafos, poetas, adolescentes, viúvos, padeiros, doutorandas em antropologia, militantes de movimento por moradia, professoras de capoeira... As mais de 400 pessoas que fizeram a história dos oito cursos, média de 50 por ciclo, vêm e vão por estradas sortidas. Sobretudo, são habitantes das periferias da grande São Paulo, outros do centro e até povo de outras cidades do interior paulista e outros estados, chegados para atuar conosco no curso inteiro ou apenas em um encontro de interesse especial.

Uma turma coesa e que não considera os cursos somente como fins em si mesmos vence tranquilamente a hipótese de evasão, que destroçaria a proposta e a experiência de nossa Pedagoginga. Sabemos que é normal certa evasão em qualquer tipo de formação, mas em nossos cursos ela seria avassaladora. Uma universidade grande lida com a ideia de um percentual aceitável de abandono por seus alunos e mantém possibilidades de continuidade intocadas. Nós, com nosso calendário e existência vogando em muito pela crença e pela atitude dos educadores (e educandos) que se dispõem a vir sem apoio financeiro e estrutural, teríamos muito comprometida a possibilidade de seguir no terceiro e no quarto mês de um semestre que fosse planejado pedagogicamente se uma evasão esvaziasse o percurso. Nesse mesmo balaio entra a questão dos atrasos, que podem abrir furos na didática e mesmo na frequência e na continuidade do público que é inscrito, como aconteceu na realização de nosso segundo ciclo. Sempre se continua a encasquetar, na cabeça do organizador e articulador pedagógico, nas pessoas que se matricularam e que "não foram aceitas" por falta de espaço, que ficaram de fora para que uma ou outra das que entraram furasse, mesmo tomando a vaga de quem desejava estar ali.

Por isso, o limite de seis sábados por curso parte de questões práticas como garantir o passo de acordo com o tamanho e a força de nossas pernas, pensando em evitar uma evasão que destroçasse pedagogicamente a caminhada.

Quem puxou as atividades é gente que dedica a vida ao amor da questão, ao revide fundamentado, às mordidas e carícias do tema, quase sempre com este adocicando ou ardendo na própria pele preta. Gente que estuda o cotidiano ou os rituais pretos e que caminha calejada com as respostas pré-datadas que qualificam de "racismo às avessas" o que proponha atentar ao que seja especificamente negro, que sugira caminhos de luta no campo simbólico, pedagógico, político. Gente que prima pelo centro das rodas nas quebradas, pelas beiradas universitárias, que na madrugada se diplomou e segura o reggae do estudo nas bibliotecas. Mestres que tive e que tenho, que me oferecem a ousada missão de articular uma didática e construir uma pedagogia que se alie aos conteúdos fundamentais de uma questão, às férteis reflexões laterais, às encruzilhadas por outras ciências, e com um tempo preciso para desenvolvermos profundidade e mesclarmos o bom acolhimento com o abalo de certezas.

A mocambagem se atualiza por eleger e mergulhar na cultura que nasce como resistência sob uma chuva de torturas e vampirização, como resposta à situação desumanizadora do exílio, da travessia atlântica, da escravidão rural e que se desenvolve por vias urbanas já em tempo de "escravo de ganho", de pós-abolição e de modernidade partidária, assimilando elementos de cultura de massa, de espetáculo, de contrato e de racismo institucional velado.

Nas relações entre esse universo de conhecimento de matriz africana e de fontes afro-brasileiras e as formas como, por exemplo, a escola moderna e contemporânea divide e autonomiza linguagens, categorias e posturas de (a)provação, existe uma dinâmica transformação no campo das ciências, abarcando e contaminando o balaio de áreas florescentes como os estudos pós-coloniais, a etnomatemática, a epistemologia da política dos "subalternos", a ideia de inter e transdisciplinaridade etc., geografias de rodas e cortejos, do cabelo e da sola dura, da folha verde e seus chás, do comércio de panos que vestem a alma. Língua portuguesa (salve o "pretuguês", como lançou Lélia Gonzalez) banhada e porejada de quimbundo e de ronga, tomada pelo tupi e guarani, gerando saberes no quintal, na cozinha e na praça com jeitos específicos de se relacionar transgredindo ou aceitando cacetadas da gramática e seu ensino normativo, criando expressões vibrantes ou serenas, adaptando elementos de trabalho e de engenho ao português falado e escrito no Brasil. Língua portuguesa falada no Brasil tomada de preto, oferecendo outros modos de se pensar plural, concordância, acentuação e mesmo de arquitetar com prazer e carisma necessário a mensagem verbal que sirva à comunidade e a quem esteja acima, vigilante, mandante, temeroso.

Os contextos históricos da educação popular apresentam varandas e vielas bem diferentes. Como pensar bairros do extremo sul

(Piraporinha, M'Boi Mirim, Campo Limpo, Capão Redondo) do mesmo jeito que consideramos a Cidade Tiradentes, no extremo leste? São tempos, necessidades e formas diferentes de ocupação e de relação com o centro e com o próprio entorno regional. Os bairros têm históricos de movimento social por educação, por moradia e por saúde que se mantêm nas veias do cotidiano e que antecedem o que se fincou como ONGS a partir dos anos 1990.

A forma como pensamos "protagonismo juvenil", o que direciona leis e editais de incentivo à cultura e comove parcelas graúdas da população, sendo fonte de diamante e de hipocrisia, firma-se bastante a partir de uma leva de discursos ongueiros, patrocinados ou não pelo Estado. A produção e o consumo de imagens com crianças no colo, de adolescentes abraçados por engravatados ou produzindo e aprendendo o que seja "educação para o empreendedorismo", para o "voluntariado", são bastante devedores de jargões e de projetos temporários chegados de fora pra dentro nas quebradas paulistas. Entre sufocados e feridos, entre formações técnicas e palanques garantidos em filmes e em promessas de futuro, quase não se aborda uma real parcela da população que também rege a região, que é referência e que porta saberes e histórias que se desenvolveram nas vivências por áreas rurais, subúrbios antigos ou cortiços centrais. Gente nossa mais velha que, quando vai ao centro, ainda hoje diz que vai "à cidade", assim como também nos pegamos falando, volta e meia. Nossos coroas que desde os anos 1970 experimentaram também encantamentos e decepções com os sonhos da cultura de massa, do controle remoto, e que têm uma gama pulsante de saberes e histórias que jazem quase abandonados pelo que se qualifica como mundo da "cultura e da educação" hoje, salvo raras exceções que se destacam principalmente no mundo da EJA.

Assim, a ideia de juntar cientistas novos, pesquisadores e educadores da faixa de 30 a 40 anos com anciãos e gente que é linha de frente em suas escolas e oficinas, foi das mais prolíficas, grande nutrição e que deve ser mais vezes realizada. É certo que é bem difícil dispor do tempo e do ânimo dessa nossa gente dos cabelos brancos, vencer a desconfiança deles com tudo o que ronda e morde ou murcha nesse sistema contemporâneo que os relega a consumidores passivos do grande cassino e da cintilante vitrine que assola nossas mentes e os ideais de fama e de posse que vigoram escancarados ou nas entrelinhas.

Os programas pretendidos nos nossos cursos, as atividades abertas à vivência do presente e do passado de cada um de nós, procuravam lições de atividades rituais e também de práticas cotidianas, artes e ofícios ancestrais, colorindo uma reflexão que se faria em cada encontro. Reflexão mais teórica às vezes, mais palestrada em outras ocasiões, mas que resplandecia quando sentida, manuseada, cheirada, ouvida, vestida ou dançada, com os elementos materiais ou poéticos que tanto foram nossos "recursos pedagógicos".

Recriar, levantar hipóteses, reelaborar sensibilidades são movimentos próprios de qualquer atividade oficineira. E acredito que, com as atividades mais intelectuais, que oscilam entre palestras, projeções e leituras de textos pedidos e orientados pelos educadores, há a soma, o complemento que ativa a cognição com prosperidade.

O momento de realizações oficineiras possibilitava tempos de concentração e de devaneio na organização do conhecimento. A poesia e a sugestão, a construção e a atenção ao estético e à expressividade, talvez para alguns demasiadamente singelas e devaneadas, têm o poder de abarcar com suas recorrências e ressonâncias, acariciando as silhuetas da memória. Arqueológica e arquetipal, essa memória é tocada a estruturar em imagens uma articulação das informações e dos conhecimentos adquiridos socialmente.

Se a "ciência não é senão a cristalização de um 'saber disperso na vida', através do mundo cotidiano", como indica Maffesoli (1998), e se nos cursos esse saber não buscou ser utilizado, metodologicamente, num campo institucional (exceto no caso dos cursos convidados a acontecer nas bibliotecas públicas) e nem fechado em conclusões de partida, então houve o ressaltar autêntico de conhecimentos que, entranhados por mitos e símbolos, são marginais em relação ao paradigma clássico e racista brasileiro. Saberes que, num espaço educativo e experimental se vitalizaram, vigorosos, resistentes, serelepes e alternativos. Saberes que prevalecem principalmente em duas esferas: a que destaca (às vezes em demasia) o sagrado ritual e religioso, por sua devoção e entrega a uma tradição e a fundamentos ancestrais. E também a esfera que atenta ao que floresce no cotidiano, nos atos corriqueiros, habituais, nos ofícios de sobrevivência que se forram de simbologias e de referências incalculáveis que não se podem desatar do corpo em sua movimentação diária, rítmica, costumeira.

Nossa educação escolar, do chamado "fundamental" até a universidade, vem balizando estudantes, professores, coordenadores pedagógicos e pesquisadores a somente separar, a distinguir os objetos de seu contexto, produzindo uma barreira grossa a atravessar se o desejo for a compreensão daquilo que está além das especializações, acarretando uma cerca de espinhos se o que se quer é chegar ao que "está tecido em conjunto", ou seja, o complexo, segundo o sentido original da palavra.

Esse tecido pode ser pensado também no caso de um "tecido social", que se elabora em uma vida material onde as coisas, em seus sentidos, contam com a participação de sentimentos, emoções e vivências, apresentando-se muito pertinentes a uma formação educativa (MAFFESOLI, 1995). Os objetos em aula vieram rememorar as matérias-primas de que somos feitos e que abundam em nossos sonhos e ofícios, como ensina Bachelard.[1] Aproximando as pessoas dos arquétipos, das imagens imemoriais que aguçam, fagulham e até angustiam os seres humanos em seus ninhos e rinhas, seres e espíritos coletivos cultivadores de utopias que vão da ideia de comunidade primitiva à de natureza incorrupta, da ideia de terra sem mal ao sentimento nostálgico de calor do ventre.

Saber situar um conhecimento, analítica ou sinteticamente, é mantê-lo ou torná-lo pertinente,[2] refletindo, no caso das oficinas, sobre a matriz desse conhecimento trazido para a sala de aula – por exemplo, a retirada da madeira do atabaque de seu meio natural: sua escavação e transformação simbólica em uso ritual, em uma dialógica de forma, matéria e função pensada em classes que integrem biologia, geografia, história, matemática, poesia, física e mais as outras categorias e disciplinas tantas, escolares ou não. Refletir também sobre o contexto educativo ou a instituição escolar que o está recebendo, marcada por suas peculiaridades – por exemplo, a proposta curricular, a presença ou ausência de interdisciplinaridade, a forma de avaliação e o tempo de duração das aulas. Ou refletir sobre as diferentes intenções de centros culturais independentes, galpões, teatros e cazuás baseados em autogestão, experiência bairrista, prática local, ocupação suburbana, intervenção, manutenção ou ampliação de territórios e linguagens. E pensar o conhecimento em sua função simbólica: refletindo sobre a encruzilhada de cores "primárias" que formam uma cor "secundária", captá-las e germiná-las em sua dimensão comunitária.[3]

Buscamos nos cursos, em vez de isolar ou de somente bifurcar os elementos, comunicá-los, em sua raiz, com o sistema complexo das matrizes afro-brasileiras (podemos, sim, pluralizar) e seus contextos, histórias e paisagens, pensando cada elemento e sua interação com as categorias e momentos do conhecimento, até mesmo em relação com as categorias científicas e disciplinas escolares.[4]

Assim, se conjuminaram a prática dos nossos cursos independentes e os ensinamentos de Morin, tanto por via das alterações programáticas pedidas e aceitas pelo contexto quanto na vontade de explicitar os elos, desde suas origens, entre o repertório vinculado de objetos, poemas e movimentos. Usamos a herança de tons e fundamentos educativos que se deram e se dão, ancestralmente, em ambientes não escolares, formando uma postura integral. Elementos que, chegados à escola, parecem carecer de explícita intenção e de justificativa, de compreensão da instituição em que estão.

A escola institucional, oficial, oferece um lugar em que se desenvolva uma postura intencional de inquietação e de pensamento crítico? Há uma digna representação social e política que lhes envolve, que organiza o arranjo entre a cultura que "chega" e a escola que "recebe"? Sabemos que, sendo as respostas quase sempre negativas, tornam-se ainda mais violentas e deploráveis quando dizem respeito às culturas negras.

Quando comunitária, aldeã, fortificada no bairro ou na comunidade de Arkhé, a educação é desempenhada por todos.

Apesar do respeito e responsabilidade que são destinados aos mais velhos, importantes guias, não há um "especialista" em formação e quase nunca se tem uma hora específica para aprender. Mas como criar tranças entre essas matrizes e a história própria, política e sedenta de autonomia da educação popular que quer regularidade, continuidade e espírito de intervenção? Foi uma das perguntas-chave na confecção de nossos tecidos da Pedagoginga.

Qualquer método para se lidar com gente, por contingência, deve estar apto ("em punga", "ligeiro", como se diz nos cazuás da capoeira) a lidar com o inesperado. Primeiro, ter na mente a consciência do risco e do acaso, e manter uma estratégia que traga em si a capacidade de modificação de comportamento, de revisão de programa e de aplicação, perante as novidades, tendências e suscetibilidades da turma de estudantes. E então, um método que não perca suas intenções primais, mas que seja mutante o suficiente para jangadear em rios de margens estreitas e mares de ventos desconhecidos. Assim foi no curso *Teias da Expressão/ Chamas da Reflexão*, quando mudamos a ordem do tempo e das atividades teóricas e oficineiras, redividindo em três o que estava distribuído em três turnos, ao percebermos que a reflexão sobre a atividade em grupo estava sendo engolida e mal digerida. Isso possibilitou um ganho imprevisto na própria aula teórica que tinha sua segunda metade então no fim do turno, em um terceiro pedaço do encontro, após uma apresentação teórica no começo das atividades e uma realização prática, artística e coletiva na segunda parte da tarde.

Necessitamos de um método que não resuma os cachos de conhecimentos a uma pílula sintética que deseje alimentar estudantes em viagens astronômicas pelo universo do conhecimento "produtivista", que não mire uma seriada parição de respostas protocoladas a uma leva de perguntas que obedece a uma *intelligentsia* abismalmente separada da comunidade em que se insere e a quem dita rumos constantemente de cima para baixo. Precisamos e buscamos um método que reconheça como relevante o sujeito[5] na escola, na roça, na praça, no terreiro, no encontro de capoeiristas... Como alguém que surge banhado de memória, de sonhos, de espontaneidade, elementos que podem se constituir como fonte de complexidade, como nascente de "ruídos" que fomentam a desorganização de esquemas férreos em sala de aula, ao mesmo tempo em que os alimenta, salpicando ou reformulando questões, atuando como raízes de rupturas ou como ventos que trazem de volta elementos que haviam passado a secundários, ventos que juntam cores e substâncias no mesmo passeio pelo morro do estudar, que apresentam na varanda do conhecimento casais que não se conheciam, para um namoro duradouro ou para um flerte que muda gestos e pulsações.

É preciso ponderar sobre os aspectos maravilhamento e saudade, dor e prazer, alegria e encanto, no ato do conhecimento. Aí, as intenções de um sistema complexo, que em sua reorganização, em seus estranhamentos, reconhecimentos e originalidade, apresente suas cortesias e instigações às paixões humanas, mas que descubra a melhor forma de lhes pedir silêncio, por um instante, para que lhes contate também a outras formas de racionalidade, inclusive a cartesiana.[6] E que orquestre o diálogo. Considerando também o peso das opressões institucionais "objetivas", por vezes tão facilmente verificáveis, e as pessoais, de cada estudante ou professor, vividas nas paranoias e traumas, históricas e de todo dia.

EDUCAÇÃO, SENSIBILIDADE E CULTURA – POROS FÉRTEIS, COLORIDAS PONTES NA CABEÇA

A educação depende da convivência social. Do encontro. Da colaboração, do tecer e acontecer. São muitas as minhas lembranças da solidariedade e das expressões faciais alegres dos estudantes, trazendo no próprio jeito de adentrar os encontros nas quebradas paulistanas, passando pelas porteiras seus valores encenados, seus preconceitos reforçados ou a predisposição ao novo, que surgiam em simples piadas e repentes inventados na hora. É arrebatadora a lembrança dos dois primeiros cursos, seus erros crassos, as críticas com a suposta capacidade de organizar e as decepções comigo mesmo, com demais companheiros que não puderam segurar os compromissos firmados na organização e na presença, com inscritos que tomaram vagas que poderiam ser destinadas a outras pessoas que se matricularam, mas que não foram chamadas por causa de nossa preocupação com espaço e pedagogia.

Em educação não oficial, a acolhida de um grupo para o programa proposto e para a didática, o modo como todos os estudantes com sua própria complexidade recebem os articuladores pedagógicos, os educadores e o plano de trabalho, bolando juntos a complexidade da sala, é chave para abrir a porta do cultivo da "matéria", para destravar o cadeado de temas ainda muito estereotipados ou tratados superficialmente.

Uma singularidade dos cursos foi algo comum também no âmbito da Educação de Jovens e Adultos: aquele que se coloca como educador encontra muitas vezes pessoas que podem estar em faixas etárias bem mais elevadas do que ele, já rodadas por muitas situações e sendo calejados portadores de memórias e de experiências simbólicas várias, tendo desenvolvido tanto aprumo e traquejo, traumas e iras, nas tantas primaveras, nem sempre floridas, já vividas. E que, caso de diversos estudantes, já educavam filhos e netos, preocupando-se com caminhos e situações oferecidas no trato da vida, ativíssimos em suas crenças, transformando a raiva em amor, propondo futuro aos seus bairros, à cidade.

Se o conhecimento se faz articulando conexões entre os elementos que se apresentam nos campos da experiência, educação é a mediação dessa articulação, com suas intenções, entre o conhecimento e as práticas históricas. Centra-se no desenvolvimento da subjetividade dos educandos, sugerindo vias simbólicas num processo de querer ser mais, sendo eles mesmos. Querer qualificar a construção de si, enquanto pessoa, considerando processos de aprendizagem e de personalização, de despertar ou de aprofundar autonomia diante dos recursos da cultura, desabrochando potencialidades. A pedagogia surge como a caça, tantas vezes serena, das aberturas do viver, a busca das porteiras da alteridade, da compreensão. Idealizada e praticada num projeto educacional comunitário, humano. Num projeto civilizatório. Assim, observando e praticando variadas qualidades de aprendizagem que se apresentam em diferentes formas, desafios, cotidianos e manifestações culturais.

Nesta vereda, a lavra da razão sensível que aqui pede a voz, ouvinte de nossos mestres mandingueiros e também de pensadores acadêmicos da educação, apresenta uma função estética, organizando e dando unicidade aos fenômenos, coerência ao estudo da experiência (e na experiência). Preocupada em ir além de um binarismo sujeito/objeto e captando a lógica e a dialógica de objetos, processos e produtos simbólicos.

Praticamos a crença em uma orientação que nos guie a uma educação de sensibilidades, interessados em respeitar e conhecer cumeeiras da casa da cultura afro-brasileira nessas paragens educativas que envolvem tantos âmbitos diversos, da educação popular aos cantos das artes, e que pode ser fértil quando contata dignamente o cotidiano até mesmo das escolas institucionais.

Partilhamos questões antigas e urgentes do negro brasileiro em sua relação com a sociedade em geral, propiciando aos estudantes uma passagem feliz, constituindo um grupo e desenhando um mergulho na cachoeira do saber e da luta preta, trançando cotidiano e "escola", permitindo e desejando o contato sinestésico, simbólico e espiritual com uma cultura que borda e abre a articulação, a religação, a contextualização e a globalização dos conhecimentos alcançados. O querer foi refletirmos sobre nós mesmos e a nossa participação num universo sociocultural, permeados pelo privilégio e pela responsabilidade de nossas ancestralidades, observando-se que o ser humano é perpetuamente inacabado e que também o seu cérebro continua desenvolvendo-se e aprendendo, mesmo ultrapassadas as fases da infância e da juventude, trazendo em sua constituição biológica a oportunidade de aprender sempre durante toda a vida.[7]

A educação aqui é compreendida então não como um instrumento utilitário, mas como um beiral ativo e como praia larga para admiração, equilíbrio e mergulho em si mesmo por qualquer pessoa, como fertilidade em presença na comunidade em que se insere, que em última (ou primeira) instância é a comunidade-múndi, terráquea. Educação como arrojada e carinhosa passagem por onde se esgueira e dança, altiva, a humanidade plena que por vezes esquecemos, mofando em nossos espíritos. Educação para florescimento, luta, viagem.

O verdor cheiroso das folhas, a textura dos panos, a imaginação na leitura de estórias e poemas, o manuseio da argila e sua leitura ancestral, o exercício de uma prospecção arqueológica, a atenção e o desfrute da linguagem do cinema, a modelagem de massinha num exercício tipográfico e as outras buscas de uma sinestesia ampla no decorrer das oficinas, entremeando e fundamentando teorias, se mostravam bem próximas ou mesmo arraigadas ao viver dos estudantes e, ao mesmo tempo, parte de um programa que trazia considerável estranhamento, ao abrir características culturais de outros povos, tão dentro de nossa história e também tão vistos como "exóticos e atrasados" pela mídia, por várias igrejas e por tantos livros didáticos. Porém, falava alto o senso comum (não o comum sem senso), a celebração (não a celebração de coluna social ou de Facebook), o senso de proximidade e de ligação com o que se apresentava e se debatia, ligados ao objetivo de não cair na tocaia de um exagerado "discurso especializado sempre distante do senso comum, onde este na melhor das hipóteses é considerado um material bruto que convém interpretar, ainda que triturando-o" (MAFFESOLI, 1998, p. 161). Aí um mofo da maldição da interpretação finalista, realçada por Muniz Sodré em *A verdade seduzida*, como base do pensamento clássico ocidental, desprivilegiando o sensível, o aparente e o material, fontes de perpétuo recomeço e de lição de pele dos objetos, de educação e criatividade.[8]

Estimada a sinestesia, navegando pelos sentidos além da visão que conhece a valorosa lousa e o giz, além da audição que ouve o monólogo professoral, e ao mesmo tempo experimentando e arriscando privilegiar a mina (de água cristalina e de explosão) da escrita, do verbo semeado nas terras do coração, da cabeça e do papel. Pensando em garantir o diferencial de cada sentido corporal em sua soberania mas também no seu encontro com os reinados dos outros sentidos, apreciamos Merleau-Ponty (2006):

> Ver é diferente de tocar, ambos são diferentes de falar e pensar, falar é diferente de ver e pensar; pensar, diferente de ver, tocar ou falar. Abolir essas diferenças seria regressar à subjetividade como consciência representadora que reduz todos os termos à homogeneidade de representações claras e distintas.

Lidar com elementos simbólicos de uma cultura em que se reconhece, num espaço considerado como pedagógico e através de uma intervenção metódica, sistemática, que intenciona não depreciar esses elementos, apresenta um ganho e uma reviravolta no espelho dos saberes. Um mergulho mais qualificado e honroso, recheado de autoestima e de um equilíbrio necessário para aprender e reaprender o que já estava no perfume atrás de cada orelha, dentro da sujeira das unhas de cada trabalhador, que chegava trazendo seu caderno e sua vontade de harmonia com o saber, com a própria pele, com o pensamento e a criatividade ancestral, com o abecê, com as regras sociais e com o universo do conhecimento.

Porém, é também delicado lidar com um conjunto de práticas, matérias e símbolos que há cinco séculos vêm recebendo humilhantes atribuições pejorativas; símbolos que em telas eletrônicas e esquinas garantem chacota e desdém aos que os portam nos cabelos, nas contas ou nos pulsos, aos que levam tais símbolos e filosofias no corpo e na forma de pisar. Pode fazer emergir repulsa, levantar uma série de negatividades que, de primeira, são escancaradas e que podem querer ser esquecidas.

Sei disso porque, quando menor, passei por vários "13 de maio", nos quais professoras até bem intencionadas selecionavam a mim e a parceiros de classe para exemplificar ideias de "democracia racial", em aulas cobertas de imagens azedas. Sei disso porque dormir no dia 12 de maio, ou entrar na sala no dia 13, já vinha com uma carreira de vergonha. E por isso a tendência era querer distância, refutar familiaridade com tais elementos e símbolos. Era anunciar o quanto não queria me identificar com aqueles retratos ou passagens patéticas folclorizadas, correntes e pelourinhos, gamelas e navios negreiros, que chacoalhavam de risadas e despertavam piadas de outros alunos da mesma classe. Tudo isso para depois da aula ir jogar futebol e, após as partidas, chegar em algum terreiro dos tantos do Jabaquara para desfrutar do ajeum servido às crianças com sorrisos.

Apesar e além de todo e qualquer aperto, de toda crise e desamparo, estamos vívidos no trabalho –, eu, os estudantes, os pesquisadores e todos os educadores e leitores que apreciam, analisam e criticam este trabalho. Nos elementos que sustentavam as oficinas e na teoria quente existe uma efervescência inegável e uma criatividade específica que muitas vezes pedem, assumidamente, lapidação e entrega.

PINGOS DO RIO: CADA CURSO E ENCONTRO

CAMINHOS AFRICANOS/ GIROS AFRO-BRASILEIROS

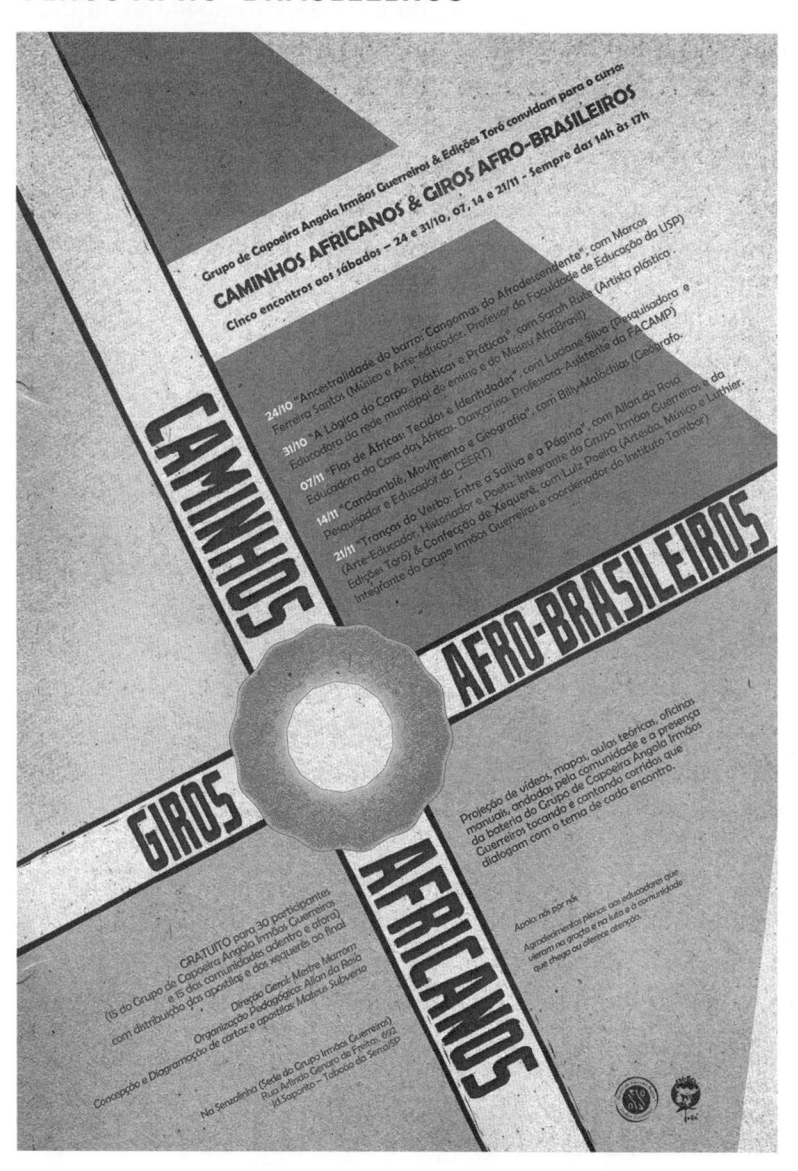

O curso *Caminhos africanos/giros afro-brasileiros* trouxe no cartaz de chamada uma encruzilhada. Se são tantos os caminhos das diásporas africanas atravessando desertos que tinham rotas de tráfico de ouro e de gente, atravessando avenidas de vento pelo oceano Atlântico em saídas forçadas (e a história ainda a se pesquisar e contar melhor da chegada da corte de Abu Bakar e sua gente africana navegante pelas costas do lado de cá do mar...). Se há tanto a superar da sangria e do exílio, da retirada e tombada de milhões de negros de sua terra. Tanto a saber de esperas em beiras de mar e em portos, de catequeses e alcorão, de panos e pedras; a recordar, lamentar e celebrar com raiva e amor, com consciência, do cemitério azul movido pelas economias de cana e café, pelo tabaco e pelos tecidos, pela carga em galeras de capitães e piratas. Tanto, tanto... sobre chegadas e invenções pelas Antilhas, pelos Brasis, pelas terras amefricanas que se enegreceram até pros lados de Oceanos Pacíficos e Caribes, Colômbias e Peru retinto, Equador em luta e em graça de território preto. Tanto a tocar e ouvir sobre caminhos pela Amazônia e por serras, pampas, litorais, chacos e pantanais, subúrbios e linhas de trem, grotões e praças de mercado, fronteiras forçadas e trincheiras de guerra... Se há tanto a celebrar sobre reinados, cortejos, mestrias, vitórias, fundamentos desenvolvidos...

Tanto a lamentar, suar, sussurrar, cantar em coro e escrever sobre terreiros, favelas, palcos, escolas de samba e de abecê, escritórios de advocacia abolicionista, sobre assimilação, integração, perdas de si, banzos, reencontros... Se há tanto labirinto e nitidez, neste primeiro curso a teoria de mapas, parágrafos e aulas expositivas se enamorou com a argila e as folhas, o papel-cartão em apreciação com a madeira, as miçangas e o verbo da cabaça, as capulanas e os tecidos Batik.

ANCESTRALIDADE DO BARRO:
CANGOMAS DO AFRODESCENDENTE
com Marcos Ferreira Santos (músico, arte-educador e professor da Faculdade de Educação da USP)

Após a roda de concentração, respiração e alongamento, ações vitaminadas de leve por melodias de flautas, notas que voavam pelos ventos da nossa imaginação, a argila veio como mãe da atividade, irmã, amante. Terra úmida para o gozo e desafio da mão, pretexto plástico e prático na busca de materialização dos sonhos, dos desejos. Cada participante foi convidado a modelar o que havia imaginado quando em audição da música flauteada. Essa primeira peleja entre vontade e matéria em busca da obra foi contemplada por uma leitura simbólica orientada pelo mestre Marcos. Nosso aprofundamento e impulso na modelagem, equilibrados entre a experiência íntima, o que se consegue na materialização de uma ideia e o que se consegue explicar ao expor uma obra, abriram uma compreensão de formas ancestrais desenvolvidas dentro ou ao redor da ideia vivida de terra, de linhagem matrial, de noções de abrigo, de ninho e também de sacolejo, de ventania, de quentura morna que vira calor queimante, incêndio, de mãe que dá e frutifica mas que pode cobrar em sangue. Tudo isso que consta em nossa mitologia e história negra brasileira, diaspórica.

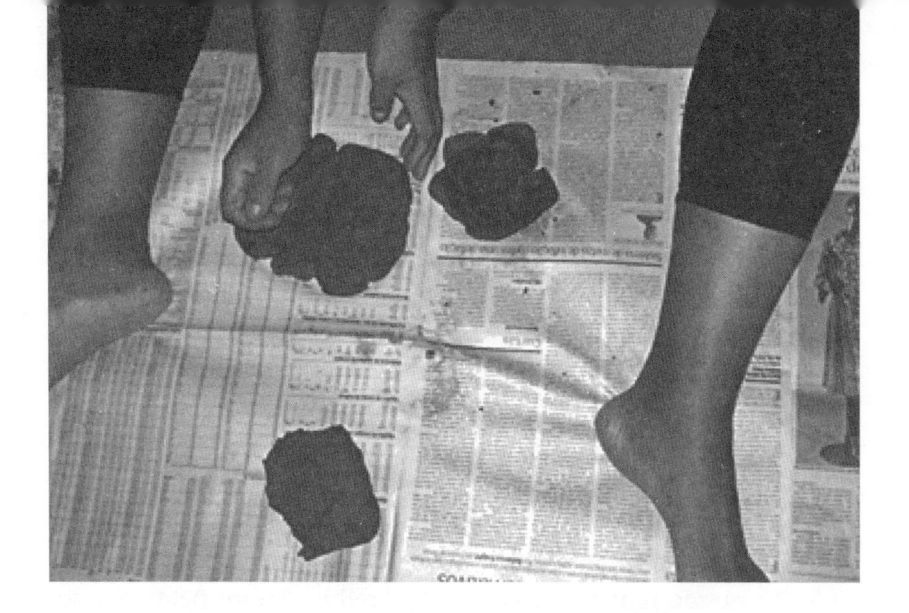

Aprendemos com a argila, com a audição de ritmos africanos e sul-amefricanos, com a aula teórica amparada por projeções de máscaras, sobre as relações de poder e de busca entre a natureza fisiológica do ritmo e a natureza intelectual da harmonia. E como as afinidades encontradas nos atritos coletivos e nas arestas sociais ressoam compreensão e amor, contemplam a justiça, baseiam lutas, inteligência ativa, Axé.

Assistindo a trechos do filme *E a luz se fez*, de Otar Iosseliani, pensamos na violência do estereótipo, que vê a aldeia apenas como uma mesmice, como quando uma comunidade africana luta contra a lucrativa derrubada em série de árvores e mais árvores. O matriarcado apresentado não aniquila conflitos, mas os rege equilibradamente e nos mostra nossos preconceitos arraigados de gênero, etnia e classe.

A aula apresentou também trechos antigos de músicas tão nossas, que versam do *Cangoma*, eternizado por Clementina de Jesus, ao *Baya Jabula Abangoma*, cantado por Miriam Makeba, sobre os Sangoma zulus escolhidos a dedo pelos ancestrais para, após provações e iniciações, serem responsáveis pela manutenção e transmissão dos segredos e valores da comunidade e dos Ngomas, miçangas de pulso e de tornozelo que defendem, nomeiam e orientam. Essa sensorialidade, essa razão sensível, no tato e na orelha tocados pelo coração, pelo devaneio e pela graça da voz e dos enfeites corporais de colo, nos abriram a consciência ainda mais. Detalhes da posse de Mandela na África do Sul, a luta coletiva contra o *apartheid* destacada e relacionada às heranças e símbolos zulu, nos guiaram por entendimentos do que nos constitui como afro-brasileiros nas quebradas da Zona Sul e em qualquer lugar. Aula coroada por uma apreciação da beleza, do volume, das linhas do entalhe de uma escultura moçambicana que também dialoga com o princípio do Ngoma.

Terminamos cantando.

A LÓGICA DO CORPO: PLÁSTICAS E PRÁTICAS
com Sarah Rute (artista plástica e educadora da Rede Municipal de Ensino e do Museu Afro Brasil)

Nossa roda começou com Sarah Rute perguntando sobre o que seriam tradições africanas demonstradas pelo que pronunciamos e gestualizamos. E ligamos as histórias de criação do mundo aos atos criativos cotidianos ou rituais, acompanhando projeções de imagens de estátuas e de tecidos.

Uma aula teórica se desenvolveu atenta à corporeidade expressa em máscaras e utensílios domésticos africanos, que foram apreciados por suas características estilísticas e funcionais. O utilitário de mãos entrelaçadas como simbólico. Apontando lugares distintos em África e demonstrando nitidamente suas variedades, o que ainda parece óbvio e pouco, mas urge diante do resquício grosso que consegue tornar raso o que é profundo na história, dialogamos sobre as relações entre humano e sobre-humano, visível e invisível. Questionamos noções de primazia determinadas por discursos de desenvolvimento e pudemos apreender como obras e escolas artísticas africanas, atentas às mudanças trazidas pela colonização e pelo pós-independência do século 20, trabalharam tradição e modernidade.

Depois, apreciando obras de artistas brasileiros que assumem a africania em suas buscas artísticas, filosofamos sobre o corpo. Significados, valores, atribuições variadas que herdamos de culturas e filosofias gregas clássicas, medievais europeias, judaico-cristãs e ditames contemporâneos de "corpo consumidor e consumido" foram atravessados por noções de identidade e de linguagem que o corpo negro escravizado em busca de redenção nas Américas criou e recriou. Gestual de trabalho ou de vadiação, marcas de passagem e de iniciação, silhuetas e volumes em ações cotidianas caseiras ou de rua, feições e posturas de coluna apresentadas de acordo com nossas memórias e desejos – esse manancial foi escambo alimentado pela projeção de obras e, na segunda parte da aula, pela oficina de confecção de máscaras.

Porém, antes da concentração e do trabalho "individual" de boniteza na realização das máscaras, a aula detalhou inúmeras possibilidades religiosas e performáticas das máscaras de corpo inteiro, que envolvem para além do rosto, triscando na alma de quem as exibe ou de quem as assiste com reverência.

A partir de dobraduras e recortes em grandes folhas de papel-cartão preto, a mestre Sarah ensinou como poderiam se conceber máscaras em forma de rosto e também como nossos outros diversos materiais (palha, miçangas, retalhos, madeira, gizes de cera, pedras) poderiam se combinar em significado e expressão estética. E a aula nos encaminhou ao momento de descoberta de artistas europeus modernos do começo do século 20, quando começaram a assimilar técnicas, materiais e composições que não eram comuns em sua arte pictórica ou escultórica, sendo corriqueiros à mão e à cosmovisão africana há séculos. Assim, quando as máscaras receberam trato na feição, na silhueta, nos adornos e penduricalhos, a isso se sugeriam significados. Alguns criavam personagens que ressoavam força mítica, eram entidades rememoradas ou seres inventados que ganhavam funções rituais ou práticas comunitárias, como o "ouvidor paciente", a "observadora", o "bravo corregedor", o "semeador de conforto", e essas máscaras, ladeadas em exposição ao fim da oficina, dialogavam, partilhavam de suas diferenças de intenção.

Para terminar o encontro, debatemos sobre a relação do trabalho manual, sua representação comunitária, a presença do estilo e das questões pessoais no fazer artístico, ouvindo canções ancestrais brasileiras de trabalho e de demarcação de território.

FIOS DE ÁFRICAS: TECIDOS E IDENTIDADES
com Luciane Silva (pesquisadora e educadora da Casa das Áfricas, dançarina e professora assistente da FACAMP)

A mestra Luciane decorou todo o espaço da Senzalinha com capulanas, batiks, bogolans, wax e kentês, panos trazidos por ela de andanças e pesquisas pelo continente africano. Aconchegados pela vibração dos tecidos, seduzidos pela sala embelezada, tivemos aberto o encontro com um jogo: para nos apresentarmos, alternadamente, quem dizia seu nome sugeria um gesto a ser repetido por todos, ressoado em conjunto enquanto cada um dava seu tom pessoal ao gesto inicial. A partir dessa congregação sorridente, vimos mapas de rotas de migração interna, antiga dentro da África de oeste a sul, do Magreb ao Kalaari. Contemplamos a divisão contemporânea, arbitrária imposição da colonização europeia nos fins do século 19 que segue até hoje baseando desavenças e tanta treta interna à autonomia sonhada e suada por povos africanos. Com o pensamento alongado e aquecido, aprendemos sobre a tecnologia de tecer e as funções e significados de proteção, de sociabilidade e de identidade étnica que se desenrolam com a obra de tecelãos, alfaiates, costureiros, pigmentadores e mercadores.

Estudamos panos com imagens de reis, provérbios que agasalham o cangote, figuras de vitória, persistência ou de aprendizado árduo, emblemas comunitários ou nacionais, campanhas de saúde... a gama ampla de possibilidades de viver (n)um tecido, além das belíssimas formas geométricas que às vezes mais próximas da abstração também podem sugerir éticas, integradas à formosura de cores e à variedade de texturas.

Na sobrevivência ritmada dos mercados efervescentes, coloridos, lúdicos ou sôfregos das paragens africanas, um pano é peça rainha, sinaliza, demarca, forra, é trocado e adquire funções mil entre aromas da alquimia de perfumes e de suor trabalhador. Panos artesanais ou industriais nos ensinam sobre diásporas africanas, sobre economias antigas traçadas no oceano Índico entre Moçambique, Índia e China, por exemplo. Tecidos oferecem compreensão sobre relações entre faixas etárias, entre os gêneros, entre as cidades.

Com os índigos e bogolans na palma da mão, levados à bochecha ou aos ombros, mostrados em vídeos ou em sequências fotográficas de revistas, tivemos detalhes dos processos de feitura em tear, de coleta de matérias-primas e de tingimento, destacando hierarquias e linhagens pessoais que atribuem ou restringem papéis sociais às mãos e às cabeças que tomam essa ciência. Tocando texturas, ouvimos do conhecimento biológico e geográfico necessário para a manufatura de um pano. Com as capulanas, ouvimos mitos e contos antigos e contemporâneos sobre sua presença absoluta em terras, costas, cinturas e cabeças moçambicanas. E abrimos entendimento sobre a primazia industrial e comercial indiana que rege há tempos a produção e circulação comercial das capulanas.

Nossa cognição alcançou seu ápice com a oficina na segunda metade do encontro. A mestra Luciane propôs que, em grupos e com retalhos de panos africanos, compuséssemos obras sobre um pedaço grande de algodão cru com o mote "quais são os fios de África que tenho comigo?". Mapas, roteiros, jogos, figuras e frases foram costurados e desenhados, antes de expostos nas paredes da nossa sede de capoeiragem. Ladeando imagens de nossos mestres antigos e de rodas de rua já ancestrais, os grupos apresentaram seus processos de identificação e estranhamento na questão, também caprichosamente explicando quais foram seus pequenos conflitos na realização coletiva de suas obras sobre tecidos. Contexto com texto e textura. Teia de matriz africana que nos enreda compreendida por forma rara.

CANDOMBLÉ, MOVIMENTO E GEOGRAFIA
com Billy Malachias (geógrafo, pesquisador e educador)

O mestre e mano Billy, descalço e sentindo a vibração do chão da Senzalinha, nosso cazuá glorioso de rodas de angola, começou o trabalho no sábado ensolarado de Taboão da Serra louvando Elegbá. Com o chão repleto de cheiro, o ar verdejado, começamos a desfrutar do prazer da geografia pelejeira, esperançosa. Aroma já vinha lá de cima do sobrado, escada arriba, da cozinha humilde de nossa mana Esquerdinha, irmã de nosso mestre Marrom, antiga capoeira hoje em compasso de espera mas sempre angoleira, que com suas filhas generosamente cedeu bules, garrafinhas, fogão e tempo pra gente ferver e infundir nossos chás.

Billy ainda no começo nos propôs pensarmos em nossos sobrenomes que trazem referência a folhas, flores e frutos. Da vegetação que nos irriga na mente, chás das veias nossas, transgredindo ou acariciando destinos que o nome roda, o geógrafo nos apresentou histórias de orixás atentando à ligação com o universo físico que nos emana e envolve. Apresentou ideias de relevo e paisagem espiritual, de incidentes políticos e sociais que se encontram também na dimensão material que nos conjuga ao que seja imaterial. Apresentou fenômenos atmosféricos e vegetais tão atrelados à força mítica dos orixás e deu uma aula sobre detalhes geográficos da história das diásporas africanas. Frisou, como geógrafo, a força das florestas, a importância mesmo dos jardins, a relação ancestral e visceral entre matas e urbanidade. E as folhas ainda pareciam viçosas ao ouvir as reverências que prestávamos a elas. Sempre dançando na máxima "Cossi eué, cossi orixá" ("Sem folha não há orixá"), maceramos, infundimos, trituramos e degustamos quando possível a variedade de folhas que era o envoltório da tarde.

Paisagem foi o tema na continuidade do encontro. Movimentos, acumulação desigual de tempos, espaços geográficos. Objetos, necessidades, escolhas, imposições, gingas. Saímos da Senzalinha atravessando a rua e indo pra beira do córrego pisar ciência e urgência. Aquele corguinho sujo de sempre, que nos invade o olfato e torce a cara, nos limita ou nos propicia travessias e que já nos alagou o cazuá em noite de temporal numa sexta-feira das sempre reservadas à roda de capoeira (e que por isso, sem luz elétrica caída no estrondo de trovões e com o chão limpo da lameira, à luz de velas içadas em cabaças nas paredes, realizamos uma roda comovente e feliz, aninhados e transbordando tempos e histórias).

Na borda do córrego, mestre Billy nos ensinava de migrações iorubás, de técnicas de metalurgia, mineralogia e astronomia, de traquejo e domínio do lugar por quem sustentou prospecções e forjas em Minas Gerais desde o século 18. Mirando alturas da favela do csu, a nosso leste taboanense, nos ensinava por que um nagô ou um ibo, gente hoje agregada no termo "nigerianos", não procuraria ouro nos altos. Ou por que ensinariam a portugueses e mais gente nativa os ofícios vinculados a Ogum. E na terra nossa de cada dia, naquela esfarelada beirada de córrego na nossa periferia, colhia possibilidades de quartzo, de feldspato, de pedraria que pisávamos sempre e que desconhecíamos. Colocava em nossa mão princípios geográficos, espaciais, passagens de gana e de graça. Assim, após hora passada em frente ao riozinho sujo que ressuscitamos de simbologia e conhecimento, voltamos à Senzalinha fundamentados pela boniteza da geografia. Ali já fumegavam os chás feitos com folhas que tratamos na primeira parte da aula. Em copos farejamos e bebemos, em garrafas plásticas ocorria a ação deformadora da água fervente. Metáfora forte, demonstrando como essas águas fervidas e receptoras da força milenar das folhas nos modelam e transformam, mantêm e instigam. Foi coincidência a ausência de mais copinhos e taças nos obrigar a conformar chás em garrafinhas de plástico fino, industrial? Ruído imprevisto e nutritivo da receita que bolamos?

A Pedagoginga se coroou após o lanche comunitário com uma bateria de capoeira angola retinindo e versando rimas ancestrais. Ladainhas, chulas e cantos corridos que tinham como mote as folhas, o movimento da geografia, cantados em coro.

TRANÇAS DO VERBO: ENTRE A SALIVA E A PÁGINA
com Allan da Rosa e confecção de xequerê, com Luiz Poeira (artesão, músico e luthier, integrante do grupo Irmãos Guerreiros e coordenador do Instituto Tambor)

O último encontro desse ciclo foi aberto com uma prosa puxada por mim, brevemente, avaliando acertos temperadinhos e equívocos agridoces do nosso calendário percorrido em conjunto. A intenção era ter mais tempo pra tarefa séria de construir xequebuns, miniaturas de xequerês possíveis de artesanar com as cabaças, miçangas e cordas que adquirimos pra terminar o curso e entender com as mãos e as vistas um tico mais profundo da nossa arquitetura do corpo pensante.

Elementos fundamentais da presença negra brasileira e mundial foram retomados um pouco: território, jogo, sedução, teatralidade, luta, segredos, mestria, movimento, iniciação, teia, ancestralidade, comunidade, desafio, estilo, Axé (Muntu). Percebemos e expusemos como é nítida a presença desses elementos na Senzalinha, na responsabilidade dadivosa da capoeira angola que temos. Como em todos os encontros, refletimos sobre a mutilação que a maioria das escolas opera e também no naipe de trabalhos fundamentos e belos que se ressecam por atuarem sozinhos, resistindo a pressões e emperramentos que por vezes vêm das próprias diretrizes, mentes e características básicas da escola vigente.

O encontro então seguiu coordenado por Luiz Poeira, angoleiro e sábio da confecção de instrumentos de percussão. Delicioso afrontar a moldura do tempo, concretizar com delicadeza, mas convicção, os xequebuns, conversando sobre mitos antigos das cabaças, sementes e miçangas, debatendo sobre seus valores econômicos e suas funções criativas hoje em dia e antes, nos ontens chibatados. Expondo e tocando ao fim da aula instrumentos distintos por suas fieiras geométricas e por suas combinações singulares de cores, encerramos esse ciclo.

Caminhos africanos/giros afro-brasileiros terminava. Se não foi o mais entrosado, pela paga da inexperiência em tratar de estrutura material, inscrições, matrículas e horários e pelo aprendizado de conduzir o grupo e o curso entre imprevistos pesados, esse primeiro percurso foi a viga mestra da série que germinaríamos e esparramaríamos pelas quebradas da grande São Paulo.

Em Taboão da Serra começava a ganhar sustança e agilidade a ideia da Pedagoginga, praticada a fim de apresentar outros jeitos de conceber Educação Popular e Cultura Negra, de contaminar as escolas fortalecendo o contexto de luta por ensino de história e cultura de matrizes negras, mas propondo autonomia.

ESPIRAL NEGRA: CIÊNCIA E MOVIMENTO

O segundo curso organizado abria o desejo de juntar nego véio e nego novo, mestres com muito calendário andado chegando junto com uma juventude que flama pesquisa, atuação artística e educativa pelas beiradas da cidade, pelos centros, por museus e universidades. Foi em Perus, extremo oeste, no glorioso espaço do Quilombaque, onde aconteceram os encontros. O Quilombaque, já antes dos cursos e depois por muito mais tempo, seguiu e segue ativando inúmeros revides, agregando movimentos da norte e da oeste, resistindo a ordens de despejo da prefeitura que propõe pro galpão ocupado na Travessa Cambaratiba voltar ao "destino" de ser lixão, mofo em nome da legalidade e da ordem. Segue eixo comunitário da juventude preta paulistana com biblioteca, festas de todo tipo de toque e sotaque, uma jam mensal já notória e uma real administração coletiva que organiza ações em torno de questões de gênero, hip-hop, agricultura urbana e nordestinidade.

O curso foi esboçado junto também com a malungagem do Sarau da Brasa e do Sarau Elo da Corrente, respectivamente de Brasilândia e de Pirituba (coletivos que inicialmente ocuparam botecos com a realização de recitais e daí desenvolvendo várias ações que vão de edições de livros a rodas de conversa, intercâmbios internacionais e formações pedagógicas em bibliotecas, escolas, feiras e praças, principalmente em seus bairros). Sentamos à mesa e pensamos sobre estrutura material e de transporte, temas, jeitos didáticos e conluios, nomes de educadores e formas de divulgação e de manutenção do curso. Refletimos sobre o breque necessário durante o Carnaval e sobre os empecilhos a superar pra confeccionar cartilhas e cartazes. Expectativa grande, trabalho real. E o curso começaria exatamente logo após nossa volta do Fórum Social Mundial, no Sul. Decidimos que boa parcela das vagas seria para um pessoal das organizações que puxaram o curso: os saraus e o Quilombaque. E mais da metade seria aberta para interessados pelas comunidades afora. Gente que chegaria de trem na maioria das vezes.

A intenção desse curso era direta: relacionar o que reconhecemos como cultura em movimento negro ao que se nomeia como ciência e que ocupa currículos, disciplinas e linguagens escolares. Sentir como à margem e também no centro da questão, nossos ancestrais puxam o bordado da inteligência e da razão sensível a partir de imaginação praticada no dia a dia.

O grande molho desse curso foi a pareação dos mestres mais antigos com a vibração e as dúvidas quentes dos educadores mais novos, o que vogou em três aulas, com receio inicial de ambas as partes: os mais velhos tinham a consciência que dominavam um saber profundo, suado e cheinho de histórias, mas temiam dividir a exposição desse conhecimento com quem "vinha da universidade e dominava a teoria". E os mais novos também receavam o que viria da partilha, apresentando-se com mestres da cultura popular a um público grande, ávido e com boa tendência em questionar a Academia. Até aí tudo bem, porque os educadores mais novos chamados ao desafio de aliar a prosa e a Pedagoginga com os mestres mais velhos também são escolados em questionar a universidade e demais pilares quadrados da produção cultural racista brasileira. E, com muito tato e pisando devagar, começavam a se entrosar em cada aula. Respeito dominava o fraseado, a dinâmica de exposição e de escambo de ideias. Amizades se fizeram ou se fortaleceram demais quando geografia e matemática sambaram, quando as artes plásticas foram ouvidas, cheiradas e tateadas pelo universo da pesquisa e contemplaram a prática de décadas de trabalho em madeira, quando a ciência cantou sua graça. Para todo o grupo, essas aulas em conjunto foram raras. Real vivência de apresentação e reflexão, trazidas pelas diferentes questões que gerações distintas apresentaram de acordo com suas urgências e vitórias. O que urgia como luta, como semente há algumas décadas, surgiu nas apresentações dos nossos mais velhos, iluminando a caminhada dos mais novos todos. Percebemos nitidamente como ainda são muitos os mesmos desafios, mas também captamos que são outras as estratégias possíveis e também as muralhas que desafiam.

Porém, grande aprendizado para a sequência da Pedagoginga também foram nossas falhas de organização. De novo, os atrasos em começar as atividades e o não cumprimento da palavra de quem se matriculou e faltou (ou chegava duas horas atrasado) foi gritante, decepcionante. Abrimos o precedente de que as aulas se iniciavam com no mínimo 20 minutos de atraso nos dois primeiros encontros. Péssima opção. Isso dificultou demais o desenvolvimento da trama montada por alguns mestres, impossibilitando que o percurso projetado se completasse ou que uma reflexão coletiva ao final das atividades acontecesse. Somou-se o fato de alguns companheiros dos próprios times da organização não cumprirem o comparecimento integral no curso alegando questões pessoais, comprometendo com a palavra. O curso, potente e tão fértil, teve então muita gente inscrita que não foi matriculada e que não pôde acompanhar as atividades por uma suposta falta de espaço, enquanto gente que tomou essas vagas não compareceu ou não desenvolveu as atividades teóricas ou práticas sugeridas pelos mestres por pegar o percurso já no meio do caminho.

ANCESTRALIDADE DO BARRO: CANGOMAS DO AFRODESCENDENTE
com Marcos Ferreira Santos (músico, arte-educador e professor da Faculdade de Educação da USP)

Essa aula foi praticamente a mesma da puxada por mestre Marcos no curso anterior. Porém, mudam-se participantes, mudam imagens.

O grupo teve uma participação um pouco mais contundente e as modelagens feitas em argila trouxeram mais componentes de luta, heroicos, que influenciaram a puxada de rede conduzida pelo mestre. Em alguns momentos, ele contemplava o tom desafiante e guerreiro com histórias de afrontamento e de vitória sangrada, em outros, em intenção pura de balancear e nos mostrar como a dimensão das culturas de matriz africana na diáspora apresentam uma base matrial e noturna, ele nos abria devaneios sobre o ninho, a casa, a mãe que nos acompanha em forma, mas principalmente em matéria.

SAMBA, TERRITÓRIO E GEOGRAFIAS
com dona Maria Helena (Velha guarda da Sociedade Rosas de Ouro e da Embaixada do Samba de São Paulo) e Billy Malachias (geógrafo, pesquisador e educador)

Este encontro foi mineral. Joia rara. Dona Maria Helena, mestra, embaixatriz do samba, abriu a roda puxando cantos antigos e contando do trabalho cotidiano do povo que fundou e levava a escola de samba Rosas de Ouro na década de 1970. Dialogou sobre economia comunitária, afirmação negra, sobre dimensões de tempo, de luta, de lazer. Palestrou sobre histórias de compositores e de bastidores de sambas consagrados. Centrou ideia em letras antigas que regiam o carnaval e poetizavam a vista da Zona Norte sobre a cidade, depois de falar de migrações internas brasileiras e de reviravoltas no racismo brasileiro, que é plástico e toma novas formas com o tempo, mantendo antigos princípios de exclusão escancarada.

Boa parte da explanação da mestra Maria Helena foi entremeada por melodias em versos, adubada por fundamentos de harmonia e sobre a confecção de figurinos e adereços de uma escola de samba. A mudança da Rosas de Ouro para a Freguesia do Ó e a adaptação aos tempos ultramercadológicos do Carnaval, o abandono da comunidade por parte das diretorias (mas não o abandono da escola pela comunidade, insistente em lutar no seu universo e por seu patrimônio), a concepção do corpo e do bairro, do desfile e da memória como território a reger, a noção de linhagem e de continuidade na formação de sambistas mais novos etc. foram falas quentes. Ao fundo, rodavam imagens da Brasilândia antiga. Fotos das décadas de 1960 e 1970 explicavam nomes de lugares, desatavam a poesia da toponímia, vide os deslizes e tombos da Estrada do Sabão comentados pela mestra e pelos mais velhos presentes.

A segunda parte trouxe o mestre Billy, geógrafo, amante do samba há muitas primaveras, que reencontrou na patota vários ex-alunos e alguns camaradas de bailes e batuques. Ele selecionou imagens de São Paulo dos anos 1950 e 1960 e de seus projetos viários, apresentou como os processos ditados pelas empresas automobilísticas e bancados pelos governos consolidaram parques industriais e caminhos asfaltados relegando linhas fluviais, ditando vias e remoções forçadas, tocando pra fora comunidades negras das várzeas do rio Pinheiros, por exemplo. Essas comunidades, que já tinham na memória corporal e familiar migrações nordestinas, mineiras ou caipiras paulistas, se dispersaram pela cidade ou se aglutinaram em lugares como os altos da Zona Norte, fazendo brotar núcleos fortes do samba ou consolidando batucadas já existentes pelo Parque Peruche, Casa Verde, Piqueri, Brasilândia, Cachoeirinha e outros patamares nos pés e lados da Serra da Cantareira. Billy foi ensinando com conceitos geográficos um pouco das curvas dos relevos do nosso "mar de morros", as colinas permeadas por vales na Zona Norte e a dinâmica territorial do povo preto, adaptando-se ou afrontando diretrizes da alta economia mundial e da história de subserviência da América Latina. Mestre Billy, estando em Perus, abordou também a história das linhas ferroviárias, pensando tempos e lógicas diferentes da cidade de acordo com os meios de transporte vigentes, escolhidos como baliza-mestra para movimentação dentro da cidade e para a ligação de São Paulo com o interior e o litoral.

Com letras de sambas mais antigos nascidos na Brasilândia (que o censo de 1980 apontava ter 50% de sua população composta por negros); com audições de diferentes ritmos e de propostas harmônicas, embebidos por histórias de escolas como Mocidade Alegre e Camisa Verde e Branco; com memórias da política interna das comunidades e também da mão governamental na passagem da mudança dos desfiles da avenida Tiradentes para o sambódromo do Anhembi, nosso encontro pensou sobre território, paisagem, ocupações espaciais e simbólicas da cidade.

A parte final foi de debate intenso sobre as relações crescentes entre "cultura" e capital, sobre processos de geração e transmissão de técnicas, sobre dobras de um viver afro que bambeia nas relações com a macroeconomia paulista. Debate fortalecido por dezenas de educandos que traziam muita história também, gente integrada a grupos de capoeira, maracatu, samba, bumba meu boi, futebol de várzea, reconhecendo nos álbuns de família e nos percursos suburbanos de cada dia matrizes e pelejas geográficas.

Fizemos um intervalo no curso para que dois sábados depois, após o Carnaval, voltássemos a pensar em samba e ciência.

A GEOMETRIA DO RITMO: FRAÇÃO, PASSO E COMPASSO

com Seu Valdir Britto, o Dica (diretor cultural da
Velha Guarda da Rosas de Ouro) e Vanísio Luiz da Silva
(educador matemático, professor da rede municipal
de ensino e doutor em educação matemática pela
Faculdade de Educação da USP)

Este encontro trouxe os dois mestres dividindo o leme. Nossa jangada ia navegar pelos domínios da matemática. Concentrar sobre os atos de medir, inferir, contar, avaliar, seguindo lógicas especiais da história da população negra brasileira. E mestre Vanísio, músico e doutor em etnomatemática, com mapas, verbo e encanto nos conduziu a uma matemática que vai além da aritmética. Das arquiteturas esplendorosas do continente africano já viria muita ideia e apreciação, mas nos centramos no que as paragens do lado de cá do Atlântico nos proporcionam. Elementos como a roda, tão presente em nossas celebrações e plena de matemática. A geometria nas provações e doçuras cotidianas, nas brisas e relâmpejos dos rituais, contínua, dinâmica, foi abordada com gosto.

A capoeira foi um horizonte, com Vanísio nos frisando a história política do lamento e da alegria desencadeados na e pela capoeiragem. Ressaltou o ponto de equilíbrio que uma rasteira visa atingir para no jogo derrubar-se um camarada (ou adversário, em casos específicos), abrindo mirada para que se perceba essa tombada no xadrez da resistência também como um baque que se desenha para um sistema maior de opressão e escravismo. Vanísio dizia da leveza, da força e do movimento no golpe e no contragolpe, recordando antigos mestres que teve. Destacava a música como vibração essencial, cadência estimulante, regra-mãe do jogo na roda que é metáfora da vida. Dizia das aulas de percussão, do entretempo dinâmico entre os pulsos, da busca de retinir e de solar nesses entretempos como busca estilosa de uma marca de presença no jogo, não aceitando a despersonalização ou a ausência na função. Enquanto cantávamos e batíamos palmas, argumentos sobre a troca emocional entre a bateria, a roda e os jogadores nos levaram a pensar no surdo e no contrassurdo das marcações de samba-enredo na passarela, depois dos ensaios do que se chama, dadivosamente, "escola" de samba. Escola: lugar de ensinamento, de erro que traga crescença, que ligue linhagens, concentração e sabedoria.

Se as divisões rítmicas dão mais sentido e ressaltam a grandeza da melodia, anunciam-se também diante do problema generoso de dividir tempo de passagem entre dois pontos (o começo e o fim da avenida) e o número cada vez maior de componentes em alas de agremiações que incharam seguindo também contratos de patrocínio e ditames empresariais televisivos e turísticos. A já tradicional questão do vestibular, sobre em que hora chegará tal trem em tal estação estando ele seguindo a tantos quilômetros por hora, é mote para que pensemos na missão da harmonia e sua condução da tropa, seja em tempos menos coreografados do samba, nas passadas evoluções em zigue-zague menos apressadas ou nas atuais demandas cronometradas por anunciantes, com mais galope do que negaça, mais correria do que sapateado e malemolência. Há casos no Rio de Janeiro de multinacionais de equipamentos eletrônicos que convocaram diretores de harmonia de escolas de samba para que ensinassem a seus executivos sobre essa matemática de condução que namora a beleza, também administrativa e tão viçosa. Divisão em alas, divisão em tempos, expressão, ocupação móvel de territórios, matemática.

Mestre Dica comovendo com letras antigas, cantadas, marcando no pé, com gozo e obstinação trazendo efeitos de instrumentos na palma da mão e na lábia entre os versos. Apresentando processos de composição, momentos ardidos de festa, de perda, de indignação, de louvação a tempos passados e de promessa aos tempos que vêm. Ensinando como o samba foi pilar na criação de sua família e pensando junto conosco como a matemática da métrica anunciava redenção. E aprendendo sobre solfejos e escalas, passamos à riqueza e nobreza do jogo do ifá, dos búzios e suas incontáveis variáveis, expressão que revela segredos, mas não mata mistério.

Com a preza à corporeidade que confecciona e que toca um instrumento, chão para a caminhada da poesia e vento para a asa da dança; com atenção ao corpo que transpira e que ecoa sua voz, que partilha sentimentos agudos de saudade e de esperança, que alegoriza lugares e épocas vividas no sonho sambado; com religiosidade e comungando luta, iniciando gerações e teatralizando a peleja, a ciência grita ou sussurra no raciocínio e na intuição balanceadas na música, na roda.

Era tempo de Carnaval o das duas aulas que tiveram samba como mote principal. E nesse momento, a escola Rosas de Ouro, terreiro dos dois mestres, Dica e Maria Helena, ganhava de novo a apuração do desfile anual, o que há anos não acontecia. Entre a primeira e a segunda aula, ouvimos desses mais velhos lições e contrariedades sobre os rumos que a escola tomava, privilegiando moeda e deixando pra trás seus protagonistas mais pobres, gente original da Brasilândia que teimava em não aceitar a escamagem. O que nós do curso soubemos é que, mesmo preocupados com o que significaria pra escola ganhar o desfile, trazendo aceitação e carta branca da comunidade pra rumos mercadológicos que se fortaleceriam garantidos num título, nossos mestres comemoravam a vitória como nobres traquinas. Porque no álbum do coração é que passavam as figuras das suas histórias pessoais.

NDANO: AS VEREDAS DA PALAVRA NAS RODAS, NO PAPEL E NO CINEMA EM MOÇAMBIQUE

com Carlos Subuhana (moçambicano, é antropólogo, contador de estórias e pesquisador da Casa das Áfricas)

O mestre Carlos Subuhana, antropólogo nascido e crescido em Moçambique, professor universitário no Brasil, com atraso considerável começou nossa roda apresentando fotos de áreas rurais de seu país e da capital Maputo, mas antes relativizou o tempo do relógio causando furor, entre desagrado e compreensão sorridente da turma. Antes de trazer provérbios para serem decifrados e contextualizados, num jogo de tentar adaptá-los a uma realidade brasileira, iniciou o encontro com o clássico "O começo é na hora em que se começa", tentando acalmar os presentes que estavam nervosos devido ao seu atraso...

Um bom conflito para começar, buscando serenidade apesar de tudo. O encontro teve como eixo algumas das dimensões da palavra no cotidiano moçambicano, terra de tantas línguas (makwa, maconde, ronga, changana, sena etc.) e também da língua portuguesa que já prevalece nas áreas urbanas, principalmente no sul do país e na costa índica, idioma que os mais novos hoje em dia já dominam, mas que ainda traz constrangimentos aos mais velhos.

Com cenas da modernidade e da história contemporânea de Moçambique, abordando principalmente o século passado de revoltas, libertação colonial e mudanças sociais após a independência oficial, mestre Subuhana se voltou à história de sua linhagem e sublinhagem, apresentando a matrilinearidade em que se integra. Com mapas e detalhes da migração interna moçambicana, a turma compreendeu um pouco mais a realidade social desse país que há tanto tempo já se contata com chineses e indianos, antes mesmo de tratar com portugueses.

Passamos às adivinhas e a desvendar provérbios dos povos que compõem Moçambique, numa aula sobre contextos passados e atuais das etnias de lá e do convívio entre elas antes da chegada dos portugueses, durante a colonização e depois, em tempos de resistência armada e de busca por consolidação de uma real democracia, ainda por vir.

Jogos verbais trazem riso, preconceitos, sapiência e dúvidas. Estabelecem a diferença entre as pessoas e também trançam semelhanças no que tange às relações entre gêneros, entre o ser humano e a natureza e entre o que se vê e o que é invisível. Com os jogos aprendemos também sobre grandes incoerências dos processos pós-colonização, em sua sanha de instaurar o tempo do "homem novo" com campos de reeducação (de concentração?) e o silenciamento ou a morte imposta aos dissidentes, operando um suposto desenvolvimento que só ocorreria atrelado à "superação do tribalismo" e dos "costumes, superstições e fetiches" que travariam a postulada revolução. E relacionamos a corrosiva ironia de alguns provérbios à cavalar guerra civil que fraturou o país após 1975.

Passamos a leituras acaloradas de trechos de *Niketche*, textaço de Paulina Chiziane que versa sobre a poligamia, ou sobre o que se costuma chamar de poligamia, adentro e afora das regiões norte e sul de Moçambique, tão diferentes entre si. O machismo, cada vez mais evidente para a turma, não foi negado por Subuhana e este foi equilibrista na tentativa de fazer o grupo entender ainda melhor os fundamentos históricos, ancestrais, arraigados entre homens, mulheres, crianças e anciãs, que sustentam tanto a opressão masculina, as máscaras sociais e a resignação do sul de seu país, como escoram também os tantos rituais de preparo e de consumação do casamento e do prazer no sexo, principalmente no norte moçambicano. Os parágrafos incomodaram e emocionaram, antes da projeção de *As pitas*, de Licínio Azevedo, filme escolhido pelo mestre para mostrar também como o consumismo e mais itens do leque "ocidental" se impõem nas entrelinhas ou nas patadas que chegam via mídia televisiva em Maputo há tempos.

Por falta de mais tempo para reflexão, eco do atraso inicial do encontro, o filme rendeu poucos frutos na intenção de Subuhana, que era ir além das imagens em si, problematizando as formas como os jovens dialogam hoje com os reflexos da ocupação portuguesa e com as cercas do pensamento pós-colonial garantido por armas e cartilhas escolares, questionando a permanente transformação de formas culturais ancestrais.

MADEIRA: NÓS E DESENLACES DA ARTE AFRO-BRASILEIRA
com Seu Batista da Silva (artesão e marceneiro) e
Marcelo D'Salete (artista plástico, quadrinhista,
ilustrador e educador do Museu Afro Brasil)

Juntamos novamente dois mestres de faixas etárias diferentes. Seu Batista vem de família de sangue participativa na Frente Negra Brasileira, é artista em madeira e em papel, com história vasta em trabalho com madeira no âmbito industrial ou artístico. Sua paciên-

cia e serenidade guardam o mar de orientações que nos serviu com gentileza e dedicação. Marcelo D'Salete é artista plástico em quadrinhos, grafites e ilustrações, pesquisador de curadorias em exposições que frisam negritude, educador durante um bom tempo no Museu Afro Brasil e no ensino médio escolar.

Os dois dividiram a condução da bússola da aula. O mestre Batista chegou mostrando como a madeira estava presente nas vigas do salão, utilitária, base arquitetônica do lugar, e nos ensinou um pouco sobre formas prováveis de uso, acertos e erros. Ainda nos trouxe um painel de uns 50 centímetros quadrados onde havia diversos tipos de madeira: peroba, mogno, ipê, pinho, canela, cedro, cabreúva, imbuia. De cada uma delas apontou diferenças no trato, na intenção, na forma de cortar e colar, na textura e espessura, na forma de armazenar. Trouxe também um bocadinho de peças suas marchetadas, pintadas e envernizadas, e enquanto tateávamos e cheirávamos as obras nos disse de passagens da sua vida expondo arte por praças, galpões e ateliês. Essa trilha inicial, já em si tão cheia de profusão, antecedeu a projeção do filme *As estátuas também morrem*, produzido pelo Movimento Negritude há décadas na França. O vídeo em preto e branco questiona até o talo o emporcalhamento mental da colonização e o arregaço colecionista do saque de obras em madeira confeccionadas por africanos. Antes de apreciarmos formas, feições, volumes, silhuetas, sinuosidades e equilíbrio das estátuas, seguimos aprofundando o papo guiados pelo mestre Marcelo D'Salete, que nos instigava a debater o que havia sido retumbante no filme, uma autocrítica explícita ao europeu racista.

Dialogamos sobre a negação da historicidade africana, que sempre surge como algo intemporal, estática, para tão melhor ser enquadrada em uma ideia de "autenticidade" que permanece quando se ratifica um anonimato aos seus autores e artistas. Dessa anomia gira muito da forma como se dão as coleções, conferindo status aos premiados que obtêm obras garantidas em saqueios ou em mercancias baseadas em cartão-postal, conjugando lucro, ideologia vitoriana e darwinismo social.

Problematizamos a ideia de um artista sempre condicionado por um suposto e tão carimbado "estilo tribal". Que vê sempre atribuída a negação da sua autoria na obra, o que brecaria o rótulo de "primitivo" e lhe furtaria um ar misterioso que paira sobre dólares e libras esterlinas baseados no ganho do que possa ser vendido como mais "ritual e comunitário" possível.

Conversamos sobre a Academia e seus arranjos internos, suas deformações históricas que se casam à falta de conhecimento sobre as comunidades africanas e seus modos de organização social, embasando ainda a idealização do que seja "genuinamente pré-histórico" e "tradicional", na pior acepção do termo – muitas vezes um aplique ou um eufemismo para amenizar o que se qualifica ainda como exótico.

Pensando trocas estilísticas na estatuária contemporânea, não só com o que vem de "ocidental" mas com o que se apreende da arte de outras etnias, inclusive até mesmo pelo ato de homenagem ou legitimação de outros artistas e linhas, passa-se longe da noção de "falsificação" plantada aí com tanta pressa por *marchands*, colecionadores e pesquisadores europeus. Para além de uma arte chancelada por críticos, direcionada por empresários de dentro e de fora do continente que reduzem obras à prateleira da "cultura material", apreciamos detalhes de algumas estátuas e máscaras africanas que mestre Marcelo nos apresentou e passamos a refletir sobre influências da arte (da vida!) de matriz africana na história do Brasil e nos desafios e desfrutes que artistas contemporâneos de cá traçam nos universos do religioso.

Admirando e ensinando linhas possíveis nos padrões de proporção de esculturas geralmente verticais, mestre Marcelo mostrava a diferença do modelo de representação tão passado pra gente na recepção de obras europeias desde a escola primária, quando aprendemos o que é clássico, perspectiva, belas-artes etc. Conferimos a diversidade de materiais e suportes que inclusive influenciaram tanto a arte moderna europeia, que postulou no século 19 uma noção de pureza em materiais que garantiria qualidade à obra.

Com obras de mestre Didi, Rubem Valentim e Ronaldo Rego na tela, acompanhamos temas litúrgicos e inovações, sintonias na ideia de cor e de símbolos, diferenças na pegada geométrica e na proposta de síntese de cada artista.

Dadivosamente, a graça e a força das obras trouxeram as questões técnicas da concisão, do adorno e da busca de se conferir solidez ou leveza às criações. Tudo sendo questionado sobre ligações presentes ou não com imaginários tradicionais, âmbitos rituais ou alternâncias de estilo de acordo com demandas comerciais atuais. A questão estilística ainda melhor se desenvolveu na segunda parte do encontro, com a proposta de trabalho em duplas sobre papel-cartão, confeccionando máscaras e sentindo diferenças e caminhos que se desatam entre o que é bidimensional e tridimensional. Os desafios de criar um nariz numa peça em papel ou numa peça em madeira são totalmente diferentes... A concretude do jogo trouxe resultados primorosos, acompanhados durante a feitura pelos mestres Batista e Marcelo dizendo de pertinho sobre manhas de lidar com forma em madeira ou em papel-cartão.

Se as estátuas de tantos povos africanos passaram de espécimes exóticas a espécimes científicas e depois ainda a objetos de arte, brincamos de pensar e questionar contextos e classificações para as obras que criamos no encontro.

FIOS DE ÁFRICAS: TECIDOS E IDENTIDADES
com Luciane Silva (pesquisadora e educadora da Casa das Áfricas, dançarina e professora assistente da FACAMP)

A mestra Luciane ofereceu a mesma aula que puxou na Senzalinha, no curso anterior. De acordo com a experiência de antes, decidiu reforçar um pouco mais a apresentação sobre história política contemporânea africana. E sendo o quinto encontro deste curso em Perus, os alunos já tinham até um entendimento melhor sobre o continente africano, conseguindo detectar diferenças próprias entre Atlântico e Índico, norte do Saara e sul do Sahel, por exemplo. A mestra frisou a questão de gênero, enfocando o povo wodaabe e seus torneios de beleza masculina no ato de angariar pretendentes para o casamento. Com apurado tratamento e maquiagem de dentes, cabelos, olhos e preparo refinado das vestes, os jovens wodaabe realizam "competições" que incluem técnicas de expressão facial e de apresentação do corpo em movimento oscilante.

O exercício final foi então concretizado em duplas sobre tecido cru, novamente com retalhos de concorridos panos africanos. A noção de beleza vigente nas mídias e escolas oficiais brasileiras foi de novo repensada, a partir do uso de figuras e motivos marcados nos tecidos que surgiam com novos significados. Colagens e relações inusitadas, complexas e sofisticadas vieram à tona na reflexão coletiva sobre a aula, já numa avaliação do curso todo.

RESISTÊNCIA E ANUNCIAÇÃO: ARTE E POLÍTICA PRETA

Voltamos à nossa Senzalinha, Taboão da Serra, para questionar o maio da princesa, nosso treze. Que conosco ele fosse de ebulição, real abolição das amarras, da superficialidade, da negação dos dilemas. Intenção maior nessa lida foi apresentar que, além de resistir, propomos e anunciamos. Adventos crescem nas dobras da luta. E como a capoeira ensina: quem só resiste, quem só defende e se esquiva, uma hora é acertado, toma. Lição verídica há tempos presente na estética negra, por si necessariamente política, negando a negação de si.

Os dois primeiros cursos foram chave para aprender a organizar e crer num método que até hoje se mantém, lapidado e adaptado a cada vez e lugar. Abrir uma dezena a mais de vagas aos matriculados: se consideramos 32 pessoas recheando a Senzalinha como número ideal para a pedagogia e o alcance desse curso, aceitamos 42 interessados, considerando uma evasão possível e um descompromisso de quem se inscreveria mas não frequentaria o curso nem mesmo desde sua primeira aula. Outra decisão firme foi a de começar as aulas no horário combinado, sem esperas, e de seguir também a linha de 20 minutos para o intervalo do lanche comunitário. O curso *Resistência e Anunciação* retomou a ideia de dobradinhas de mestres puxando a jangada, mas não conseguiu manter a presença de nossos mais velhos para desenvolver cada tema junto com um mais jovem. Desde bem antes já garantimos o equipamento eletrônico e mesmo

EDIÇÕES TORÓ E GRUPO DE CAPOEIRA ANGOLA IRMÃOS GUERREIROS CONVIDAM PARA O CURSO:

RESISTÊNCIA E ANUNCIAÇÃO:
ARTE E POLÍTICA PRETA

08/05 – "África do Oeste: Dilemas Contemporâneos no Cinema e na Dança", com Serge Noukoue (Pesquisador em Áudio-visual, Assessor Áudio-visual do Consulado da França, Beninense) e Luciane Silva (Pesquisadora e Educadora da Casa das Áfricas; Dançarina e Professora da FACAMP)

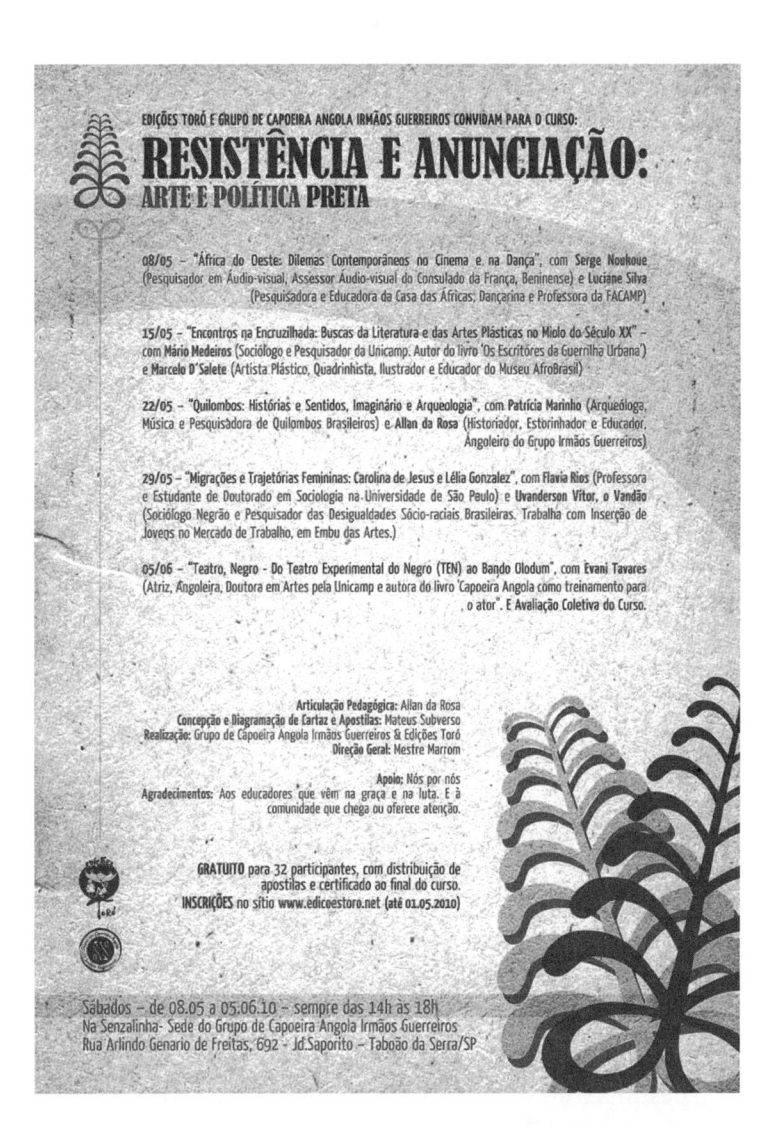

15/05 – "Encontros na Encruzilhada: Buscas da Literatura e das Artes Plásticas no Miolo do Século XX" – com Mário Medeiros (Sociólogo e Pesquisador da Unicamp. Autor do livro 'Os Escritores da Guerrilha Urbana') e Marcelo D'Salete (Artista Plástico, Quadrinhista, Ilustrador e Educador do Museu AfroBrasil)

22/05 – "Quilombos: Histórias e Sentidos, Imaginário e Arqueologia", com Patrícia Marinho (Arqueóloga, Música e Pesquisadora de Quilombos Brasileiros) e Allan da Rosa (Historiador, Estorinhador e Educador, Angoleiro do Grupo Irmãos Guerreiros)

29/05 – "Migrações e Trajetórias Femininas: Carolina de Jesus e Lélia Gonzalez", com Flavia Rios (Professora e Estudante de Doutorado em Sociologia na Universidade de São Paulo) e Uvanderson Vítor, o Vandão (Sociólogo Negrão e Pesquisador das Desigualdades Sócio-raciais Brasileiras. Trabalha com Inserção de Jovens no Mercado de Trabalho, em Embu das Artes.)

05/06 – "Teatro, Negro - Do Teatro Experimental do Negro (TEN) ao Bando Olodum", com Evani Tavares (Atriz, Angoleira, Doutora em Artes pela Unicamp e autora do livro 'Capoeira Angola como treinamento para o ator". E Avaliação Coletiva do Curso.

Articulação Pedagógica: Allan da Rosa
Concepção e Diagramação de Cartaz e Apostilas: Mateus Subverso
Realização: Grupo de Capoeira Angola Irmãos Guerreiros & Edições Toró
Direção Geral: Mestre Marrom

Apoio: Nós por nós
Agradecimentos: Aos educadores que vêm na graça e na luta. E à comunidade que chega ou oferece atenção.

GRATUITO para 32 participantes, com distribuição de apostilas e certificado ao final do curso.
INSCRIÇÕES no sítio www.edicoestoro.net (até 01.05.2010)

Sábados - de 08.05 a 05.06.10 - sempre das 14h às 18h
Na Senzalinha- Sede do Grupo de Capoeira Angola Irmãos Guerreiros
Rua Arlindo Genario de Freitas, 692 - Jd.Saporito – Taboão da Serra/SP

as gambiarras de pano e de pau para viabilizar as projeções de vídeo na Senzalinha, espaço com abertura de luz sobre seu portão. A aula sobre as migrações femininas trouxe o filme *Ensaio sobre Carolina*, por exemplo, exigindo escuridão e condições técnicas perfeitas para que entendêssemos o primoroso trato da luz na película, revidando a opacidade ou o lambuzamento recorrente dos corpos negros no cinema brasileiro.

Chamamos pela internet e nos saraus da Zona Sul o povo interessado em degustar, problematizar e trocar saberes sobre forma, beleza, urgência e poder. Resistência e anunciação. O número de inscritos de novo superou bastante as vagas disponíveis e exercemos ações afirmativas: negros e periféricos eram prioridade na lista de matrícula e foram mais da metade da turma. Gente de outros estados começou a chegar, pedindo presença para apenas uma ou duas aulas, o que autorizamos.

Essencial de novo foi ter um pessoal jovem que vive e pratica o que pesquisa, entranhado no tema, puxando as aulas. Falou alto a vontade de dividir suas pesquisas em lugar diferente da Academia ou dos centros convencionais de educação, partilhando do desafio de buscar formas potentes e graciosas de geração e transmissão de conhecimento. Desde os primeiros encontros de articulação pedagógica, centramos na busca por encarar nossas contradições e não nos acomodarmos em idealizações positivas de nós mesmos e de nossos ancestrais.

Frisamos, na divulgação, o que ainda é fundamento primeiro de nosso passo: o advento de um curso de tamanha qualidade acontecendo na quebrada, na periferia, gratuito e distribuindo apostilas no final das aulas, para além dos bairros nobres (?) distantes das beiradas da cidade gigante, que cobram tão caro de quem quer colar em cursos dessa natureza.

ÁFRICA DO OESTE: DILEMAS CONTEMPORÂNEOS NO CINEMA E NA DANÇA
com Serge Noukoue (beninense e pesquisador em audiovisual, assessor audiovisual do consulado da França) e Luciane Silva (pesquisadora e educadora da Casa das Áfricas, dançarina e professora da FACAMP)

Mali, Nigéria, Burkina Faso, Senegal, Guiné: foram esses, principalmente, os países que abordamos e de culturas tão distintas, mesmo internamente. Mas o que têm em comum também é muito, assim como as fissuras e buscas ardidas do pós-independência, tempo de crescimento de um cinema que tanto se alinhou a projetos nacionais e que trouxe movimentos já tão reconhecidos como o Festival de Ouagadougou, Nollywood e as produções ganenses. Porém, esse "crescimento" pode representar um pastel vazio, uma casa sem vigas? Como funcionou e funciona a produção e a distribuição, e como se estabelecem as salas de cinema, quando existem? Com mapas de fluxos migratórios e de produção de vídeo, percebemos as estrondosas diferenças chupins que ainda se mantêm das colonizações inglesa e francesa, captando também como se difere a recepção e a busca de filmes africanos pela Europa dos festivais e financia-

mentos, que, ao mesmo tempo, abrem (pouco) espaço à produção africana e a estereotipam, comandam sutil ou abertamente rumos estéticos e temáticos aos cineastas.

Mestre Serge, com conhecimento de dentro das questões de identidade e de fluxo cinematográfico de interesse francês, nos deixava tão esperançosos quanto putos, ao abrir histórias do "Ministério do Audiovisual" do antigo Alto Volta, hoje Burkina Faso. Ousmane Sembène, Idrissa Ouédraogo e outros nomes surgiram por suas biografias, temas e estilos. Também foram analisadas a Nigéria e seu histórico de inchaço urbano, suas diferenças religiosas, sua TV Irohin e a mão de farda que direciona rédeas e põe para emigrar, produzindo milhares de títulos para vhs e hoje para consumo digital.

Já a mestra Luciane Silva abriu senhas sobre a dança que vibra no cotidiano e nos rituais, que comunica, inicia, deslumbra, guerreia, colhe, acompanha nascimentos e colore funerais. Também com as descolonizações, a dança ganhou outras funções e rumos. Governos e seus cartões postais folclóricos utilizaram dança e seus acessórios: se louvavam uma cultura própria retratada em seus "balés e teatros nacionais", também propunham silenciar e ultrapassar histórias "tradicionais e atrasadas" demais. Contradições puras, que aos dançantes até hoje é semente ou cadeado. Escolas de dança contemporânea coordenadas por mulheres como Germaine Acogny, da renomada "Escola de Areia", em Dakar, e Irène Tassembédo, que dirige a escola que leva seu nome, em Burkina Faso, mulheres que dominam tanto técnicas de dança moderna e contemporânea quanto danças comunitárias guineenses ou senegalesas. Elas movimentam a pesquisa suada e recebem alunos do mundo todo, gerando artistas que repensam coreografias e ritmias, adentram rumos da vídeo-dança e ocupam cada vez mais palcos europeus em performances nada folclóricas, questionadoras das políticas graúdas de seus países, de hábitos de seus conterrâneos e (muito) das noções de corpo que dominam há tempos o que o chamado Ocidente imprime sobre o mundo. Vídeos coloriram a aula, com cenas bailadas de cerimônias de passagem e com gravação de passos em discoteca ou esparsos na urbe.

O debate final se fez sobre os temas dos papéis dos mestres, das estruturas arquitetônicas e funcionais das escolas de dança e das salas de cinema, das coreografias de corpo e de câmera, dos cartazes e suas entrelinhas que anunciam espetáculos de palco e filmes.

ENCONTROS NA ENCRUZILHADA: BUSCAS DA LITERATURA E DAS ARTES PLÁSTICAS NO MIOLO DO SÉCULO 20

com Mário Medeiros (sociólogo e pesquisador da Unicamp, autor de *Os escritores da guerrilha urbana*) e Marcelo D'Salete (artista plástico, quadrinhista, ilustrador e educador do Museu Afro Brasil)

Começamos com a aula do mestre Marcelo D'Salete, semelhante a que ele havia puxado no curso anterior em Perus, porém diferenciada por, nesta seara de Taboão, ele ter propiciado um diálogo com literatura negra do século 20 no Brasil e a presença da ancestralidade religiosa, por seu culto ou pelo livre uso dos símbolos e arquétipos presentes junto aos orixás. Também com tempo mais curto, dessa vez não houve a atividade em papel-cartão, mas com sensibilidade passamos pelo que o mestre Mário Medeiros desenvolveria em detalhes: as organizações urbanas e autônomas negras dos anos 1950, extensão do que desde os anos 1910 trazia publicações na intenção de fortalecimento e ascensão social ainda num áspero período republicano. Lemos sobre a imprensa negra e suas contradições internas, suas diferenças diante do estado, as influências partidárias e os textos de periódicos que com suor se mantinham contínuos. Veio o tom da poesia e as formas distintas como a sátira e a lírica dividiram espaços, abrindo tramelas para uma dramaturgia depois fortificada no Teatro Experimental do Negro. Estudamos a história da Associação Cultural do Negro (ACN), que nos anos 1950 e 1960 custeou coletivamente um espaço de troca, questionando a noção de modernidade e progresso brasileiro, ao mesmo tempo que pensava uma inserção no sistema econômico, político e simbólico. Isso em época de negros proibidos de caminhar pela rua Direita, no centro de São Paulo.

Mestre Mário nos mostrou, com muitas projeções, o esforço da ACN em tematizar encontros com nomes de Cruz e Souza, Luiz Gama, Auta de Souza e realizar uma "quinzena do Negro" em 1956, quando eventos nessa linha ainda eram raros afrontamentos. Lemos

"Protesto", poema clássico de Carlos de Assumpção. Nosso encontro na Senzalinha trouxe registros de encontros internacionais de escritores negros, cronologias e temas correntes de antologias, notas da busca crescente por integração de "intelectuais" africanos e diaspóricos, memórias de manifestações públicas contra o apartheid.

A aula foi rica, farta. Muito material da imprensa e das editoras negras passou de mão em mão. O único senão é que se estendeu bastante e a dinâmica ficou muito centrada em leituras de fotos e textos por vídeo. O grande mestre Mário optou por puxar a atividade sentado no chão, propiciando menos interação, e assim algumas pessoas demonstraram um soninho ou o atraso para sair. Ficava-me a dúvida de como tal tema fascinante pode manter a brasa acesa por uma didática com alma, rimando a pedagogia com a intensidade dos gestos desses grandes escritores de que falamos.

QUILOMBOS: HISTÓRIAS E SENTIDOS, IMAGINÁRIO E ARQUEOLOGIA
com Patrícia Marinho (arqueóloga, musicista e pesquisadora de quilombos brasileiros) e Allan da Rosa (historiador, estorinhador e educador, angoleiro do grupo Irmãos Guerreiros)

Este encontro tematizou metamorfoses e continuidade da palavra "quilombo" em nossa história. As etimologias de "mocambo" e de "quilombo" já em si trazem a noção de território, de segredo, de luta, de iniciação. Reconhecendo tradições de jagas imbangalas e de levantes de escravos nos "quintês" de São Tomé lá no século 15, partindo de mapas africanos e do movimento do tráfico escravista pelo Atlântico com suas rotas e calendários, conferimos várias áreas no Brasil que agregaram negros em refúgios silenciosos ou campos em estado bélico declarado, ao mesmo tempo que tratavam com senhores de engenho, funcionários governamentais ou campanhas militares. Frisando essa interação e esse entocamento, a aula também mostrou como as artes brasileiras cantaram e filmaram a ideia de quilombo até os anos 1990, destacando a diferença de pegada e de fundura que vem quando o verso negro e periférico protagoniza a composição.

As noções de quilombismo, anunciadas por Abdias do Nascimento, e os outros significados para quilombagem como território de gira, apropriação, reconhecimento e continuidade cultural, como traçou Beatriz Nascimento, chegaram brilhando nos olhos do povo. Vídeos recentes produzidos por quilombolas do Mato Grosso e da Amazônia brindaram a aula, salientando semelhanças e diferenças na história e na geografia dessas famílias. Dilemas que a Constituição Nacional de 1988 já tocava, pertinentes à regularização de áreas quilombolas e a potência desse termo na luta de comunidades rurais negras, foram combinadas com folhas verdes passando pela mão e pelo faro dos educandos, num jogo de busca de memórias e de sentidos para a luta. Estávamos nós aquilombados em nosso curso? Quais seriam nossas paliçadas? Nossas relações com o "sistemão"? Autonomia vogava em nossa intenção, contemplada pelos raps e poemas que esquentaram nosso sangue? Compreender como se trançam mito e história, estu-

dar a quilombagem e suas relações com formas de escravidão urbana do século 19 brasileiro, pôs pra pensar em como nos envolvemos em símbolos para manter aprumada a nossa coluna do sonho. A aula detalhou Subupira, Dambra Canga, Tabocas e cercas de Palmares com seus sistemas de tributação, sobre a suposta poliandria, e se desenrolou comparando palenques, cimarrones e cumbes que criaram medo e alternativas reais de autonomia pelas Américas frente a um sistema econômico garantido na compra e venda de gente negra. E terminamos a primeira parte com um debate sobre formas que as elites brasileiras também operam para anestesiar ou domar esse balaio de história e mito, orquestrando há séculos rumos de aperto para nós.

Depois do intervalo, a mestra Patrícia Marinho guiou uma pura Pedagoginga. Começamos já na rua, na ponte atravessando o corguinho sujo e colorido da quebrada, indo pra um terrão baldio fazer prospecção, exercício arqueológico. Patrícia havia plantado ali alguns pedacinhos de cerâmica horas antes de a aula começar. Cavucamos e retiramos os cacos e voltamos pra Senzalinha, dedos e cabeça com barro, férteis. Já abrigados, antes de compararmos as pecinhas tivemos uma aula sobre princípios, técnicas e rotinas do cotidiano dos arqueólogos, apagando estereótipos de Indiana Jones. Depois, separados em grupos, portando uma tabela que ensinava categorias e diferenças das cerâmicas marajoara, lusa e de matriz africana, fizemos um exercício de recomposição e classificação de objetos. Detalhes de forma e de estilo serviram para decifrar épocas e proveniências dos materiais. Delícia de atividade pensante com as mãos, comparando percepções, diferenciando espécies, degustando a compreensão. Assim, partimos para uma aula sobre o que há de singular em arqueologia "de quilombo", o que essa linha traz de dificuldade e de oferenda. Mestra Patrícia retomou linhas do que realizamos na primeira metade do encontro, numa reflexão fundamentada por pesquisa e pela didática de gestos e futuros.

MIGRAÇÕES E TRAJETÓRIAS FEMININAS: CAROLINA DE JESUS E LÉLIA GONZALEZ

com Flavia Rios (professora e estudante de doutorado em sociologia na USP) e Uvanderson Vitor, o Vandão (sociólogo negrão e pesquisador das desigualdades sociorraciais brasileiras, trabalha com inserção de jovens
no mercado de trabalho em Embu das Artes)

Este encontro mirou no entendimento do que seja adentrar os campos da letra, sendo mulher e negra no Brasil do século 20, e de como isso sensibiliza e atiça rumos hoje ainda tão urgentes. Mestra Flávia Rios e mestre Uvanderson Vitor elaboraram uma aula usando imagens, fotografias pessoais, trechos das obras e depoimentos de familiares de Carolina de Jesus e de Lélia Gonzalez, mineiras que das estrelas da oralidade se intrometeram com soberania nas roças e quitandas dos universos escritos tão machos e brancos.

Primeiro, contextualizamos o Brasil dos anos 1950 aos 1970, seus discursos predominantes sobre favela, verbo e cultura negra, escritos em teoria, poesia ou prosa literária. Depois, com muitas fotos de Lélia e de Carolina, assistimos às suas chegadas ao Rio de Janeiro e a São Paulo, suas passagens realizadoras em escolas secundárias, universidades, escolas de samba (como fez Lélia) ou na favela do Canindé e ganhando o mundo com inúmeras traduções de seus livros (feito Carolina). O cabelo, a vestimenta, as farpas dos relacionamentos com homens de posturas distintas em seu machismo, a memória trazida por cada uma delas, o linguajar, os pilares e tombos dentro do que é tematizar diretamente a própria experiência e a de suas próprias comunidades. Da discussão frutífera, intensa, partimos para as leituras livres e grupais de trechos das suas obras. Com Lélia, divagamos sobre a potência "amefricana", sobre textos que não se fechem em rigidez empoada, sobre a teia da cultura negra em recepção para uma intelectual que, já mais velha, construiu uma vivência no candomblé e na resistência do samba carioca tanto quanto dominou e debateu conceitos de linguagens diversas como as da psicanálise, da geografia ou da sociologia. E com Lélia também divagamos sobre ostracismo, isolamento. O que traçou mais uma semelhança com Carolina de Jesus e suas contraditórias relações com a favela de onde saiu, com o jornalismo que lhe estereotipava tanto e com as editoras por onde passou.

Uma esmiuçada análise do racismo brasileiro foi apresentada pelos mestres Flávia e Vandão. Urbanidade, feminismo negro, comunicação de massa e consumo modista de símbolos negros e de ideias nascidas em barracos, elaboração teórica em universidade... Tantos temas entrançados com a leitura das linhas comoventes, lúcidas e irônicas de obras de Carolina, indo além do *Quarto de despejo* e apreciando memórias do *Diário de Bitita*, estranhamentos de *Casa de alvenaria* e a teia ficcional de *Pedaços da fome*, embebidos por audições de sambas de sua autoria registrados em vinil raro. Trechos de peças teatrais e filmes premiados ainda hoje focados em Carolina umedeceram mais o caminho da nossa aula.

A força do encontro foi conseguir contemplar não só o que se arquiteta por dentro da movimentação que se afirma como negra, mas também suas espinhosas contradições e as expectativas gerenciadas nas relações com os produtores culturais dos grandes jornais, escolas, editoras e secretarias de cultura.

TEATRO, NEGRO. DO TEATRO EXPERIMENTAL DO NEGRO (TEN) AO BANDO DE TEATRO OLODUM
com Evani Tavares (atriz, angoleira, doutora em artes pela Unicamp e autora de *Capoeira Angola como treinamento para o ator*)

A aula divulgada nos cartazes do curso foi "Corpoesia: Orixalidade e Jazz em Performance na Literatura da Diáspora Africana", que seria ministrada por Silvia Lorenso, mana antiga, cria do Movimento Juventude Negra e Favelada em Belo Horizonte/MG, mestre em Semiótica pela Universidade de São Paulo, estudando erotismo na poesia da grande série *Cadernos Negros*, doutoranda em Literatura e Diáspora Africana na Universidade do Texas. Mas semanas antes do nosso encontro em Taboão da Serra, ela telefonou avisando da impossibilidade de chegar. Burocracias estadunidenses impediram o embarque da comparsa e então queimou na mão aqui a bomba: como substituir a aula de Silvia? Primeiro percebemos que o tema teria que ser mesmo trocado, ninguém aqui seguraria a onda que ela levava em sua pesquisa de anos, abarcando recitais e rodas porto-riquenhas, paulistanas e nova-iorquinas. Mantendo então o mote "performance", recorri a Evani Tavares, que chegou na primeira das três vezes que viria para alumiar nossos cursos, desta vez com seu humor vitalizante e a anunciação do tema "Teatro, negro".

A mestra Evani encontrou uma turma afofada na intimidade, com experiências deliciosas partilhadas nos encontros anteriores e na expectativa de didática com molejo e fundura. A aula já começou com uma dinâmica teatral visando apresentar nomes e desejos de cada um da turma, imaginando uma bola invisível e sugerindo situações de improviso com ela. Passo seguinte foi abrir as perguntas-chão: O que é Teatro? O que é Negro? E o que seria Teatro Negro? Balaio sem fim mas cheio de elos nas respostas do povo. Posturas diversas brotaram, ideias opostas sobre a democracia e o racismo brasileiro, sobre a história da nação e as reivindicações periféricas atuais. Retornando as perguntas, iam desabrochando tópicos próprios do teatro: representação, cenário, público, figurino, texto, tons trágicos, épicos ou dramáticos etc., e a bola seguia quicando: o que caracterizaria um Teatro Negro?

Abrindo um leque temático, debatendo ironia, presentificação, finalidades comunitárias e inter-relação de elementos espetaculares, a aula floresceu com a apreciação de muitas imagens de grupos brasileiros que se afirmam como fazedores de Teatro Negro. Fotos de cenas vibrantes, cores de encontros, indumentárias ou nudez intensas na expressão... Companhias de todas as pontas do Brasil surgiram no rol trazido pela mestra, que apresentou as diferenças entre o trabalho do TEN e do Bando Olodum, aí cavucando diferenças no que se passou a categorizar como teatro, sociedade brasileira e racismo desde os anos 1950 até hoje, tempo dos Fóruns de Performance Negra e de amplos encontros de grupos teatrais pretos, também destacados na aula.

Aplausos intermináveis, a simpatia reverberante da mestra fertilizou a trilha para avaliação livre dos integrantes do curso, folhas entregues enquanto as apostilas eram distribuídas a quem participou inteiramente do percurso. O próximo já engatinhava na mente, animada para pensar diásporas africanas e suas frestas pelas dobrinhas das Américas.

PRESENÇA LATINO-AMEFRICANA: ARTE REFLEXÃO

Agora emparceirados com o Coletivo Donde Miras, ideia viajante nativa que frisa nossas Américas de falas hispânicas e que percorre, a pé, estradas do estado de São Paulo, bolada pelo Sarau do Binho – que é dos mais antigos recitais da cidade, firmado no bairro do Campo Limpo e que realiza rodas de conversa e inúmeras ações de formação em literatura e artes –, organizamos um curso atento à penetração e desenvolvimento das culturas negras nas Américas, somado por aulas focadas nas questões indígenas brasileira e mexicana. As literaturas (sub)urbanas das capitais argentina e mexicana também foram abordadas, no que propõem de desobediência e revide aos conceitos carimbados há séculos pelas Academias e oficialidades da palavra. Abrigadas no Centro de Direitos Humanos e Educação Popular (CDHEP), do Capão Redondo, importante núcleo político da Zona Sul, que articula lideranças comunitárias e presta apoio jurídico e estrutural às populações precarizadas, grandes rodas de 40 pessoas debateram em seis encontros, quase todos menos oficinais e mais expositivos, principalmente pelo tempo disposto a cada um deles. Exceção foi a aula do mestre Marcos, que com mais tempo realizou exercícios musicais e saídas coletivas ao gramado da entidade.

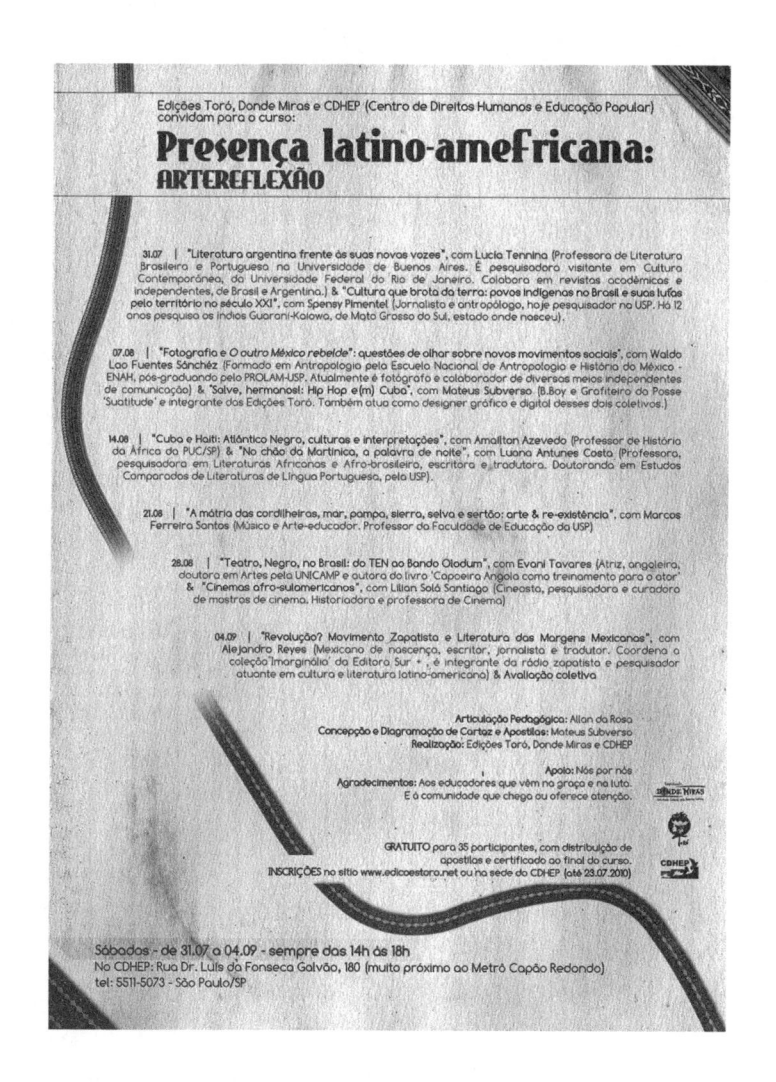

LITERATURA ARGENTINA FRENTE ÀS SUAS NOVAS VOZES

com Lucía Tennina (professora de literatura brasileira e portuguesa na Universidade de Buenos Aires) e

CULTURA QUE BROTA DA TERRA: POVOS INDÍGENAS NO BRASIL E SUAS LUTAS PELO TERRITÓRIO NO SÉCULO 21

com Spensy Pimentel (jornalista e doutor em antropologia pela USP em pesquisa sobre os índios guarani-kaiowá de Mato Grosso do Sul, estado onde nasceu)

Mestre Spensy abriu o curso nos situando sobre o que anos depois sensibilizaria o Brasil todo e embasaria manifestações de tomada de redes sociais internéticas, de avenidas e de praças: o confinamento e o genocídio indígena que agora o latifúndio opera no centro-oeste brasileiro.

Para isso, o professor detalhou situações distintas de história política a partir do protagonismo indígena na América Latina, diferenciando casos de Bolívia, Equador e México. Esmiuçando as relações entre o agronegócio e o racismo que paira no Mato Grosso do Sul, Spensy apresentou com fotos e vídeos como nos últimos anos a Aty Guasu, grande Assembleia guarani, vem resistindo e espraiando sua luta. Relatou os conflitos e o estrondoso aumento dos suicídios guarani com a condescendência (ou mesmo o apoio) de forças federais na repressão às manifestações kaiowá. Antes do debate ouvimos o rap indígena dos Bro MC's e com mapas percebemos a progressão da concentração de terras para trato da soja no estado. As mudanças e significados da cultura material foi tema forte na prosa coletiva.

Após o lanche comunitário, a mestra Lucía Tennina situou a atual literatura argentina, com o arejamento dos movimentos *piqueteros* e da Feira do Livro independente durante e após as crises sociais da década de 1990. Destacou a avassaladora produção autônoma que contaminou as grandes editoras com autores e novas formas de publicação. Com a partilha de textos, lemos Washington Cucurto, que afirma sua fonte negra e paraguaia nos seus livros marcados pela ironia e pela abundância de sexo. A profusão de vocabulário "da rua" e a desvinculação direta com o que sempre se qualificou como tradição literária argentina são marcantes. Imagens de capas e de chamadas de encontros de poesia foram apreciadas em conjunto, e assim o grupo debateu o que se mantém de estereótipo e o que se renova na mirada argentina sobre suas periferias e os migrantes bolivianos, paraguaios e senegaleses que já tanto ocupam as quebradas do conurbano de Buenos Aires.

Fissuras do que se considera avanço por lá e ainda atraso no Brasil sobre questões étnicas e presença negra, se desenrolaram pelas interpretações das páginas censuradas de Cucurto e suas provocações ácidas aos perreios que assolam a migração.

ME GRITARAM NEGRA! UMA INCURSÃO NA MUSICALIDADE AFRO-PERUANA

com Danielle Almeida (cantora, educadora e pesquisadora da Casa das Áfricas. Graduada em música pela UFPel, fundadora do coletivo Sangoma – grupo de estudos de culturas negras e diretora da biblioteca negra de Pelotas) e

SALVE, HERMANOS!: HIP-HOP E(M) CUBA

com Mateus Subverso (b.boy e grafiteiro da Posse "Suatitude" e integrante das Edições Toró, designer gráfico e digital)

Mestre Mateus Subverso, com toda sua erudição de rua, de quintal e de biblioteca, com seu sofisticado e profundo conhecimento do cybermundo e experiência de trocas internacionais de fanzines de papel ou digitais, apresentou as diferenças do hip-hop cubano, em que já atuou dançando e grafitando: a voz negra, a força feminina, a luta quase anual por uma lata de spray e as relações dos pensamentos contemporâneos ritmados com as referências nacionais de José Martí e Nicolás Guillén. Com exposição de grafites e leituras das já clássicas revistas *Movimiento*, mestre Subverso tocou nas heranças gloriosas e malditas da Revolução de 1959 e do castrismo, trouxe dilemas da relação entre cubanos jovens e um hip-hop estadunidense cada vez mais dominado por ícones brilhosos e ostentadores, mas também ainda marcado por várias batidas pesadas na denúncia de encarceramento em massa e de baixíssimos índices de escolaridade negra.

Músicas e trajetórias dos grupos Omni e Las Crudas apresentaram a contradição doída do que seja o grande desejo de ficar na ilha e também o de emigrar, pelas difíceis condições materiais de moradia e subsistência.

Já a mestra Danielle Almeida centrou a história afro-peruana baseada num repertório poético-musical que pesquisa desde 2005 a partir de sua trajetória pessoal em Pelotas, onde se percebeu absolutamente deslocada do currículo e das práticas de um bacharelado que não a contemplava como negra.

Estudando e participando de centros culturais de cunho afro, que buscavam uma ginga de pensamento diante de um curso que silenciava e amortecia toda sua história e seus anseios, Danielle, em seu recital de formatura, cantou repertório afro-latino que árias e canções de câmara não haviam ainda contemplado naquela escola.

No encontro, mestra Danielle expôs a riqueza pungente das obras de Susana Baca, Victoria Santa Cruz e Chabuca Granda. Também a turma de nosso curso conheceu um pouco de ritmos e estilos musicais afro-peruanos, como a vals criollos, a aamacuecas, o lando, o alcatraz e o panalívio, que, além de sua complexidade e beleza, trazem passos das crenças e da luta cotidiana transmitidos através das gerações por artistas, famílias e coletividades negras. Encantado, o grupo quase desmoronou com a apresentação final de Danielle, que cantou e gerou lacrimejança, respeito e esperança.

CUBA E HAITI: ATLÂNTICO NEGRO, CULTURAS E INTERPRETAÇÕES
com Amaílton Azevedo (professor de história da África da PUC-SP) e

NO CHÃO DA MARTINICA, A PALAVRA DE NOITE
com Luana Antunes Costa (professora, pesquisadora em Literaturas africanas e afro-brasileira, escritora e tradutora, doutoranda em Estudos Comparados de Literaturas de Língua Portuguesa pela USP)

Mestre Amaílton por duas horas contou histórias, jeito magnético na poesia narrada com refrão ou sem, tecendo a teia conforme a memória gozava e o público perguntava. Vinculando o que seja modernidade às linhagens negras e ao apetite de liberdade, arquitetando o que de grandioso se constituiu debaixo do escravismo, o mestre frisou o que o Atlântico Negro fez brilhar como contraponto e como universo que não cabe em perspectivas iluministas nem nas clausuras do racionalismo gelado. O que dissonante e estigmatizado como "inferior" frutificou e se fartou mesmo apertado pela violência e pela secura. Couros de Minas Gerais e de Cuba, ritmos e mandingas dos voduns haitianos às teclas voluptuosas e malandras do jazz de Jelly Roll Morton. Continuidades e quebras de uma teia africana espraiando trincas também pelo universo da escrita, por biografias inesperadas anotadas por auxiliares de navios traficantes.

Música, geografia, idiomas... Mestre Amaílton brincou na beira-mar da história, citou becos, cortejos, enegreceu mais ainda a nobreza, apreciou letras e timbres de reggae e de baião. Sacou frestas nas relações entre políticas governamentais, devaneios de retorno à África e contestações a guerras na luta por territórios e pelo direito à afetividade, a ter raiz e asa.

Depois, na segunda parte, mestra Luana Antunes trouxe histórias da patota da *creolidade*, pessoal das letras martiniquenhas que se alimentou das ideias do movimento Negritude (lembremos Aimé Césaire e Leopold Senghor) e do discurso antilhano de Édouard Glissant para contestar o que havia de lacunas e de idealização extrema dessas "teorias" boladas no miolo do século 20. Textos suados de Patrick Chamoiseau e René Depestre, escritores e poetas que propuseram a creolidade, a fonte afro em prevalência mas emaranhada nas tantas outras nuances que constituíram também as Américas.

Aprendemos sobre a fecundidade complexa da história da Martinica, suas vertentes de emancipação e também de acomodação no cocho da bandeira francesa, lendo em grupo trechos deliciosos de "Texaco", de Chamoiseau, e poemas mais. Refletimos sobre o que seja uma colônia e depois um "departamento" da metrópole. E o que tanto escora ou abala lá e pelo Haiti, por Guiana Francesa e Guadalupe, no que há de primazia europeia ainda formigando e ditando rumos.

A MÁTRIA DAS CORDILHEIRAS, MAR, PAMPA, SIERRA, SELVA E SERTÃO: ARTE & RE-EXISTÊNCIA
com Marcos Ferreira Santos (músico, arte-educador e professor da Faculdade de Educação da USP)

E de novo o amor brota e finca rumos. De vivência e de terra, de ritmos e de ninhos, de estilo e de sedução, de dignidade no trabalho, se firma a mátria pra substituir a pátria.

Mestre Marcos embebeu nossa vida de gestos e histórias da negrice e da indigenitude. Mapeou notas musicais, retratos, pinturas e gravuras dos Andes ao norte brasileiro, traçando um arco que desceu e subiu, sulcando o centro, o nordeste e o norte dos Brasis, mas após gaitear e mastigar forças gaudérias. Rústica e ao mesmo tempo refinada, bravia e ao mesmo tempo acarinhante, gemedeira e ao mesmo tempo doce... Uma cartografia de lutas e amores.

Convívios que não cabem no que seja nacionalismo ou patriotismo, tempos que não cabem no relógio ou no calendário quadrado. Paisagens de arte sorvendo do mamilo da Mãe-Terra, de cordilheiras, Pachamamas e agrestes, de ribeiras e pantanais. A cada lugar e tema uns 30 minutos de apreciação e de borbulha no sangue, ardidas as narinas e as vistas, aprendizado pela musicalização e seus mitos. Poesia.

Canto-lugar, canto-canção. Com arte escolhida e afiada na lâmina do banzo e da vadiação, mestre Marcos trouxe tanto canto ao nosso coração que a dignidade reinou. De gravuras e aquarelas, com menestréis e suas línguas mescladas enovelando passos e cinturas cadenciadas, a musculatura de nossa memória se tonificou com a tanta agilidade de histórias de 500 anos e o compromisso de cantar vivências que não sucumbiram, mesmo sempre taxadas de subalternas. Mantendo o reinado, oferecendo escambos, proteção e estrada.

Ao fim, os muitos instrumentos andinos que Marcos dispôs no centro de nossa roda foram tocados, a princípio em confusão e caos desejado, até que uma aqui e outra ali, células rítmicas toavam e chamavam uma organização que não matasse a espontaneidade. E assim se refez o germe de ser junto, de comungar plenamente através da música.

Aula inesquecível firmada na responsabilidade dadivosa da ancestralidade e na pergunta sempre semeadora: "Onde é meu caminho?".

TEATRO, NEGRO, NO BRASIL: DO TEN AO BANDO OLODUM
com Evani Tavares (atriz, angoleira, doutora em artes pela Unicamp e autora de *Capoeira Angola como treinamento para o ator*) e

REVOLUÇÃO? MOVIMENTO ZAPATISTA E LITERATURA DAS MARGENS MEXICANAS
com Alejandro Reyes (mexicano de nascença, escritor, jornalista e tradutor. Coordena a coleção *Imarginália*, da editora Surplus, e é integrante da rádio zapatista e pesquisador atuante em cultura e literatura latino-americana)

De novo, mestra Evani chegou com seu questionamento elegante e espoleta, municiada por tanto estudo e com a boniteza farta das fotos de grupos de Teatro Negro. Ofereceu praticamente a mesma aula que outra turma, em Taboão da Serra, já havia afofado no coração.

Depois, mestre Alejandro Reyes, com toda desenvoltura e gana de um grande ativista e escritor que é, chamou as semelhanças entre lutas indígenas e de bairro do México e do Brasil. Ensinou sobre bases zapatistas e a poesia do gesto, da autonomia que não aceita ser muletada por governos, da fortaleza que ocupa e resiste contra paramilitares, da política digna que cria elos por metrópoles. Alejandro trouxe imagens dos levantes e marchas de 1994, textos do subcomandante Marcos plenos de sátira ou lirismo arriando as bases racistas neoliberais mexicanas.

De texto em texto, passamos por Tepito, por Nezahualcoyótl (a velha Neza), quebradas valorosas do Distrito Federal mexicano.

Aprendemos com os elos que artistas de rua e escritores das praças criaram, atravessando seu país e adentrando o sul pelas cañadas de Chiapas, cultivando e comendo das milpas enquanto ensinavam ofícios de sapataria e de teatro, de marcenaria e de letramento. Baseado em vivências de anos nas capitais baianas e paulista, fortalecido pelos passos que já deu em tantas paragens latino-americanas, mestre Alejandro Reyes antecipava o que anos depois seria concluído em doutorado pela Universidade de Berkeley, nos Estados Unidos: as vozes dos porões e suas questões sobre território e memória nos movimentos das letras periféricas de São Paulo e do México. Comparando favelas e vecindades, periferias e barrios bravos, declarações de autonomia e mocambagem na Selva Lacandona ou na Zona Sul batida de São Paulo, Alejandro foi mina. Mina cristalina de água pra esperança da gente, mina explosiva arregaçando a paralisia e os estereótipos vindos das grandes cadeias de mídia.

CINEMAS AFRO-SULAMERICANOS
com Lilian Solá Santiago (cineasta, pesquisadora e curadora de mostras de cinema. Historiadora e professora de cinema) e avaliação coletiva

Mestra Lilian Santiago fechou este nosso ciclo com uma aula cheia de papo técnico e de sonho suado. Detalhou processos de seus estudos, de viagens que ela como cineasta realizou. Nutridos por sequências de seus filmes longos e pela projeção integral de documentários curtos, aprendemos sobre desafios atuais de um cinema que na América do Sul teima em contemplar a sua matriz afro. Lilian nos contou de cineclubes, da direção de grandes festivais que integram cineastas africanos e pretos das Américas, de muralhas e vãos na luz das câmeras de tevê e de salas de cine. Se foco, zoom, planos-sequência e roteiro foram elementos e temas presentes na aula, essa gramática básica do vídeo se pareou das histórias da cidade Tiradentes, dos fundos de Minas Gerais e dos equilíbrios, deslizes e vitórias no ensino universitário de cinema.

Depois do lanche comunitário, fomos para o sol crepuscular do quintal para a avaliação coletiva, distribuição das apostilas e escuta das conquistas e erros do curso.

LITERATURA, FUTEBOL E NEGAÇA: FINTAS, IMPEDIMENTOS E SOLADAS DAS RELAÇÕES ÉTNICO-RACIAIS BRASILEIRAS

Abrimos vivências para a compreensão através da literatura e da bola, paixões nossas. De novo, negamos a separação dura entre forma e conteúdo para, em cinco encontros, considerarmos como a discriminação racial brasileira se esparrama também pelo mundo do futebol, metáfora graúda da nossa presença protagonista e ao mesmo tempo alijada da direção. Técnicas, táticas, golaços que também se firmam em textos, dos que assinam embaixo a ideia de democracia racial aos que a contestam e com muita ginga e propriedade deixam zagueiros duros falando sozinho no vácuo. Geografia, cinema, fotografia, teatro e sociologinga fundamentaram a arte/educação desta vez.

Novidade foi a parceragem com o Sarau da Fundão, que realiza recitais em bares e campões na favela da Vila Fundão, pessoal do Luta Popular, organização que luta também contra a especulação imobiliária, o mandonismo dos duques e de empresários que não hesitam em despejar comunidades para erguer prédios e poupanças. Outro ponto novo em nossa história de Pedagoginga, este mais delicado, foi a relação com a Secretaria Municipal de Cultura de São Paulo. Coletivos das periferias paulistanas e saraus foram convidados pra atuar em bibliotecas municipais. Em nosso caso, frisamos que a Edições Toró, nossa editora independente que lançou uma penca de livros de autoria do povo das quebradas de São Paulo, vinha e vai criando alternativas que não são centralmente saraus, mas cursos e realização de debates sobre literatura e sociedade, mais materiais reflexivos e educativos em áudio, vídeo ou livro. Assim, firmamos que em quatro meses realizaríamos três cursos de cinco semanas em regiões distintas da cidade, começando pelo Campo Limpo.

O principal aprendizado, decepcionante e que agiu na veia do nosso princípio de autonomia, foi a percepção de que, para secretarias e autarquias desse tipo, cada vez mais o que voga é o apreço ao eventismo, a fabricação em série de shows ou quase isso para constar na agenda cultural do mês, revistinha forrada, valendo mais o quanto sai de divulgação e de renome do que realmente o que se planta em comunidade. Numa lógica que pouco considera as pessoas, embora nos tenham cobrado que deveriam estar ali pessoas do bairro, no que concordamos prontamente. Mas também ressaltamos a importância de pessoas de outras periferias distantes que vinham compromissadas e que a partir dessa experiência estabeleciam outros vínculos e frequências nas bibliotecas de seus bairros, quando existiam.

Bibliotecas públicas então pouco frequentadas ou que não oferecem formações ligadas ao seu acervo literário receberam turmas de 30 a 50 pessoas. Nos três cursos que organizamos, fomos muito bem recebidos pelas diretorias e funcionários desses centros culturais, gente que nos ajudava a resolver pepinos imprevistos e descaso, pessoal que também pena no cotidiano com a despalavra e o descaso que vêm de cima pra baixo da central das secretarias. Materiais eram combinados e não chegavam ou então chegavam em cima da hora, compromissos eram firmados e eram desconsiderados. Em 15 encontros que envolveram mais de 140 pessoas entre educandos e educadores, apenas em metade de um deles, por mais ou menos uma hora e meia, tivemos o acompanhamento de alguém da secretaria que nos contratava. Documentos pedidos eram enviados uma, duas, três vezes para que fossem chancelados e nada. Um desrespeito e uma incompetência que também atingiu todos os coletivos e saraus, como se constatou em grupo, até que resolvêssemos sair.

Sempre com a desculpa de que o "próprio sistema é burocrático", ex-pseudoativistas encalacrados no gerenciamento moroso usavam dessa tentativa de justificativa em reuniões agoniantes. Lenha molhada exigindo fogueira, coração colonizado, o que completa qualquer projeto de fincar bandeira da mesmice. As bibliotecas têm um diferencial, óbvio, mas que é mina de surpresas e de conhecimento: elas possuem livros, acervos vastos ótimos, variados. E nelas cada vez mais há a volúpia de se enchê-las (paradoxo dos próprios eventos tão vazios e efêmeros que são grande realidade na revistinha do mês, mas avalanche que passa sem gente, salvo rarinhas exceções). Eventos que abraçam apertado essa sanha que hoje impõe e confunde "cultura" como sinônimo absoluto de microfone, palco e holofote.

Bibliotecas cada vez mais com livros intocados, cadáveres nas prateleiras. É claro que botar vivacidade e explorar outras linguagens é bem-vindo, muito pode se magnetizar para fomentar leitura e conversa sobre o que há no miolo infinito dos livros. Isso, repito, é o diferencial das bibliotecas. Mas deixar em último plano o livro em si, seja de papel ou digital, é despejar no lixo luminoso do eventismo o saber que encanta e estimula. Ler é semente. Buscar formas de trazer os acervos ao trato do pensamento e do gesto compartilhado, gozando e refletindo junto, abre várias possibilidades, inclusive silenciosas. Mas semente pulsando por baixo da terra não dá "visibilidade", não tem chama de foto marqueteira. E de cima vem então a sanha pelo que seja estrepitoso e caiba nos muitos focos de luz.

Saraus fizeram trabalhos lindos enquanto estiveram ocupando semanal ou mensalmente as bibliotecas, apesar de tanto desrespeito, como sempre me confirmavam os camaradas, mês a mês, mesmo depois que pedimos licença e saímos do projeto. Manas e irmãos que diziam estar ali mais pela barriga do que pela cabeça, porque sarau e envolvimento comunitário conseguiam com muito mais profundidade mesmo era nos encontros que organizam com autonomia e dendê, onde a palavra rege e, banhado sim a uma bela e desejada utopia, o compromisso é guia.

O que de positivo realmente ocorreu foi que pudemos remunerar educadores que já haviam chegado ou que havia tempos queriam chegar com a gente na nossa atuação comunitária sem cobrarem nada, ao contrário, se prontificando e afirmando que queriam ser chamados de novo para experimentarem mais pedagogingas em outras quebradas e cursos. Mas percebemos, sobretudo, como nossa autonomia é o que temos de mais valioso. E rima com nossa responsabilidade, com o conceito e a confiança que adquirimos por trabalhar sério, valorizando fundamento e não marketing, mais fogueira e menos fogos de artifício, mais estudo e menos show, mais formação comunitária do que pancadas de divulgação e autoexaltação diária na internet.

Nossa autonomia cria possibilidades temáticas e didáticas, elos com outros coletivos independentes e fomenta resistência, independência e raízes que a burocracia e a sanha pelo eventismo não contempla, ao contrário. Ela tem um custo estrutural no tempo de estudo de articulação pedagógica, na dificuldade material, mas compensa infinitamente o que vem de quadrado e de cima pra baixo, o que joga contra quando quer reger instrumentos e melodias que não compreende.

100 ANOS JOGANDO COM A RAÇA: DISCRIMINAÇÃO, ASCENSÃO SOCIAL, PÁTRIA E GRANDES NEGÓCIOS

com Flavio Francisco (historiador e pesquisador das mídias negras do começo do século 20) e Uvanderson Vitor (sociólogo, pesquisador das desigualdades sociorraciais brasileiras) – com textos de Nelson Rodrigues, Gilberto Freire e João Antônio

Começamos o curso com uma magistral aula dos mestres Uvanderson e Flavio Francisco, que abarcaram desde os princípios da prática do futebol em nosso país marcados pelo amadorismo até hoje, tempos de milhões de dólares. Compreendemos melhor toda a ideia de modernidade que se desenvolve também pelos temas do esporte, do rádio e de manifestações de e para as massas. Com muita projeção de imagens e leituras conjuntas, analisando mutações e manutenções do racismo através do século 20, lendo os textos escolhidos para o encontro, captamos como a paixão pelo jogo de bola foi e é instrumentalizada por grandes partidos, batalhões e corporações capitalistas. De ingleses chiques a Leônidas da Silva, das diferenças simbólicas entre Pelé, Garrincha, Afonsinho e Sócrates, das Copas do Mundo exaltadas pelas ditaduras latino-americanas às negociatas internacionais que levam jogadores para grandes ou medíocres centros futebolísticos do planeta, questionamos com o cerebelo o nosso coração de torcedor, iniciando a saborosa contradição que seguiria pelo curso: um prisma crítico e a pulsação arrebatada de torcedores.

Nelson Rodrigues comovendo e João Antônio cortando com suas prosas, doces lâminas, sobre Fluminense, Mengo, Galo e Cruzeiro, eram os respiros acesos entre os mapas e fotos. E com os textos gozamos e debatemos sobre identidades latino-americanas e suburbanas, sobre técnica e corrupção, jogando a bola da literatura.

DE RETRATOS A CHUTEIRAS – A NAÇÃO ENVERGONHADA

com Mônica Cardim (fotógrafa e arte-educadora, mestre em história da arte) – com textos de Lima Barreto

A mestra Mônica conduziu uma oficina de fotografia, essa "pintura do século 21" acessível às maquininhas de telefonia. A reflexão sobre o fazer fotográfico, como a luz chapada que caracterizou durante tanto tempo o retrato do rosto negro, se aliaram à leitura de um irônico e mordaz texto de Lima Barreto que, no começo do século 20, viu a imprensa carioca se dizer envergonhada pela seleção nacional de futebol que iria, cheia de pretos, representar o Brasil em jogos na Argentina. Que imagem era essa do povo brasileiro que se exportava?! Ô vontade de ser Paris que pinicava também nos pseudoeruditos do jornalismo local, destroçados pelo estilo e entrega da caneta de Lima Barreto. O encontro fomentou debate quente, nutrido pela didática de materialização e apreciação de obras fotográficas, sobretudo retratos negros. Oficina de construção de álbuns fotográficos, percepção do que as imagens dizem nas suas frestas e na sua composição. Tempo de feitura e de prosa sobre o que desaba há décadas na nossa cara quando passamos por bancas de jornal e telas brilhosas de computador pagas por anunciantes.

CORPO NEGRO EM FUTEBOL E TEATRO: DRAMATURGIAS, CENAS E RITUAL

com Evani Tavares (atriz, angoleira, doutora em artes pela Unicamp) – com textos de Cidinha da Silva e Oduvaldo Vianna Filho

Mestra Evani Tavares experimentou e encantou a patota com oficina e técnicas de criação teatral mais uma vez. O que houve de singular neste encontro, porém, foi suscitar uma compreensão do quanto o espetáculo futebol e suas regras de jogo se assemelham ou se distanciam do que chamamos de teatro, desde o comportamento da torcida nas arquibancadas até a presença dos repórteres e a poesia ou a narrativa da transmissão radiofônica, passando pela indumentária e pela postura dos jogadores antes, durante e depois das partidas. Dialogamos sobre o que seja mito e como ele se manifesta, por exemplo, em algo tão corriqueiro quanto uma partida de futebol, garantindo, sim, partidas especiais, decisivas e duelos entre rivais históricos ou times estrangeiros à esfera de ritual, elegendo heróis, vilões e emoldurando revolta ou passividade, consentimento ou explosão de alegria.

Lendo crônicas e trechos de peças de teatro, as risadas reconheceram ídolos antigos e truques em que caímos, na perseverança de torcer e seguir fiel a uma camisa mesmo quando derrotados.

Evani, como sempre, privilegiou o círculo, a roda em que representações e gestos simbólicos eram chamados para fazer a hora. O apetite da risada questionadora umedecia a simpatia, gerava vínculos, o que dá mais viga e agilidade para em grupo refletir com o estímulo das tantas sensorialidades que temos.

O BAQUE DO MARACANÃ 50 E O GOLEIRO BARBOSA – ENQUADRO E PROJEÇÃO

com Renata Martins (cineasta atuante em direção, roteiro e montagem, educadora em artes visuais) – com textos de Eduardo Galeano

Mestra Renata abordou em sua oficina um dos eventos mais marcantes da história do futebol brasileiro, que rendeu durante muito tempo opiniões racistas escancaradas sobre goleiros negros.

A derrota de virada para a seleção do Uruguai no maracanazzo de 1950 foi contextualizada. Conhecemos quem era e quem depois foi Barbosa, o grande goleiro do Vasco, até então um craque nacional intocável. Com leque mais amplo, mirando a América do Sul e estudando como era retratada não apenas a seleção brasileira, mas também a do Uruguai, pela mídia da época e pela literatura dos anos seguintes, assistimos a ficções e matérias documentais que miraram em Barbosa seu fogo pontiagudo. Significados nacionais harmoniosamente adequados ao racismo brasileiro foram desbaratados com o auxílio da crônica de Eduardo Galeano, em seus curtos e abissais parágrafos.

Na segunda parte do encontro, em grupo, construímos roteiros com imagens de futebol pré-selecionadas por Renata, o que nos serviu para compreender como os mesmos focos podem resultar em inúmeras paisagens diferentes no campo do jornalismo esportivo, da filosofia ou da ficção, de acordo com sua proposta de montagem. Assim, tivemos uma breve aula sobre aspectos de construção de roteiro cinematográfico e sobre aspectos gerais que conduzem uma edição, além de compreender a existência épica de Barbosa, especialmente por ser negro brasileiro e goleiro, essa vocação quase maldita de impedir o gol ou de abrir a varação pro adversário. Especialmente no chão de gramado, asfalto ou terrão brasileiro.

DO CAMPINHO AO ESTÁDIO: GEOGRAFIA DAS EMOÇÕES E IMAGENS DA BOLA PRETA

com Billy Malachias (mestre em geografia humana, pesquisador do Neinb-USP e consultor do MEC) – com textos de Plínio Marcos, José Roberto Torero e do cordelista José Soares

Mestre Billy elaborou por semanas um encontro delicioso. Cometeu a indelicadeza de vestir a camisa do São Paulo antes de dar a aula, mas a gente corintianamente deu nosso recado e permitiu ao mestre o prosseguimento.

A geografia dos afetos e do território, enamorando economia e emoção, coletividade e golaços, das paisagens que aglutinam e dispersam, teve desde a projeção do já clássico *Preto contra Branco*, filme que documentou o clássico comunitário que há anos acontece nos fundões do Ipiranga paulistano, campos e terreiros que Billy conhece desde pequeno, já que seu pai é um dos articuladores desse jogo. Com a bússola de Billy contando os causos por dentro, soubemos por que os negros do bairro chamaram esse jogo pra vida, confiantes de que nesse campo teriam argumentos pra vencer o racismo desde numa situação de (des)emprego até nas piadinhas locais.

Mas antes e além do filme, a geografia nos beijou pela poesia do saber, quando com Billy aprendemos sobre as lógicas das migrações internas e das especulações imobiliárias que vão ocupando campos de várzea de onde brotaram craques, grandes nomes da bola no planeta ou nos bairros. Fizemos isso observando mapas da cidade e do país, pensando nos projetos governamentais e capitalistas de ocupação de territórios nos últimos 40 anos e também atentando à estrutura de nossa sala, da luz e de som que se alastram biblioteca adentro. Com o filme *Várzea, a bola rolada na beira do coração*, desfrutamos do calor e da simplicidade que ainda resiste nos campões da cidade e também manjamos da complexidade do que envolve economia e autogestão, protagonismo feminino, tretas internas e a gostosa nomeação dos times de várzea. Sacamos dessa poesia o que também já bebe e reproduz da fonte do grande capital, do que finta desde tempos dos festivais do "desafio ao galo" até os atuais fins de semana de "Copa Kaiser".

Boniteza e doçura a descrição fotográfica dos jogos infantis nos campinhos, nos asfaltos de traves feitas de chinelo, das peneiras nos areiões e terrões que antecedem a escala dos gramados. Nobre vagabundagem, junto com crônicas rimadas de futebol em cordel degustar de fotos das gerais e das arquibancadas brasileiras de todo século 20. E com detalhes da ciência da geografia apreciar a indumentária e os gestos da torcida, imaginar seus gritos e nos questionar sobre quais cantos ressoavam quando as torcidas eram rivais, mas não em estado de ferocidade, sem tiros, dividindo os mesmos espaços de arquibancada. Admirando escudos de antigos times da várzea e aprendendo sobre seus elos com o samba, sobre a vida e o movimento nas periferias pretas de São Paulo, mas também sobre o fervor e a coletividade nos cortiços centrais, gargalhamos com dois times sem jogo, lendo o texto magistral de Plínio Marcos com suposta troca de cartas de uma diretoria varzeana para outra, em tempos que bola de couro e chuteira eram bibelôs, peças difíceis, e que atravessar a cidade para jogar bola era pisar com o peito e representar a bandeira do futebol sem nenhum glamour ou patrocínio.

Fechamos um curso delicioso e fomos comemorar com cerveja e torresminho.

TEIAS DA EXPRESSÃO, CHAMAS DA REFLEXÃO: ARTES PLÁSTICAS E GRÁFICAS AFRICANAS E NEGRO-BRASILEIRAS

Ainda no conluio com a coordenadoria de bibliotecas da Secretaria Municipal de Cultura de São Paulo, organizamos cinco encontros na biblioteca do glorioso Jabaquara, bairro onde nasci, cresci, me criei e de onde abri caminhos pro mundão sem nunca perder o afeto que gargalha e lacrimeja por aquelas ladeiras e becos amados e problemáticos. É ali a fonte das minhas dúvidas mais pessoais, de identidade, de política, de querer mais, ouvir e melhor perguntar.

Na biblioteca do Jabaquara ativamos um curso muito concorrido e que ensinou muito sobre mudanças necessárias de meio de percurso, sobre apoio comunitário, sobre a missão que guia diretoras de bibliotecas que também lidam com a despalavra e a burocracia estatal. E, claro, sobre a estética e a cultura que floresce na diáspora africana.

Nossos encontros foram ali no "Cultural", como chamamos esse lugar que há tempos abarca muitas linguagens e gerações, desde escravizados se refugiando e rumando pra quilombos, e até mesmo outras histórias de Brasil Império.

Vale lembrar que, colado à biblioteca, numa confusão entre oficialidades e coordenadorias, existe o "Acervo do Viver Afro-brasileiro", que, como diz o nome, deve agregar e propagar a cultura negra nossa, mas que está ainda demais aquém do que as comunidades do Jabaquara, de São Paulo e do Brasil merecem e precisam.

Chamamos às aulas teóricas e expositivas, oficinas, projeção de vídeos, fotografias e músicas, leituras dramáticas e mapas. E recebemos mais de cem inscrições de novo para o delicado de selecionar 40 participantes a partir da lógica das ações afirmativas, priorizando o público que já desenhávamos como arco e flecha da nossa peleja de pensar com gosto. E assim chamamos o povo:

- Pra desfrutar, questionar e escambar percepções da estética e da mocambagem de matriz afro, com suas intenções e eletricidades, carinhos e contextos.
- Pra compreender alguns porquês das rodas de fortaleza e beber algumas outras surpresas.
- Pra desenvolver pedagogingas com quem pesquisa, sua e pratica. Com quem vive a questão e traz fundamentos, reflexão e vontade de esparramar.
- Pra, mesmo com novas dúvidas e suas coceiras, ganhar sustança. Não arriar nas humilhações e nos farelos de cada dia.
- Pra não reproduzir facinho uns quebra-cabeças cheios de quebranto, tão brilhantes na vitrine, tão sorridentes no outdoor e tão fuleiros na cartilha. Serão quebrantos perpétuos estes nas entrelinhas da (des)educação?

Gracias.

PANOS QUE FALAM: TECIDOS AFRICANOS, HISTÓRIAS E IMPRESSÕES COLETIVAS

com Luciane Silva (pesquisadora e educadora da Casa das Áfricas, professora da Facamp, dançarina e antropóloga)

A primeira aula chamou novamente o tema dos tecidos com a mestra Luciane Silva, porém abriu mais tempo para a oficina na segunda metade do encontro. E foi bem diferente porque, entre o primeiro curso e este, o sexto, no intervalo dos anos a mestra viajou e atuou por alguns países africanos que ainda não conhecia. Dali trouxe mais detalhes sobre a produção e a circulação dos tecidos, nos ensinando, por exemplo, ainda mais sobre as mulheres que controlam comércio e mercados de panos africanos, as "Mama Benz". Foi ótima a introdução pra uma plateia de bambas, em mescla considerável de faixas etárias.

CORTE, ENCAIXE E COLAGEM: EXPERIMENTAÇÕES NA ARTE AFROBRASILEIRA

com Marcelo D'Salete (artista plástico, quadrinista, ilustrador e professor de artes da Escola de Aplicação da USP)

Mestre Marcelo D'Salete desta vez deu outro ar pra aula que puxou. Baseado ainda nos trabalhos que já havia feito conosco, sua didática pôde também contemplar mais tempo de atividade prática. E ele abordou detidamente o que de mais criativo as experiências formais em artes plásticas de gente negra no Brasil trouxeram nos últimos anos. Passeando por quadrinhos e pelo pop, agraciando obras de franja ritual, dispondo conceitos acadêmicos de acerto e de discordância de prismas, integrando arte de rua e de galeria, Marcelo problematizou bastante também o Museu Afro Brasil, onde inclusive trabalhou. Abriu vertentes comparativas com a história de outros museus no mundo que primam por um acervo de arte e pensam etnia, e onde florescem ações educativas que vão além de visitas escolares guiadas e que armam outras formas de se relacionar com acervos que possuem e com artistas que por ali passam, seja por suas obras ou por trabalhos vários possíveis dentro das instituições museológicas que também vivem momentos de crise e autoquestionamento.

A partir do encontro puxado por Marcelo, começava a coçar a questão do tempo da oficina. Mesmo contando com mais de uma hora e meia para atividade em dupla ou conjunto, inclusive extrapolando o horário combinado e esticado amavelmente pelos funcionários da casa, os grupos, pelo bem-querer de apresentar algo elaborado e potente, estavam se estendendo bastante na produção dos trabalhos artísticos. Era pouco o tempo para as apresentações, ao fim do encontro, hora que era reservada para a reflexão coletiva sobre os porquês e o como se "resolviam" questões estéticas, ideológicas e psicológicas que apareciam nos trabalhos.

CONCEITUALISMOS E AFRODESCENDÊNCIA: QUESTÕES DA IDENTIDADE NAS LINGUAGENS PLÁSTICAS
com Renata Felinto (artista plástica, mestre em artes pelo Instituto de Artes da Unesp, educadora do Instituto Sidarta)

Mestra Renata Felinto tocou questões variadas sobre arte e negritude, trançando com propriedade problemas que aparentemente não possuem conexão, mas que estão enroladinhos no mesmo balaio. Das urgências, dores e ironias que partem do corpo, da pele, do cabelo, dos lábios que transbordam das telas a um leque de artistas negras contemporâneas do Brasil ou dos Estados Unidos, Renata pontilhou sua apresentação teórica com as balizas do que seja ou do que não seja arte negra, ou afrodescendente se preferirem. Lendo e questionando Roberto Conduru, Mariano Cunha e outros críticos e historiadores das artes plásticas que orbitam pela produção negra, voltou à pergunta sobre a natureza dessa criação, se definida por mão negra que faz ou por público branco que a estuda, se pilar pelos temas antigos de luta e pelas formas e linguagens que conversam com marcadas tradições populares negras que passaram pelo escravismo, ou se amarrada por gêneros e formas atribuídas a negros do mundo inteiro, grudadas a conceitos racistas antigos e que vomitam arame farpado nos movimentos criativos de uma arte que deseja muito mais do que ser apenas bonita.

A produção plástica e visual de mulheres negras foi o mote central do encontro, a partir de projeções de trabalhos de Rosana Paulino e outras mais, que fundem ou discernem sobre materiais e espaços distintos para sua expressão. Espécies distintas de produção, englobando da fotografia à instalação, da arte postal e do objeto ou livro de artista à performance foram analisadas por suas cronologias e possibilidades.

A segunda metade da aula novamente ficou para a oficina, que propôs trabalhos que acompanhassem as temáticas trazidas pela aula expositiva. Sublime colorido por cartazes individuais ou feitos em grupo, o único senão foi a percepção que, para acontecer uma fértil reflexão conjunta dos trabalhos e seus significados e tramas, realmente se fazia necessária uma outra tática, uma outra organização do tempo, papel da articulação pedagógica, pois restava quase nada de minuto para compartilhamento e diálogo na apreciação do grupo todo sobre obras que eram porradas ou carícias, que parodiavam diretamente ou recriavam inconscientemente posturas críticas. Ou mesmo reproduziam estereótipos banhados em boa intenção.

Foi uma das mais importantes aulas da nossa história de Pedagoginga.

TIPOGRAFFITE: DOS *ADINKRAS* AOS MUROS E PÁGINAS
com Mateus Subverso (b.boy e grafiteiro da Posse Suatitude, engenheiro das Edições Toró, atuante nos universos do design gráfico, digital e musical)

Pelas experiências da falta de tempo pra refletir sobre as oficinas, conforme aconteceu nas primeiras três aulas do curso, modificamos nossos períodos da tarde. De duas partes, dividimos os encontros em três.

Mestre Mateus Subverso puxou o encontro. Primeiro, uma aula teórica menor, uma hora apresentando vídeos, mapas, fotos e pinturas, ensinando detalhes da história do grafite, linhas do hip-hop nos Estados Unidos e no Brasil, autonomia e revide, lazer e política, confrontos internos que se tornam batalhas de arte sem corpos estáticos e ensanguentados no chão, mas corpos girando e gerando, criando técnicas e contestando guerras. Ainda na aula teórica, Mateus já ponteava o quanto o fundamento plástico das folhinhas dos pixos, das traquinagens em estêncil e dos coloridos desemparedando mentes e nas paredes urbanas dialogava com princípios tipográficos, com as histórias em quadrinhos e com a ideologia punk afrontando o estado racista, o governo fascista, a polícia que despeja cacetadas e o empresariado que nos estereotipa para vender seus badulaques e posturas. Aula sobre grafite bolando rumos estéticos, rua tomada e dilemas de arte transgressora em incorporação pela indústria cultural direta ou indiretamente. Espinhando cabeça de críticos que não tinham arsenal pra deglutir essa guerrilha.

Assim dialogamos sobre o conceito de "escrita", considerando a marca negra ou hispânica dos anos 1970 em diante, que desenvolveu tipos e formas, tons e silhuetas, cores e gravuras por muros e trens de Nova York, de São Paulo, de Paris e muita cidade grande deste mundão. Compondo frames, moldurando intuitivos espaços na organização engenhosa da letra inventada, compondo grids em diálogo com alturas e localizações de objetos como postes, vagões, sarjetas etc., desenvolvendo junto detalhes que se relacionam com questões que coçam e adoçam a mente dos artistas do design desde os tempos mais antigos, pelos orientes e Áfricas.

A segunda parte da aula então foi a oficina, que teria menor duração. Sobraria uma terceira para voltarmos a uma aula teórica bem debatida. Deu muito certo. Assim, antes do intervalo do lanche comunitário, os grupos trabalharam e apresentaram as fontes tipográficas de letras que o mestre Mateus pediu para confeccionarem com massinha e usando estilete. Dialogamos sobre as intenções, os significados, e na mostra coletiva partilhamos desafios comuns e noções diferenciadas do que fosse letra e de quanto seu desenho oferecia possibilidades de design e sua concretude trazia fluidez, contemplação ou volume. Matrizes tipográficas em prensa ou em espaço cibernético, em caligrafia na areia ou em spray no muro.

Então, depois do lanche, a terceira parte chegou e foi o coroamento perfeito. O erro em não apreciarmos junto as obras, como nos três primeiros encontros, foi consertado. A aula expositiva foi cabulosa, também porque auxiliada pelos elementos da primeira parte teórica, da segunda parte oficinada e pelo que já havíamos preparado com imagens e história das técnicas de impressão e escrita, dos esgrimistas chineses às redes sociais de hoje, passando por Gutenberg e xilogravuras, mas destacando a estética dos *adinkras* e de outras grafias africanas como a *osmanya*, a *géez*, a *shumon*. Os exercícios da segunda parte da aula, além de serem então mais profundamente compreendidos, abriram seara para melhor entendimento do próprio leque de temas e hipóteses que o mestre preparou.

O hip-hop se mostrou como jardim de conhecimento, de contexto, vitaminando rumos e opções de revide fundamentado ao que seja opressão e padronização.

CAMINHOS DA ARTE CONTEMPORÂNEA: LINHAS EXPRESSIVAS DO BENIN

com Glaucea Helena (artista plástica, educadora do Museu Afro Brasil e professora de artes da Etec Parque da Juventude)

Para fechar o curso tivemos a mestra Glaucea Helena dando o rumo da jangada. Repetimos a escolha do último encontro e dividimos novamente a aula em três turnos, no meio a atividade oficineira, desta vez com giz de cera e crayon para aprendermos o que gira entre o opaco e o brilhoso, metaforizando o cotidiano.

Com habilidade rara e paciência frondosa, Glaucea dançava entre as perguntas que fazia à turma sobre reviravoltas da arte contemporânea, afofando a terra para trazer detalhes sobre estilos e matérias nas artes plásticas. A partir de um panorama das complexidades sociais de países como o Benin, a mestra agilizou nossas miradas para percebermos a sutileza, a ousadia, o equilíbrio e as quebras de script que artistas como Zinkpé, Ladis e Tchif botaram pra ferver. A apreciação estética surpreendia, fazendo descobrir nas telas e desenhos projetados vários símbolos e gritos, protestos paródicos e dores laminares nem tão explícitos nas obras, mas às vezes segredados em senhas a criar.

O trabalho conjunto foi em crayon e novamente deixou porosa a trilha para compreendermos dilemas que o grupo tinha em coletivo e também individualmente. As trocas estilísticas não só com o que vem de "ocidental", mas com o que se apreende da arte de outras etnias, inclusive até mesmo pelo ato de homenagem ou legitimação de outros artistas e linhas. Sendo a última aula do curso, foi possível perceber o quanto se refinou cada noção sobre estética, africania, relações de gênero e resistência de ideias, diálogo com tradições. Antes da avaliação, Glaucea ainda conjugou mais sobre princípios plásticos ou políticos das obras e anseios do Benin de hoje, por seus artistas que se movimentam dentro do país e por frestas na Europa. Debatendo sobre o que se ganha e o que perde na difusão e circulação pela internet, o que se colhe acompanhando calendários de museus e detectando como a grossa assimilação do que se impõe na categoria de "artistas africanos contemporâneos" não dá conta dos seus temas e, principalmente, da variedade de estilos e formas que assinam.

Assim, terminarmos o percurso com a avaliação coletiva e a distribuição das apostilas. Nessa roda, entre as críticas sobressaiu a que pedia uma introdução maior, dedilhando pelo menos um panorama geral da história das diásporas africanas, o que auxiliaria ainda mais a compreensão da sua arte.

LITERATURA DE CORDEL: ARTIMANHAS, FINURAS E ESPESSURAS DOS ROMANCES E FOLHETOS

Para o mês de julho convidamos o povo a estudar cordel em Pirituba, aliados ao povo dali, do sarau Elo da Corrente, que vinha escolado e cicatrizado também das agruras na relação com a Secretaria Oficial de Cultura e sua coordenação de bibliotecas. Com o empenho e a crença da poetaria e dos ativistas do bairro, o curso foi muito bem bolado e divulgado, e o povo de férias chegou a esse imã que é a poesia popular nordestina. De novo, o que valeu no contrato assinado com a prefeitura foi a força para a participação dos educadores, e desta vez rateamos e conseguimos trazer a mestra Cláudia Rejanne lá do Ceará, do Crato, que é fonte porreta e meca do cordel brasileiro. Rimando, chapando gravuras, mexendo as relações entre cinema e sertão na sextilha, entre geografia e gramática, velejando no seco e bebendo do poroso, o curso propôs uma cara preta ao tema também, questionando os cânones que são a bússola intocável da história do cordel. Vogou estudar no tema "cordel" a presença africana em sua estrutura, a caneta mulher, a cantadeira e o rebuliço fundamentado que o cordel recebeu no século 21, ainda ignorados no Sudeste e mesmo por bandas do Nordeste brazuca.

Ainda em junho, quando articulamos temas e logísticas de espaço e de tecnologia para as aulas, escrevemos a chamada por internet para as inscrições no curso:

Salve. vamos estudar junto? (...) Neste sétimo curso que bolamos, sétima Pedagoginga, perguntamos: quantos labirintos existem nas veredas da história da literatura de cordel? O que se afina na história das xilogravuras que ganham autonomia e hoje atiçam sensibilidades em seus álbuns de imagem sem palavras? Como a escrita casada com voz de recital garimpou e frutificou mitologias nordestinas e encontros de migrações? Como na beirada da literatura oficial se consolidou e se transformou o estilo versado de rimar em romances? O que traz de sofisticado em sua letra doce e espinhosa? Há grandeza? Há mediocridade? Há pequenez? O que frutifica na teia de produção de textos, de leitura, de identidade enraizada sertaneja ou galopada nas capitais nordestinas, nos subúrbios do sudeste, nas livrarias e beiradas do norte amazônico? Quais desenhos têm sotaque e se alinham nas tipografias do cordel? O que de resistência de matriz afro permanece e anuncia num universo que ainda é absolutamente considerado apenas por suas vigorosas fontes ibéricas? Como as mulheres vêm escrevendo e sendo escritas no mundo do ABC, das sextilhas? Vamos estudar estilo, contexto, política, imaginário?

CORDEL COMO SISTEMA LITERÁRIO: CONTEXTOS DE ESCRITA, EDIÇÃO, LEITURA E CRÍTICA
com Allan da Rosa (historiador e estorinhador, angoleiro e pedagogo)

A primeira aula girou na intenção de apresentar a grandeza do tema, minúcias e contradições da história do cordel brasileiro. Passar pela força ibérica dos romances de cavalaria e pelas formas como primos do "cordel" passearam e se firmaram em países como Chile e México, por exemplo, de modos diferentes e menos fortes do que no Brasil. Abordar musicalidade, temática e urgência dos motes de matriz africana e indígena, tanto na forma da cantoria e da escrita estrófica como nos convívios da circulação. Historiar a chegada das máquinas de impressão e a disseminação das gráficas pelos fins do século 19 nos centros nordestinos, a relação entranhada entre os universos da oralidade e da escrita por seus elementos fundamentais, suas semelhanças e enormes diferenças. Detalhar a distinção e até mesmo a rivalidade que grita de dentro entre cantadores e poetas da página, entre repentistas, emboladores, declamadores e romancistas da poesia popular nordestina. Passar pela consolidação de formas gráficas, tornadas tradicionais como a da gravura na capa e com a propaganda na contracapa, além da dimensão de uma sulfite dobrada em quatro partes. Questionar a história da autoria e o papel do editor nos princípios do século 20, vide o caso de Martins de Athayde, grande editor e que passou a ter considerados "seus" dezenas ou centenas de folhetos de gêneros e estilos diferentes. Problematizar as mortes anunciadas e as ressurreições teimosas do cordel perante a chegada do rádio, do cinema, da TV e da internet, praias em que o matuto ou o estudado cordelista sempre surfam num pé só, integrando suas rimas ao meio de difusão que lhes seja saudável.

Além de trazer ao encontro poemas de mestres da história do cordel, pilares que perduram na memória dos poetas, foi importante demonstrar o patamar em que pesquisadores de fora e de dentro do país colocam a poesia popular nordestina há anos, mesmo enfrentando discriminações de tantos que a consideram uma "poesia menor".

A ironia e o drama, o realismo e o fantástico, as chamadas de Lampião, Padre Cícero, Lula ou Getúlio Vargas, célebres chamadores de capas que dividem as alturas com "amarelinhos", como Pedro Malasartes e Cancão de Fogo, foram também temas do primeiro encontro entre as récitas e as leituras individuais silenciosas que rolaram depois de trechos do filme *Aboio*, obra brilhosa em seu preto e branco que também nos dedilhou mais do universo mítico dos arbustos e planaltos em que os poetas avoam, rastejam e seduzem.

NATUREZA E IMAGINÁRIO NO CORDEL
com Rogério de Almeida (professor da Faculdade de Educação da USP)

Nosso mestre Marcos teve que cancelar na última hora sua chegada, desta vez não conseguiu ir por responsa dum convite colombiano de pedagogingar por lá. Sugeriu bem o mestre Rogério Almeida, seu parceiro nos estudos do imaginário e bamba em apreciação das obras de Fernando Pessoa e Machado de Assis. Desde o encontro ainda distante da biblioteca, no percurso por avenidas e trilhos, Rogério já ia ensinando saborosamente fascínios da linguagem e da literatura, enredados também em mostrar outros jeitos possíveis de dar aulas de português. Aqueceu o dendê por ônibus e trem no percurso à Pirituba e continuou caloroso depois do início do encontro com a turma, ao nos apresentar características da métrica brasileira, da musicalidade de nossas paroxítonas tão presentes na fala cotidiana, em tantos gêneros musicais e nos folhetos impressos do cordel. Propôs o exercício de rimar em sextilha clássica após nos ensinar sobre as tais "sílabas poéticas". Com a versificação, primeiro solitária em papel e depois apresentada na voz da roda, voltamos a viajar no que seja crônica, fantasia, romantismo ou no que mescla de beirada vários gêneros. Voltamos à aula e pareamos com Camões, Gregório de Matos e Patativa do Assaré mais sabidos das tantas frestas que a língua portuguesa do Brasil mantém úmidas. Finalizamos com uma detalhada leitura conjunta puxada pela crítica formal da inesquecível peleja entre Zé Pretinho do Tucum e Cego Oliveira, lida alto verso a verso, da arrogância à queda do cantador que humilhou pra ser humilhado, onde racismo não faltou. Já leu?

MARIAS E CLARICES NO RAIO DA SILIBRINA: PRODUÇÃO E REPRESENTAÇÕES FEMININAS DO (NO) CORDEL
com Cláudia Rejanne (poeta e professora da URCA-CE)

Mestra Cláudia Rejanne elaborou o encanto. Chegou do Ceará para um dos mais frios julhos da década paulista e fogueirou no saber. O que o "cordel" tem de libertário e de gozoso, de resistência cultural e de inteligente, tem também de machista. Assumido ou demagógico, o livreto tem sua história todinha de feminicídio, seja em tema ou em verso diretamente ou na invisibilidade das autoras, editoras e mesmo cantadoras que são também seu esqueleto e musculatura.

Com uma aula toda recheada de declamação e de projeção de imagens e fotos, com dezenas de títulos do próprio acervo da biblioteca de Pirituba ou trazidos da coleção da mestra Claudinha, foi questionada a crítica que prioriza absolutamente a escrita em detrimento da oralidade. Refrões e desafios célebres foram apreciados pela professora, sabedora de dentro do que voga por Crato, Juazeiro do Norte e outras liras e auês, sintonias e desates, verdejanças e securas da Chapada do Araripe.

Com muita propriedade, a segunda parte da aula trouxe a saga da geração dos "Cordelistas Mauditos", que de 2000 em diante ferveram a cena da poesia no Cariri. Dominando regras e temas, métricas e motes, sabendo de trás pra frente dos vaticínios e significados de religiosos, cangaceiros e flagelados no romance de cordel, colocaram os 500 anos do Brasil na rinha da linha. Detonando a rigidez do tabuleiro, compondo em perfeitas estrofes septilhas, dominando oitavas ou decassílabas até que explodissem a rima e a silabaria pouco antes dos finais das estórias, os "Mauditos" colocaram no centro da questão a história do poder do cordel, os vínculos entre coronelismo e poesia. As grades do espírito e o populismo se trincaram com o protagonismo com livres homoafetividades ou com transexualidades estrelando a cena. Análises de gravuras de capas e leituras de paródias deliciosas escritas pela geração de Fanka, Salete Maria e outras circularam até nos salivar. A crítica pelo humor raiou e adubou. As palmas no fim do encontro duraram minutos eternos.

GRAVURAS, PAISAGENS E MOVIMENTOS DA PALAVRA
com Billy Malachias (mestre em geografia humana, pesquisador do NEINB-USP e consultor do MEC)

Mestre Billy priorizou as relações entre ser humano e natureza na cartografia da emoção, chamando o pessoal pra criar rimas sobre lugares. Coroas migrantes, molecada suburbana, gente de 40 anos que já não encontra mais o mesmo bairro da infância, mas ginga diariamente em suas nuances de permanências e de mudanças drásticas movidas pelo capital paulistano... O afeto e a força do território foram o empuxo do encontro na aula de poesia.

Percebemos como gêneros econômicos primam nas capas de cordel (desde a vacaria do poeta aboiador até o futebol gerador de ídolos, finanças e romancistas, com o que abrem para sacarmos nosso tempo); como projetamos nossas tragédias e gozos de ocupações dos espaços físicos e das gamas simbólicas, imaginárias, nas estrofes imperfeitas e raras.

Billy desanuviou mentiras sobre as migrações brasileiras inter ou intrarregionais. Apresentou a africania em formas do nosso verbo que foram ganhando corpo ou murchando de acordo com as mudanças geográficas. Movimentos da história no chão, na água, na tecnologia e as suas vertentes na poesia ficaram nítidas no encontro. Compreender a página e seus poros, descobrindo o livro como uma metáfora das paisagens que são criadas nos territórios do amor e da luta, a escrita como um tabuleiro onde as peças do xadrez da geografia fintam e se escondem, pedem decifração e sorriso, tudo isso possível pelo exercício de ouvir junto poemas de autores clássicos do cordel e poemas compostos ali pela gente, no sábado nosso. A maestria e a sensibilidade como as perguntas mais complexas, por cristalinas que ainda se pareçam, foram conduzidas pelo mestre a partir de mapas e de imagens, comparando analogias e extremas diferenças entre campo e cidade, lugares em que os circuitos e técnicas editoriais foram vagarosos ou apressados pelas demandas e expectativas sociais e pela necessidade e sanha criativa dos poetas.

AFRICANIAS E ICONOGRAFIAS DO CORDEL
com Maria Antonieta Antonacci (professora de história da África da PUC-SP e coordenadora do Centro de Estudos Culturais Africanos e da Diáspora da PUC-SP)

Mestra Antonieta mergulhou na história negra das expressões nordestinas. Dos tons e timbres das sonoridades, do que é rústico e valente, do que é doce e dengoso, do que se prolifera em mesas e esteiras e é tão mote de rimas em ABC, em martelo, em mourão e em gemedeira. Começando a aula divagando sobre fluências e muralhas das diásporas africanas, gentes que, alijadas de letramento e de escolaridade nas Américas escravistas, desenvolveram artes e ofícios em corpo pleno, a professora Antonieta trabalhou ícones de imagens em pinturas, esculturas e suas relações com tradições da poesia popular. Temas de partida, de combate à injustiça, de religiosidade, de amor, de irmandade... encontrando os mistérios das imagens entalhadas ou pintadas.

Lendo gravuras com paciência, degustando de cortes e linhas, tendo a poesia em quadrinhas como ponte e referência, aprendemos como o cinema bebeu dos mitos do cordel. Pedaço da aula foi dedicado à história do "dragão da maldade", com a cronologia de suas primeiras aparições no imaginário do interior baiano, nos muros e álbuns, mais uma análise de seus tratos com a política e o racismo local, até que ganhasse a notoriedade nacional pela câmera de Glauber Rocha.

Capas de cordel trazem mistérios e memórias que a primeira vista grossa não desvenda, mas, pelo toque atento às pistas saborosas que a poesia oferece, pareando com gravuristas, mergulhamos em características das estilísticas e das cosmovisões africanas, como a circunlocução na arte verbal (capacidade dos bardos, vates, griôs e djelias de rodear o mesmo tema com infindas metáforas e não nomeá-lo diretamente) ou o conceitualismo de suas artes plásticas que operam possíveis aumentos ou diminuições em partes das obras que os criadores consideram importantes destacar, de acordo com qualidades atribuídas a quem foi esculpido ou retratado.

Alinhar detalhes vigorosos da presença africana e crioula brasileira, apesar de às vezes nos parecer óbvio e redundante, como na transbordante permanência das formas de cantoria, dos instrumentos musicais e de estruturas no léxico e na sintaxe do cordel, se faz ainda necessário. A hipocrisia nacional e suas formas veladas, mal intencionadas ou deformadas de discriminação, que vão do xingamento à desaparição de vestígios "indesejáveis", ainda vigem. E fortes.

PRETICES EM CENA: TEATRALIDADE, CONSCIÊNCIA E EXPRESSÃO NEGRA

De novo nós por nós, total e na sintonia com o grupo do Teatro Clariô, voltando a bolar curso na amada e problemática Taboão da Serra, encontramos o prazer de estudar teatro, faiscando.

Ali onde a arte é presença incessante e onde se resiste a enchentes e a politicalhas, onde nasceram, se propagaram e foram recebidas peças já antológicas pra esse tempo de arte nas quebradas, organizar um curso encontrou carinho, conforto e responsabilidade. É o espaço onde, por anos, puxei e puxo as aulas de capoeira angola, essa beira-mar também cheinha de teatralidade. Então, em fevereiro, de novo abrindo intervalo para o Carnaval, realizamos nova Pedagoginga com um time cabuloso de educadores que topou fortalecer na peleja.

A chamada pública ressoou e recebemos 105 inscrições. E se nossa intenção de novo era firmar com 40 participantes a matricular, ampliamos para 70, decidindo arcar com os riscos didáticos. Mas deu certo, nas dinâmicas pedagógicas que chamaram pra dança, pra encenação, pra interpretação, audição e reflexão, coube o tanto de gente que chegou. E por janeiro, a chamada nossa foi:

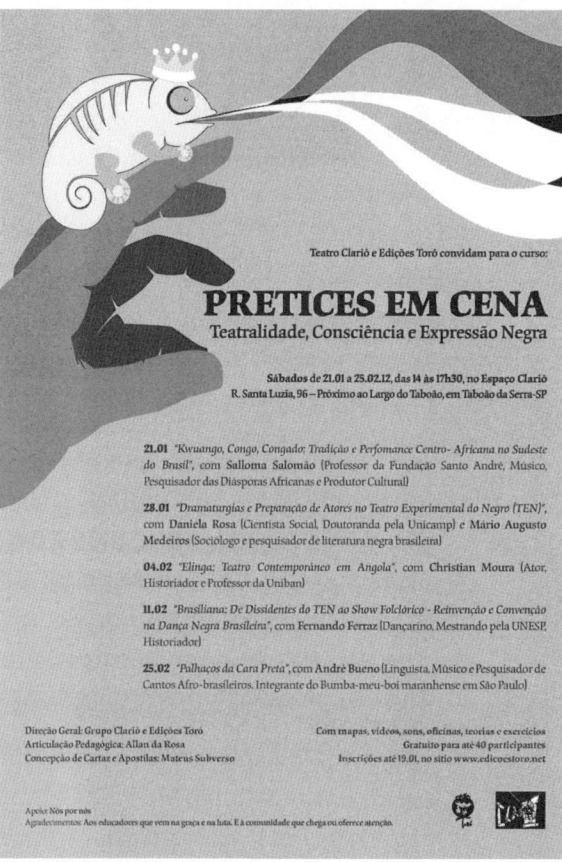

> *Quais as tranças e desvios entre ritual e cena, performances e palco na história afro-brasileira? Como as funduras de personagens, montagens e textos teatrais anunciaram, rasgaram ou assimilaram os terrores racistas de cá? Em que pé vão as buscas estéticas e políticas no teatro contemporâneo africano hoje? Há namoros entre a dor e a comédia de pintar a cara de preto, nas tantas curvas e contextos deste Brasilzão congadeiro e rapeiro?*
>
> *Para o saber e o sabor de aprender juntos, este é o 8º curso, 8ª Pedagoginga realizada pela Edições Toró, agora na aliança com o glorioso Teatro Clariô. Os cursos miram alimentar a Arte-Educação Popular e Afro-brasileira, pesquisando e praticando didáticas em temas tão necessários às nossas quebradas da cabeça e ladeiras das veias, for-*

talecendo a reflexão e o revide nas beiradas de São Paulo e também contaminando espaços regulares como as escolas oficiais.

Urgência e dádiva nossa. Ainda mais em tempo que "cultura", resistência e anunciação vão se confundindo facilmente com mais e mais automarketing, ações espetaculares ou com "enviar-compartilhar-curtir!" o reino da cadeira e da tendinite.

Clariô e Edições Toró convidam para o curso

Pretices em cena: teatralidade, consciência e expressão negra

KWUANGO, CONGO, CONGADO: TRADIÇÃO E PERFORMANCE CENTRO-AFRICANA NO SUDESTE DO BRASIL

com Salloma Salomão (professor da Fundação Santo André, músico, pesquisador das diásporas africanas e produtor cultural)

Nascido no interior mineiro, tecida a adolescência pelos arames e curvas das estradas de Passos, mestre Salloma Salomão ofereceu com gana real para a turma uma apreciação do que domina há tempos: quentura e fundura sobre as diásporas africanas, centrado ali em Minas Gerais, esse Congo brasileiro que desenha seus mistérios há tempos e tempos, distante do litoral, mas que tem o mar como tema central em duas ou três de cada canção que sussurra ou entoa... Minas que explode nos tambores e murmura em cortejos, que canta, veste e cuida dos seus terreiros. Minas das águas e grotas, urbana primeira e douradora da sustança econômica da história deste Brasil. Minas do ferro na garganta, por fora e por dentro. Sempre menos enaltecida do que merece, soberana de Ngolos e Kwangos, Mbundus e Rebolos, de Tchokwes e também de fulas. Ninho onde iorubas mais tarde, mais recentes, há 200 e tantos anos chegaram com a altura de suas ciências de minerar. Garimpagem nos gestos de Congados, Maçambiques e Quicumbis, dessa Minas de sertões e bailes black, de vacarias e capoeiras de ganzás e de jagunços, de montes e vales, de dedos em riste no nariz preto sanguessugando a força, o espírito negro, de levantes de chicos e chicas.

Tição, a aula de Salloma trançando cosmovisão bantu e cantoria de esquinas e de rezas. Tesão, aprender de manipansos e de cristianismo (verdadeiro ou fajuto?) que já vinha em barcos que Manicongo autorizava, renomeado dom Afonso, catolicizado pra pedinte e pra porteiro que enviava também filhos cheios de esperança de mando pra Europa e que esvaziavam como bexigas no Atlântico, o mar que, quando sulcado pelos navios lusos, ia abençoado por cruzes espetando escambos e estupros, seguindo normas regentes e papais. Pois foi assim, ensinando, que já aportavam aqui no Brasil pelos séculos 16 e tal uma gente de um Congo mudando, pessoas de recantos e planaltos, abismos e fontes ocultas de mato (sertões também) que já por uma controversa conversão conhecia louvações cristãs e bíblias que se empinavam em mesas de cabeceira ao lado de livros de negócios e xaropes para sífilis.

E nessa borbulha toda de rasgar liberdade e também de espremer correntes, deu a teatralidade transbordante rezada e sorrida em performances pelas orlas de serra e de asfalto neste Brasilzão, gerando saídas de congado. Loas, coroações, quartinhos interditos, copos se enchendo pra louvar, aproveitando feriados católicos e demarcando, alargando e empurrando um tiquinhozinho mais o mapa de existir e reapropriar o corpo, o quintal e a cidade. Pratápolis, Santa Rita de Cássia, São Sebastião do Paraíso, Alpinópolis, Itaú, São João Batista do Glória, cidades que Salloma rememorou e louvou por suas africanias de azul e branco com os rosários cruzados no peito, as contas que são balas de canhão, como se canta nessas guerras mais esgarçadas e quase nunca declaradas, que o congado conhece por cima e por baixo.

Ah... e como foi aconchegante (e acachapante) ouvir solfejos e recordar histórias do começo, mitos da fundação do congado e seus cortejos, barrocamente saber mais da cena toda que entoa esperança pra louvar Santa Efigênia, Nossa Senhora do Rosário e, claro, São Benedito. E com muita foto projetada pro teatro lotado que formamos, ouvir entrevistas de mestres guardiões de cantigas e de cangomas. Acompanhar a mulherada que era proibida de participar e que agora muito lidera e conduz. Madrinhas iniciadas e mestres que honram a distinção, sabendo a hora de cada ato pra cada lugar, o gesto e o canto propício pra quando se recebe visita de outra representação, pra quando se passa por encruzilhada, pra quando se chama criança, se enterra, se termina passagem ou se resolve pendenga.

E com ternos de Moçambiques, a gente ouvir de indaca, gunga, ngombe, ngoma e aruanda, termos que o Salloma na busca da sua vida encontrou e filosofou, sempre compreensão com cheiro de lençol novo. Forças que elite nenhuma, no afã de modinhas "culturais" ou de negociatas folclóricas, poderá prender nos bairros ricos de São Paulo. E se a dramaturgia trazia potente a fertilidade mantida de tantos termos kikongo ou quimbundo, nós da turma começávamos a aprender com encanto sobre as fronteiras entre culto e cena, rito e espetáculo, drama e trama comunitária.

Ah, o sabor do saber! Foi muita a fluência na mina dessa aula de metafísica, de história, de poesia, de teatro.

DRAMATURGIAS E PREPARAÇÃO DE ATORES NO TEATRO EXPERIMENTAL DO NEGRO (TEN)

com Daniela Rosa (cientista social, doutoranda pela Unicamp) e Mário Medeiros (sociólogo, pesquisador de literatura negra brasileira)

A dupla veio do interior em generosidade plena, se encontrando, se perdendo no caminho por Taboão, trazendo no balaio fotos, livros, textos teatrais, áudios e a vontade de compartilhar tantos anos de pesquisa, flecha florida no racismo brasileiro, o genocida e o que tenta nos botar venda ou à venda, na moda ou na vala. Aula da luta por dignidade do povo preto, que também no teatro desde os anos 1950 (e antes...) tem muito das suas graças, reivindicações e contradições para arrumar.

Primeiro, apresentar o TEN não apenas por seus atores e atrizes trazidos à cena, mas ressaltando Ironides Rodrigues da Silva, um faz-tudo que foi bússola ativa desde as ações de letramento até a preparação de atores. Leitor insaciável colocando na ciranda, com Abdias do Nascimento, textos de Jean Genet e Eugene O'Neill, por exemplo. Também relembramos eventos coordenados pelo TEN entre as porradas da luta dos símbolos, como os concursos "Rainha das Mulatas", "Boneca de Piche" e "Cristo de Cor". E nós debatendo sobre como seriam ontem e hoje as recepções a esses termos no seio da sociedade carioca, brasileira e também no movimento negro em suas diversas vertentes.

Acompanhando tratos editoriais e temáticos do *Jornal Quilombo*, publicado entre 1948 e 1950, percebemos diferenças de composição, diagramação, tratamento fotográfico e editorial, que pode ser fonte para uma maior reflexão sobre a história do jornalismo brasileiro no geral.

Com cenas arrebatadoras das montagens do TEN contextualizadas, passamos a trechos que são comichões ainda para a realidade social e estética brasileira. A proposta dos mestres Daniela Rosa e Mário Medeiros foi que lêssemos trechos fortes das peças do TEN escritas por dramaturgos diferentes, depois de ouvirmos sobre as histórias distintas desses autores, que chegaram ao TEN de modos bastante diversos. Rosário Fusco, Romeu Crusoé, o próprio Abdias e outros escritores tiveram suas letras, hoje ainda tão difíceis de se encontrar, lidas e comentadas antes mesmo das leituras dramáticas puxadas ali mesmo em nosso sábado, depois de uma meia hora de preparo para cada grupo de cinco ou seis pessoas que interpretava a agonia, a doçura, a perplexidade, a mesquinharia e tantos sentimentos presentes nos atos evocados.

Essa dinâmica de leitura emocionou vários dos presentes no encontro, que se perguntavam sobre quantas vezes isso teria ocorrido nas décadas que se passaram após o término do TEN. Esse foi o recheio e o tempero pra discussão que brotou vivança sobre texto teatral, negritude ontem e hoje, cena, estéticas da interpretação e da direção.

ELINGA: TEATRO CONTEMPORÂNEO EM ANGOLA
com Christian Moura (ator, historiador e professor da Uniban)

E é pelas frestas ainda queimando dos tempos coloniais angolanos que começamos a aula com o mestre Christian Moura, assistindo a filmes que pelas avenidas de Luanda chamavam o tempo pra um papo reto, passando por ruínas e neon. Entre ressacas de descolonização e crenças sempre balançando os nenês de dentro do peito, sabemos de sonhos antigos em um século 20 que já colocavam o teatro em Angola pra soprar a labareda antilusitana. Com Christian, questionamos o que seria um teatro angolano: se o dos grupos catequistas de missões imanizando crentes, se o das companhias nacionais portuguesas que rodaram pelas colônias de ultramar desde os anos 1930, ou se as que o nacionalismo, na sanha e nas trincheiras de se descolonizar, pôs pra se aliar diretamente na reconstrução da memória e das perspectivas do que seria um país livre, enfrentando depois abismal guerra civil, corrupção e manutenção de poder governamental extremamente centralizado e guloso.

Acompanhando leituras teóricas, cenas de espetáculos e trechos de dramaturgia, Christian abriu o leque que abarcaria desde os grupos de comédia portugueses até a "geração de 50" angolana, depois firmando mirada nos dilemas sobre a identidade nacional que guiaria letras e peças dos anos 1970 em diante. Soubemos da garra da tradição mais recente de teatro em Angola, simbolizada também pela criação em 1976 da Escola de Dança e Teatro e a capacidade criativa de montagens contínuas, resistindo à desgraceira da guerra civil.

Assim, nutridos por detalhes da história política e social angolana contemporânea, compreendemos os porquês da criação da Companhia Elinga, que vinha já pelo rastro de continuidade de grupos que lhe antecederam, como o Tchinganje (1975/76), e prosseguida com o Xilenga-Teatro (1977/80) e pela Companhia de Teatro da Faculdade de Medicina de Luanda (1984/87).

Acompanhamos trechos e fotos de várias montagens do grupo Elinga, montadas em vários cantos do mundo e geralmente com textos de José Mena Abrantes. Percebemos a variedade de linguagens usadas e a relação contraditória e fértil com o que se propôs "representar a cultura angolana".

A aula puxada por Christian ganhou sustança ainda mais quando optou por nos dirigir em jogos cênicos, para uma atuação de vários dos participantes do curso, numa cena que colocava a ideia de "poder", "escolha" e "decisão" em primeiro plano. A sátira, a paródia, a ironia, temas mestres de uma teatralidade inclusive afro-diaspórica, irmanaram aula e cena. Regaram a última parte de leitura de trechos teóricos pra debate.

BRASILIANA: DE DISSIDENTES DO TEN AO SHOW FOLCLÓRICO – REINVENÇÃO E CONVENÇÃO NA DANÇA NEGRA BRASILEIRA

com Fernando Ferraz (dançarino, mestrando pela Unesp e historiador)

Mestre Fernando Ferraz abriu seu paó, louvou o começo a quem conduz e apresentou as perguntas que desembocam na boca da alma de muitos hoje em dia: o que será mesmo a tão falada "dança afro"? Para isso, com alongamentos, locomoções, atenção no jeito de pisar e na reflexão sobre o espaço circular e o de arena, leituras de gestos míticos e arquetípicos das matrizes do candomblé, Fernando questionou o que cada um do grupo tinha em mente quando se pensava em teatro e ancestralidade negra.

A aula se desenrolou a partir da Companhia Brasiliana e de atores e atrizes que foram estrelar shows folclóricos por décadas em palcos europeus, pessoas que questionavam um centralismo no TEN e que mergulharam em representações do exótico que parece fascinar até hoje, sendo amplo mercado de sobrevivência e glamour combinado a efemeridades que se nutrem tanto do Itamaraty e das grandes mídias quanto dos imãs e recepções que se oferecem na cama e na mesa aos gringos no Brasil há tempos.

Com histórias de Mercedes Batista, Haroldo Costa e Katherine Dunham e acompanhando variações e singularidades dos grupos de ensino de dança que no Rio de Janeiro congregaram muito mais gente pelas décadas seguintes, aprendemos sobre as "revistas" e rapsódias compostas por Haroldo Costa, problematizadas enquanto assistíamos a cenas raras desses shows cheios de plumas, fantasias estrondosas, saltos mortais e rebolado sorridente. Pensamos juntos sobre como seria nos miolos do século 20 juntar versos de Castro Alves e seu "Navio negreiro" com aspectos cada vez mais presentes nos cartões postais, como corpos suados ou paramentados nas rodas de capoeira, maracatus e frevos que até hoje são fontes de resistência autêntica e também de espetáculos em paragens turísticas e prostituídas de nossas capitais ensolaradas.

Fernando trouxe, com carinho pelos detalhes, uma abordagem que tocava detalhes sobre a formação do grupo, seus centros de formação e ensaio, sua administração econômica, seu *marketing* e a ajuda de mais gente notável da arte negra brasileira, como Solano Trindade, por exemplo. Aprendemos sobre as notas dos folders e *releases* das peças do então renomeado "Teatro Folclórico Brasileiro", que, propagando suas coreografias pela América Latina e Austrália, não mais somente na Europa, apresentava parágrafos elogiosos sobre uma suposta harmonia na integração social entre negros e brancos de nosso país.

A partir de um enfoque mais centrado em Mercedes Batista, assistimos a vídeos potentes dos momentos de seu ápice pelo Teatro Municipal do Rio de Janeiro e no grupo de Balé Folclórico que levava seu nome, apreciando criticamente e em conjunto coreografias que trazem tanto movimentos estritamente fiéis às suas fontes ritualísticas como recriações mais livres. Assim, questionamos a mudança dos significados que ganham palavras como "folclore" e "dança afro" no Brasil, alimentados por uma contextualização dos movimentos criativos que a partir da década de 1970 assumem usos diferentes no trato com essas fontes ancestrais e religiosas.

Antes de no fim da aula dançarmos em conjunto, entrosando-nos à proposta de melhor dialogarmos com o corpo e entendermos peso, ritmo, cadência, simbologia e representações no manancial negro, suando após o diálogo verbal que traçamos sobre dança e suas histórias europeias, africanas e brasileiras pelos passos do que seja tradicional, moderno e contemporâneo, o mestre Fernando debateu conosco sobre as rodas quentes presentes nas vagas entre as agulhas do mercado e dos projetos nacionalistas governamentais, espaços em que a genialidade criadora de muitos dançantes foi raiz e asa pra compreensão e contemplação dinâmica, individual ou coletiva por palcos, universidades, bailes e escolas de dança particulares no Brasil e no exterior.

PALHAÇOS DA CARA PRETA
com André Bueno (linguista, músico e pesquisador
de cantos afro-brasileiros, integrante do bumba meu boi
maranhense em São Paulo)

Mestre André Bueno, que domina tanto o linguajar acadêmico quanto o ponteio da viola e os traquejos de quem atua mascarado, pesquisador amante da arte da palavra e da cena, chegou com seus instrumentos de dedilhar, de soprar e de percutir pra nos ensinar sobre a teatralidade dos anti-heróis, dos satíricos que em cenas já ancestrais assumem papéis de braço-direito de fazendeiros, coronéis e governantes para quebrar os próprios patrões com patacoadas questionadoras. Palhaços da cara pintada de preto, mesmo sendo negros, que questionam com poesia dúbia a própria comunidade, improvisando sobre textos básicos conhecidos de cor por vizinhos, comerciantes, crianças e policiais, alimentando sua fala com o que haja de urgente e atual na repercussão dos fatos econômicos e do que paira de novidade nas técnicas, usando e abusando de musicalidade e indumentárias coloridas.

André nos mostrou como caipiras ou sertanejos iniciam suas comédias forjando uma falsa postura de ignorantes, pra usar isso durante toda a cena da forma mais malandra ou escrachada possível. Pintar a cara de preto dialoga por dentro com o não reconhecimento, com o racismo mais brabo e numa frutificação ambígua abre a magia que toda máscara traz. O invisível inventa uma aparição mantendo a segurança da invisibilidade, do que pode se adaptar e garantir que "não fui eu que falou, foi o personagem, o mascarado", mesmo num arremedo de possessão.

Estratégia dramática inchada de protesto social casada à gargalhada e à expectativa maior da apresentação festeira que pode ser rara por ano. Artimanha política e estética se relacionando com a compulsória pintura da cara que frequentou times de futebol e palcos urbanos que proibiam presenças negras nos seus elencos, como os clubes, prédios, empresas, mídias e escolas que também firmaram esse explícito bloqueio racista.

Autos elaborados, complexos, possivelmente repletos de personagens e com duração que pode correr até noites seguidas, pelas apresentações de cavalo-marinho, bumba meu boi e tantas folias e danças dramáticas, trazendo palhaços que, entre o desastre simulado e as rimas, combinam palavras modernosas com ênfases também bastante regionais.

Com trechos desses autos projetados no telão, traçando relações entre o Macunaíma, de Mário de Andrade (que tanto pesquisou cômicos interioranos e centrou estudos no grande palhaço Veludo), e o Pai Francisco dos bumbas de bois; entre os palhaços Friagem, das folias mineiras, e o inesquecível Benjamin de Oliveira que arrebatou a cena cômica circense entre o século 19 e o 20, tantos elos brilham. O que vistas apressadas veriam como assimilação acrítica e subordinada ao racismo, pintar a cara de preto pode ser compreendido justamente como uma das características da ginga: ocupar malandramente espaços, inventando linguagens e ironizando por dentro as estruturas vampiras, nas entrelinhas ou nas exclamações.

Mas essa compreensão só foi o jardim que foi pelas técnicas didáticas que André utilizou além da explanação saborosa e do desfrute nosso de cenas de festejos e autos em fotos e vídeos. A Pedagoginga fez seu trelelê quando organizamos nossas cirandas e nossos cortejos na segunda parte da aula, imaginando nosso meio de roda no teatro ora como uma rua de interior, ora como uma beira de mar, ocupando o centro do lugar movidos à flauta que, solando, conduzia os momentos de levantar braços, de pisar forte ou de meter munganga com a cara, marcados pelo compasso da caixa que recebia as baquetas em felicidade e responsabilidade.

Compreendendo com teoria e com as células pipocando pra lá e pra cá na razão sensível. Esquentando o corpo em pensamento teórico pareado com a ação oficineira.

NOTAS DA SEGUNDA PARTE

1. Ver capítulo 1 de *A psicanálise do fogo*, 1999.

2. O conhecimento torna-se pertinente quando é capaz de situar toda a informação em seu contexto e, se possível, no conjunto global no qual se insere. Caminha principalmente por sua capacidade de conceitualizar e globalizar (MORIN, 2005).

3. Maffesoli (1995, p. 31), em uma de suas muitas definições para esta palavra, a convoca por sua faculdade de "dar novamente sentido aos elementos arcaicos, que se acreditava totalmente esmagados pela racionalização do mundo".

4. "A disciplinaridade delimita um domínio de competência sem o qual o conhecimento tornar-se ia fluido e vago; e, por outro lado, ela desvenda, retrai ou constrói um 'objeto', que se define por sua materialidade (a resistência dos materiais) e sua homogeneidade (do papel para a moeda). A história das ciências não é somente a da constituição e proliferação de disciplinas, mas também a das rupturas de fronteiras disciplinares, de sobreposições de problemas de uma disciplina sobre a outra, da circulação de conceitos, de formação de disciplinas hibridas que terminaram por se autonomizar" (morin, 2005, p. 43). O autor cita casos como o da noção de "informação", que migra das humanidades à biologia. Ou "código", oriunda da linguagem jurídica, que também vai à biologia, operando a noção de "código genético".

5. Segundo Morin (1979), a noção de sujeito diz à qualidade própria do ser vivo que busca a auto-organização, pertencente a uma espécie, situado num tempo e membro de uma sociedade ou grupo. Para transformar-se e conhecer-se, o sujeito necessita de um objeto.

6. "O sensível não é apenas um momento que se poderia ou se deveria superar, no quadro de um saber que progressivamente se depura. É preciso considerá-lo como elemento central do ato de conhecimento" (MAFFESOLI, 1998, p. 189).

7. O princípio da neotenia (importado da biologia) estuda e infere sobre o inacabamento intrínseco do ser humano, abrindo a perspectiva para o uso de contribuições, mesmo que transitórias, da ciência, da filosofia e da educação.

8. "A sensibilidade do indivíduo é aculturada e por sua vez orienta o fazer e o imaginar individual. Culturalmente seletiva, a sensibilidade guia o indivíduo nas considerações do que para ele seria importante ou necessário para alcançar certas metas de vida. (...) Nessa integração de potencialidades individuais com possibilidades culturais, a criatividade não seria senão a própria sensibilidade. O criativo do homem se daria ao nível do sensível" (OSTROWER, 1987, p. 17).

REFERÊNCIAS BIBLIOGRÁFICAS

ALENCASTRO, Luiz Felipe de. *O trato dos viventes* – formação do Brasil no Atlântico Sul. São Paulo: Companhia das Letras, 2000.

ARAÚJO, Emanuel. *Para nunca esquecer*. Negras memórias, memórias de negro. Brasília: Fundação Palmares, 2001.

ARAÚJO, Rosângela Costa. Iê, viva meu mestre – a Capoeira Angola da "escola Pastiniana" como práxis educativa. Tese de Doutorado: FEUSP, 2004.

BACHELARD, Gaston. *A água e os sonhos*. São Paulo: Martins Fontes, 1997.

_____ *A psicanálise do fogo*. São Paulo: Martins Fontes, 1999.

_____ *O direito de sonhar*. São Paulo: Difel, 1986.

BARBOSA, Ana Mae. A multiculturalidade na educação estética. *Caderno temático de formação I.* São Paulo: SME, 2003, pp. 21-23.

BARROS, José Flávio Pessoa; NAPOLEÃO, Eduardo. *Ewá Òrisà*. Uso litúrgico e terapêutico dos vegetais nas casas de candomblé jejê-nagô. Rio de Janeiro: Bertrand Brasil, 1999.

BENTO, Maria Aparecida; CARONE, Iray. *Psicologia social do racismo* – estudos sobre branquitude e branqueamento no Brasil. Petrópolis/Rio de Janeiro: Vozes, 2002.

CACCIAGLIA, Mário. *Pequena história do teatro no Brasil* – Quatro séculos de teatro no Brasil. São Paulo: T. A. Queiroz Editor/Edusp, 1986.

CAMARGO, Maria Thereza L. de Arruda. *Plantas medicinais e de rituais afro-brasileiros II* – estudo etnofarmacobotânico. São Paulo: Ícone, 1998.

CAMPBELL, Joseph. *As máscaras de Deus*: Mitologia Primitiva. São Paulo: Palas Athena, 1983.

_____ *O poder do mito*. São Paulo: Palas Athena, 1990.

CASCUDO, Luís da Câmara. *História da alimentação no Brasil*. São Paulo: Global, 2004.

_____ *História dos nossos gestos*. São Paulo: Global, 2003.

CAVALLEIRO, Eliane. *Do silêncio do lar ao silêncio escolar*. Racismo, preconceito e discriminação na educação infantil. São Paulo: Contexto, 2000.

CHAUÍ, Marilena. Merleau Ponty – Obra de arte e filosofia. In: NOVAES, A. (org.) *Artepensamento*. São Paulo: Companhia das Letras, 1994.

COSTA E SILVA, Alberto. *A enxada e a lança*. Rio de Janeiro: Nova Fronteira, 1996.

COSTA, Iná Camargo. O teatro épico de Brecht. in: HEISE, Eloá. *Facetas da pós-modernidade*: A questão da modernidade, 2. São Paulo: DLM/FFLCH/USP, 1996, pp. 179-182.

DURAND, Gilbert. *As estruturas antropológicas do imaginário*. São Paulo: Martins Fontes, 1997

_____ *A imaginação simbólica*. São Paulo: Cultrix-Edusp, 1988.

_____ *O imaginário*: ensaio acerca das ciências e da filosofia da imagem. Rio de Janeiro: Difel, 1998.

ELIADE, Mircea. *Imagens e Símbolos*. Ensaio sobre o simbolismo mágico-religioso. São Paulo: Martins Fontes, 1991.

_____ *Mito e realidade*. São Paulo: Perspectiva, 1972.

FALCÃO DOS SANTOS, Inaicyra. *Corpo e ancestralidade* – uma proposta pluricultural de dança-arte-educação. Salvador: EdUFBA, 2002.

FANON, Frantz. *Os condenados da terra*. Rio de Janeiro: Civilização Brasileira, 1979.

_____ *Pele negra, máscaras brancas*. Salvador: EDUFBA, 2008.

FERREIRA SANTOS, Marcos. *Crepusculário*: conferências sobre mitohermenêutica & educação em Euskadi. São Paulo: Zouk, 2004.

_____ Ancestralidade e convivência no processo identitário: a dor do espinho e a arte da paixão entre Karabá e Kiriku. In: *Educação anti-racista*: caminhos abertos pela Lei Federal 10.639/03. Brasília: Ministério da Educação/SECAd, 2005.

_____ Arte, imaginário e pessoa: perspectivas antropológicas em pesquisa. In: TEIXEIRA, Maria Cecília Sanchez; PORTO, Maria do Rosário Silveira (Coord.). *Imagens da cultura*: um outro olhar. São Paulo: Plêiade, 1999.

_____ *Educação de sensibilidade*: crepusculário & mitohermenêutica. Editora Zouk, Textos Complementares: www.editorazouk.com.br, 2004b.

_____ *Novas mentalidades e atitudes*: diálogos com a velha educação de sensibilidade. Jornal da Apase, São Paulo, v. XII, n. 92, pp. 08-11, 2001.

FERRETI, Sérgio. *Repensando o sincretismo*. Estudo sobre a Casa das Minas. São Paulo: EDUSP; São Luís: FAPEMA, 1995.

FOUCAULT, Michel. *Microfísica do poder*. Disponível em: http://vsites.unb.br/fe/tef/filoesco/foucault/microfisica.pdf. Acesso em: 20/4/2011.

GILROY, Paul. *O Atlântico negro*. São Paulo: Editora 34, 2001.

GOMES, Flávio dos Santos & REIS, João José. *Liberdade por um fio*. São Paulo: Companhia das Letras, 1996.

GOMES, Nilma Lino & GONÇALVES E SILVA, Petronilha Beatriz. *Experiências étnico-culturais para a formação de professsores*. Belo Horizonte: Autêntica, 2002.

GOMES, Núbia Pereira de Magalhães & PEREIRA, Edmilson de Almeida. *Assim se benze em Minas Gerais* – Um estudo sobre a cura através da palavra. Belo Horizonte: Mazza Edições, 2004.

GONÇALVES, Luiz Alberto Oliveira & GONÇALVES E SILVA, Petronilha Beatriz. *O jogo das diferenças* – o multiculturalismo e seus contextos. Belo Horizonte: Autêntica, 1998.

GONÇALVES DA SILVA, Vágner. *Orixás da metrópole*. São Paulo: Vozes, 1995.

GONÇALVES E SILVA, Petronilha Beatriz (org.). *O pensamento negro em educação no Brasil*. São Carlos, UFSCar: 1997.

GUSDORF, Georges. *Professores para quê?* Lisboa: Moraes Editores, n/d.

HALL, Stuart. *A identidade cultural na pós-modernidade*. Rio de Janeiro: DP&A, 2001.

_____ *Da diáspora*. (org: Liv Sovik) Belo Horizonte: EDUFMG, 2003.

JUNG, C. G. *Os arquétipos e o inconsciente coletivo*. vol. IX/1. Petrópolis: Vozes, 2002.

_____ *Sincronicidade*. Petrópolis: Vozes, 2000.

KELEMAN, Stanley. *Mito e corpo:* uma conversa com Joseph Campbell. São Paulo: Summus, 2001.

KUHN, Thomas. *A estrutura das revoluções científicas*. São Paulo: Perspectiva,1982.

LOPES, Nei. *Bantos, Malês e identidade negra*. Rio de Janeiro: Forense-Universitária, 1998.

_____ *O negro no Rio de Janeiro e sua tradição musical* – partido-alto, calango, chu la e outras cantorias. Rio de Janeiro: Pallas, 1992.

LUHNING, Angela. Acabe com este santo, Pedrito vem aí... *Revista USP. Dossiê Povo Negro – 300 Anos*. São Paulo, n. 28, 1996, pp. 194-220.

MACHADO, Vanda. *Ilê Axé: vivências e invenção pedagógica* – crianças do Afonjá. Salvador: EDUFBA/SMEC, 2002.

MAFFESOLI, Michel. *A contemplação do mundo*. Porto Alegre: Artes e Ofícios, 1995.

_____ *Elogio da razão sensível*. Petrópolis: Vozes, 1998.

MARTINS, Leda Maria. *A cena em sombras*. São Paulo: Perspectiva, 1995.

_____ *Afrografias da memória*. São Paulo: Perspectiva; Belo Horizonte: Mazza Edições, 1997.

_____ A oralitura da memória. In: SOARES, Maria Nazareth (org.). Brasil afro-brasileiro. Belo Horizonte: Autêntica, 2000, pp. 61-86.

MENDES, Miriam Garcia. *O negro e o teatro brasileiro*. São Paulo: Hucitec/Fundação Palmares, 1993.

_____ *O visível e o invisível*. 3ª edição, São Paulo: Perspectiva, 1992.

MERLEAU-PONTY, Maurice. *A fenomenologia da percepção*. São Paulo: Martins Fontes, 2006.

MORIN, Edgar. *Educação e complexidade* – os sete saberes e outros ensaios. São Paulo-Cortez; Brasília, DF: UNESCO, 2005.

_____ *O enigma do homem*. Rio de Janeiro: Zahar, 1979.

_____ *O Método 3*. O conhecimento do conhecimento. Portugal: Publicações Europa-América,1996.

MOURA, Clóvis. *Dicionário da escravidão negra no Brasil*. São Paulo: EDUSP, 2004.

_____ *Os quilombos e a rebelião negra*. São Paulo: Brasiliense, 1981.

MUKUNA, Kazadi wa. *Contribuição bantu na música popular brasileira*. Perspectivas etnomusicológicas. São Paulo, Terceira Margem: 2000.

MUNANGA, Kabengele. *Estratégias de combate ao racismo na educação*. Ministério da Educação e do desporto. (mimeo.), s/d.

_____ (org.) Estratégias e políticas de combate à discriminação racial. São Paulo: Edusp, 1996.

_____ Origem e histórico do quilombo na África. *Revista USP. Dossiê Povo Negro - 300 Anos*. São Paulo, n. 28, 1996a, pp. 56-63.

_____ *Rediscutindo a mestiçagem no Brasil*. Petrópolis: Vozes, 1999.

_____ *Negritude*. Usos e sentidos. São Paulo: Ática, 1986.

NASCIMENTO, Elisa Larkin (org). *Sankofa I* – a matriz africana no mundo. São Paulo: Selo Negro, 2008.

OLIVEIRA, Eduardo David de. *Cosmovisão africana no Brasil:* elementos para uma filosofia afrodescendente. Fortaleza: IBECA, 2003.

ONG, Walter. *Oralidade e cultura escrita.* São Paulo: Papirus, 1998.

OSTROWER, Faiga. *Criatividade e processos de criação.* Petrópolis: Vozes, 1987.

READ, Herbert. *A arte de agora agora.* São Paulo: Perspectiva, 1991.

REIS, João José. *Rebelião escrava no Brasil: a história do levante dos Malês* (1835). São Paulo: Brasiliense, 2003.

REIS, João José & SILVA, Eduardo. *Negociação e Conflito – a resistência negra no Brasil escravista.* São Paulo: Companhia das Letras, 2005.

RIBEIRO, Ronilda Yakemi. *Alma africana no Brasil.* Os Iorubás. São Paulo: Oduduwa, 1996.

ROCHA, Everardo. *O que é etnocentrismo.* São Paulo: Brasiliense, 1984.

ROSEMBERG, Fúlvia & PIZA, Edith. Analfabetismo, gênero e Raça no Brasil. *Revista USP.* Dossiê Povo Negro – 300 Anos. São Paulo, n. 28, 1996, pp. 110-121.

SANCHEZ TEIXEIRA, Maria Cecília. *Discurso pedagógico, mito e ideologia.* Rio de Janeiro: Quartet, 2000.

SANTOS, Joel Rufino dos. *Épuras do social:* como podem os intelectuais trabalhar para os pobres. São Paulo: Global, 2004.

SANTOS, Juana Elbein dos. *Os nagô e a morte.* Petrópolis: Vozes, 1976.

SILVA, Erminia. *Circo-Teatro:* Benjamim de Oliveira e a teatralidade circense no Brasil. São Paulo: Altana, 2007.

SILVA, Ornato J. *Iniciação de Muzenza nos cultos bantos.* Rio de Janeiro: Pallas, 1998.

SODRÉ, Muniz. *A verdade seduzida.* Por um conceito de cultura no Brasil. Rio de Janeiro: Codecri, 1983.

_____ Corporalidade e liturgia negra. In: *Revista do Patrimônio Histórico e Artístico Nacional,* n. 25. Rio de Janeiro, 1997, p. 456-457.

_____ *O terreiro e a cidade.* A forma social negro-brasileira. Petrópolis: Vozes, 1988.

_____ *Samba.* O dono do corpo. Rio de Janeiro: Codecri, 1979.

TAVARES, Julio Cesar de. *Diásporas africanas na América do Sul:* uma ponte sobre o Atlântico. Brasília: MinC, 2007.

TELLES, Edward. *Racismo à brasileira.* São Paulo: Relume/Dumará, 2003

Este livro foi composto nas fontes
ITCStoneSerif e Fulbo, impresso em
papel Cartão Supremo 250g/m² para
a capa e Pólen Soft 80 g/m² para o
miolo, por Assahi Gráfica e Editora,
em novembro de 2019, na Coleção
Insurgências, da Pólen Livros.